로마서 강해 2

약한 자 VS. 강한 자

로마서 강해 2

약한 자 VS. 강한 자

2019년 8월 12일 초판 1쇄 인쇄
2019년 8월 19일 초판 1쇄 발행

지은이 | 김홍규
펴낸이 | 김영호
펴낸곳 | 도서출판 동연
등 록 | 제1-1383호(1992년 6월 12일)
주 소 | 서울시 마포구 월드컵로 163-3
전 화 | (02) 335-2630
팩 스 | (02) 335-2640
이메일 | yh4321@gmail.com

ISBN 978-89-6447-519-5 04230
ISBN 978-89-6447-356-6 04230(세트)

이 도서의 국립중앙도서관 출판예정도서목록(CIP)은 서지정보유통지원시스템 홈페이지(http://seoji.
nl.go.kr)와 국가자료종합목록 구축시스템(http://kolis-net.nl.go.kr)에서 이용하실 수 있습니다.
(CIP제어번호 : CIP2019031079)

약한 자 vs. 강한 자

김홍규 지음

동연

이 책을 한국 개신교회의
어머니교회 내리교회에 바칩니다.

아우구스티누스, 루터, 웨슬리, 칼 바르트. 이 위대한 인물들이 교회의 역사를 바꾼 데에는 공통점이 있다. 그것은 바로 로마서였다. 로마서는 먼저 그들을 변화시켰고, 변화된 그들은 로마서를 통해 역사에 영향을 주었다. 로마서는 교회 내에만 머무는 책이 아니었다. 근래에는 기독교와 정반대에 서 있다고 여겨졌던 급진적인 사상가들마저 바울의 글에 기대어 그들의 이론을 전개하려 한다.

로마서는 2,000여 년 전 고대 지중해 세계에서 탄생한 '금광'이다. 그곳의 자원을 자기 시대에 전해준 사람들이 바로 우리가 이미 언급한 위인들이다. 그들은 자신이 살아가는 땅에 발을 딛고, 그 시대의 갈급함에 귀 기울이면서 로마서를 해석했다. 우리에게도 로마서가 있다. 누가 소진되지 않은 그 금광에 들어가 온갖 난관을 뚫고서 핍절한 시대에 정신적, 신앙적 양식을 공급할 것인가? 이제 여기에 살면서, 저 너머를 바라보게 하는 신앙의 자원을 채굴할 임무는 누구에게 있는가?

이 책은 여러 면에서 추천할 만하지만 가장 먼저 눈에 띄는 것은 로마서에 대한 주밀한 연구다. 강해 설교라는 이름으로 나온 대다수의 책은 그 이름이 무색할 정도로 본문에 대한 연구가 충분하지 않다. 오래된 이론이나 통념, 그것도 아니면 설교자 개인의 근거 약한 추론에 기대어 본문의 뜻을 대강 짐작한 후 자신의 신학이나 신앙 경험에 비추어 말을 늘어놓는다. 성서 본문에 집중하는 시간보다 성급하게 현장에 던질 메시지를 찾는 데에 마음이 바쁘다. 그러나 이 책은 얄팍한 감상주의에 호소하지 않고 아주 진득하게 본문에 천착한다. 그 후에야 과장이나 엄살, 또 신파조의 감정 언어를 제외하고 청중에게 신앙인의 삶의 태도와 윤리를 선포한다. 그러니 이것은 잔소리가 아니다. 잔소리는 상대방의 깊은 동의나 동감 없이 자기가 하고 싶은 말을 연이어 하는 것이다. 반면 강해 설교는 동의와 동감을 통해 동참을 이끌어낸다. 그런 면에서 이 책은 그 흔한 잔소리집이 아니라 명실상부한 강해설교집이다.

이 책은 내리교회의 김흥규 목사님의 강해 설교를 묶은 책이지만, 설교는 설교자만의 것이 아니다. 그 설교의 청중 역시 공동작성자이자 공동책임자다. 설교는 설교자와 청중의 공동 작품이다. 설교자는 말씀을 신뢰하고 성령님에 기대지만, 동시에 청중들이 양쪽에 날이 선 칼과 같은 설교를 기꺼이 들으리라는 믿음이 없다면 훌륭한 설교를 하기 힘들다. 청중은 설교자에게 어떤 주변 상황에도 흔들리지 말고 주님의 진리 복음을 남김 없이 전하라는 눈빛과 태도로 설교자를 압박한다. 그때 성령님은 설교자와 청중 사이에서 말씀 사건을 일으킨다. 이 책은 그 말씀 사건의 현장 기록이라 할 수 있다. 건강한 설교, 아름다운 교회를 찾아보기 힘들다는 장탄식이 이어지지만, 주님은 그분의 말씀의 능력을 거두시지 않으셨다.

김학철 교수
(연세대학교, 신약학)

지뢰밭을 건너고 황금광맥을 뒤지며

　『로마서 강해』 1권을 내고 꽤 많은 시간이 지났습니다. 설교한 내용을 책으로 엮다보니 설교 자체가 중단됐던 것이지요. 8장까지 설교하고 나가떨어졌습니다. 제 자신이 지치기도 했지만 어려운 설교를 듣는 교인들이 안쓰러워 중단했습니다. 언젠가 재개하리라 다짐은 했지만 기약 없는 세월이 흘렀습니다.

　하지만 칼을 뺐으면 찔러라도 봐야지 예서 멈출 수는 없었습니다. 꼬박 1년 만에 로마서 후반부를 다시 파고들기 시작했습니다. 그랬더니 점입가경漸入佳境이라는 말처럼 갈수록 로마서는 더더욱 심오해졌습니다. 수많은 자료들을 읽고 묵상하는 가운데 사도 바울의 의식의 흐름까지 느낄 정도가 됐습니다. 바울이 목회자요, 선교사요, 행정가라는 사실은 익히 알았지만 2천 년 교회사의 으뜸가는 신학자요 대사상가라는 사실은 몸소 체득됐습니다. 그리하여 로마서 한 권만 제대로 해독해도 기독교 진리의 절반은 꿰뚫는 것이라는 결론에 이르렀습니다.

　로마서를 끝까지 탐독하다 보니 서신 전체가 언제 터질지 모르는 지뢰투성이었습니다. 이쯤 하면 됐겠지 싶어서 어떤 지점에 가서는 잠시 긴장을 풀었는데, 웬걸 그게 아니었습니다. 허투루 볼 수 있는 부분에 외려 더 깊은 진리의 보화가 가득 묻혀 있었습니다. 이런 점에서 로마서는 거대한 황금광맥이라는 생각도 해봅니다. 찬란한 금은보화가 곳곳에 무진장 매장돼 있습니다.

나름대로 로마서와 관련된 각종 서적들을 읽은 뒤에 강해설교를 했기에 쓸데없는 말은 하지 않았다고 확신합니다. 신뢰할만한 학자들이 의견의 일치를 본 공통분모는 어김없이 잘 추려서 정리했습니다. 이와 더불어 저명한 학자들이 조금씩 흘려놓은 실마리들을 확대 심화시켜서 저만의 독창적 해석을 내놓기도 했습니다. 예컨대 로마서 13장의 '권세 문제'와 14장의 '약한 자와 강한 자의 대립 갈등 문제', 16장의 '로마교회의 실상에 대한 사회경제적 분석' 등은 제가 상당히 공을 들인 부분이라는 사실을 밝힙니다.

여기 펴내는 『로마서 강해』 1, 2권은 모두 제가 섬기는 내리교회의 강단에서 육성으로 선포된 말씀들입니다. 고난도의 교리강해 설교를 불평 없이 들어준 내리 교우들께 감사드립니다. 2권은 어느새 제 분신이 돼버린 내리교회에 헌정합니다. 기도와 사랑으로 격려해주신 수많은 교우들께 머리 숙여 고마움을 전합니다. 맨 뒤에 알짬만 뽑아 내 해제를 써준 이광훈 목사에게도 감사합니다. 이 목사는 제가 가장 사랑하고 존경하는 친구요, 큰 학자요, 참 목자입니다. 끝으로 도서출판 동연의 김영호 장로님과 직원들께 심심한 감사를 표합니다.

주후 2019년 7월 햇살 뜨거운 한여름 오후에

丹村 金興圭

차 례

제8부

맺음말:
바울의 선교 비전과
로마교회의 실상

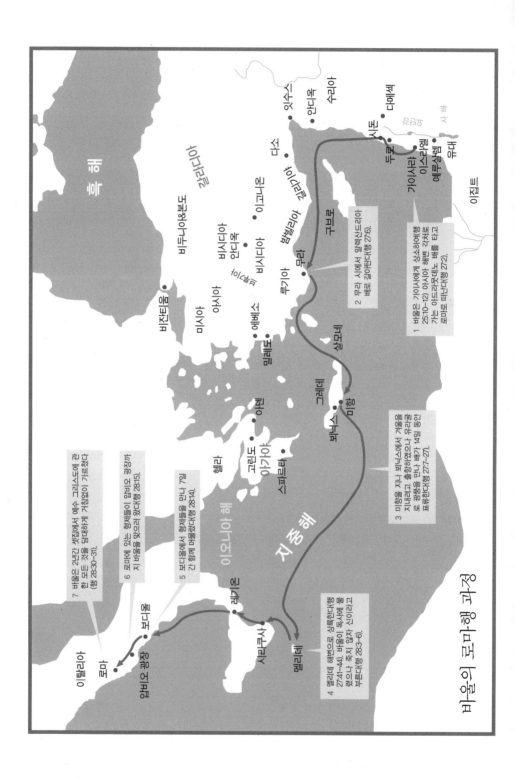

바울의 로마행 과정

흑해

갈라디아

밤빌리아 갈라디아
앗수스
안디옥
수리아
다메섹
시돈
두로
가이사랴
이스르엘
예루살렘
유대
이집트

다소

비두니아&본도
비시디아
안디옥
이고니온
이수리아

미시아
아시아
비시디아

에베소
밀레도

루기아
무라
구브로
무라

살모네
그레데
미항
뵈닉스

아덴
그니도
아가야
헬라
고린도
스파르타

앗소
버가모

미항
살모네

지중해

레기온

멜리데
시라쿠사

이오니아 해

보디올

압비오 광장
로마
이탈리아

1 바울은 가이사랴에서 승선하여(행 25:10~12) 아시아 해변 각처로 가는 아드라뭇데노 배를 타고 로마로 떠난다(행 27:2).

2 무라 사이에서 알렉산드리아 배로 갈아탄다(행 27:6).

3 미항을 지나 뵈닉스에서 겨울을 지내려고 출항하였으나 유라굴로 광풍을 만나 배가 14일 동안 표류한다(행 27:7~27).

4 멜리데 해변으로 상륙한다(행 27:41~44). 바울이 독사에 물렸으나 죽지 않자 신이라고 부른다(행 28:3~6).

5 보디올에서 형제들을 만나 7일 간 함께 머물렀다(행 28:14).

6 로마에 있는 형제들이 압비오 광장까지 바울을 맞으러 왔다(행 28:15).

7 바울은 2년간 셋집에서 예수 그리스도에 관한 모든 것을 담대하게 거침없이 가르쳤다(행 28:30~31).

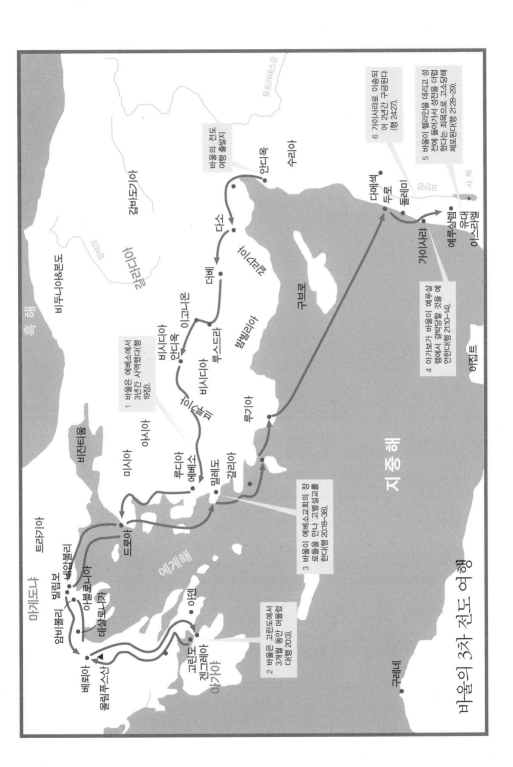

바울의 3차 전도 여행

사도 바울의 최후 유언서

Apostle Paul's Last Testament

왜 로마서인가?

책 한 권이 세상을 바꿉니다. 로마서가 그런 책입니다. 성 아우구스티누스(Sanctus Aurelius Augustinus, 354~430)가 로마서 13장 13-14절 말씀을 읽고 회심했습니다. 로마서를 읽었을 때 '확실성의 빛'이 그의 마음을 환히 비춰 모든 의심의 그림자가 말끔히 사라졌습니다. 주후 386년에 일어난 이 위대한 회심으로 아우구스티누스는 기독교 신학사에 불후의 금자탑을 쌓게 됩니다. 서양 철학사가 플라톤의 주註에 지나지 않듯이, "서양 신학사는 아우구스티누스에 대한 계속적인 주밖에 안 된다"는 찬사를 듣게 된 것이 로마서를 읽음으로써 비롯됐습니다.

종교개혁을 일으킨 마르틴 루터(Martin Luther, 1483~1546)는 독일뿐만 아니라 유럽사 전체의 판도를 바꿔놓은 인물이지요. 언젠가 '천년을 빛낸 세계의 100인'이라는 역사 다큐를 본 적이 있는데, 루터가 일약 3위를 차지했습니다. 유럽 전역에 개신교뿐만 아니라 문예부

흥과 교육 혁명을 불러일으킨 종교개혁도 순전히 루터가 로마서를 들고 판(탐독) 결과에서 비롯됐습니다.

죄와 죽음, 심판과 지옥, 하나님에 대한 두려움 등의 신앙문제들로 인해 영적 위기에 빠진 루터는 비텐베르크 대학에서 시편을 연구하고 (1513~1515), 연이어 로마서를 주석하다가(1515~1516) 일대 돌파구Durchbruch/breakthrough를 찾아냈습니다. 로마서에 일관되게 흐르는 '신앙 의인화義認化', 즉 "오직 믿음을 통한 하나님의 은혜로 의롭게 된다"(1:17)는 구절을 발견한 후 이 진리야말로 '천국에 들어가는 문'이 된다고 확신했습니다. 루터는 자신이 쓴『로마서 주석』(1552)에서 '로마서야말로 신약성경의 중심이요, 가장 순수한 복음서'라는 극찬을 아끼지 않았습니다.

그런가 하면 감리교 창시자 존 웨슬리(John Wesley, 1703~1791)의 극적 회심을 불러온 것도 로마서였습니다. 1738년 5월 24일 영국 런던의 '올더스게이트'라는 작은 거리에 모라비안 교도들의 집회가 열렸을 때 웨슬리는 내키지 않는 마음으로 참석했습니다. 그때 한 사람이 루터의『로마서 주석』서문을 읽는 것을 듣고서는 회심했습니다.

밤 8시 45분경, 그가 그리스도를 믿음으로써 하나님께서 마음에 불러일으키시는 변화를 말하고 있을 때 이상하게 내 마음이 뜨거워졌다. 나는 구원을 위해 그리스도, 오직 그리스도만을 믿는다는 사실을 느꼈다. 그러면서 그리스도께서 나의 죄를, 심지어 나의 죄까지도 없애주셨고, 나를 죄와 죽음에서 구해주셨다는 확신이 들었다.

신정통주의 신학의 주창자요, 20세기의 최고 신학자로 추앙받는 칼 바르트(Karl Barth, 1886~1968) 역시 『로마서 강해』(1919)를 펴냄으로써 자유주의 신학과 결별하고 바울 → 어거스틴 → 루터 → 칼뱅의 계보를 잇는 '그리스도 집중적 신정통주의 신학'을 세워나갔습니다. 독일의 가톨릭 신학자 칼 아담(Karl B. Adam, 1876~1966)은 하나님과 인간 사이의 질적 차이를 강조한 바르트의 『로마서 강해』를 '자유주의 신학자들의 운동장에 떨어진 폭탄'으로 비유함으로써 그 의의를 높이 평가했습니다.

로마서는 17세기 영국의 청교도 토마스 드렉스(Thomas Draxe, ?~1618)가 말한 그대로 '구원하는 교리saving doctrine의 진수이자 완성'이라고 할 수 있습니다. 장 칼뱅(John Calvin, 1509~1564)은 "이 서신을 진정으로 이해하게 되면 성경에 깊이 감춰져 있는 모든 보화들을 찾을 수 있는 길"이 활짝 열리게 된다고 주장했습니다. 실로 로마서야말로 기독교 사상사와 심지어 유럽사 전체의 판도를 바꾼 '책중의 책'이라고 할 수 있습니다.

이토록 중요한 책이기에 지난 2천 년 동안 역사의 굽이굽이마다 천재 신학자들이 연구에 뛰어들어, 아마 성경 전체를 놓고 볼 때 가장 많은 주석서를 썼을 것입니다. 케네스 보아Kenneth Boa와 윌리엄 크루이드니어William Kruidenier가 말한 것처럼, "로마서의 헬라어 원문의 음절 가운데 그냥 스쳐 지나친 것은 하나도 없고, 동사나 명사 가운데 변화형이 연구되지 않은 것이 하나도 없으며, 어느 한 문단도 주해되지 않은 것이 없고, 어느 한 장도 분해되지 않은 것이" 없을 정도입니다.

여기 또 하나의 로마서 강해서가 나온 것이 가뜩이나 넘쳐나는 로마서 자료에 혼잡만 가중시킨 것 같아 송구스럽지만, 종교개혁 5백주

년을 전후해서 순전히 기독교의 기본으로 되돌아가고자 하는 취지에서 펴내게 됐습니다. 로마서에는 기독교의 가장 기본적이고 본질적인 교리가 그 깊이를 헤아리기 어려울 만큼 심오하고 정교하게 서술됐습니다. 지중해 동방 선교를 완료하고 서바나(스페인)에 눈을 돌려 서방 선교에 진력하려는 찰나에 바울이 고수해온 선교 원칙과 선교 전략이 고스란히 드러납니다. 그런가 하면 다인종, 다문화, 다계층으로 구성된 로마교회 내부의 갈등을 염려하며 화해와 일치를 호소하는 목회적 배려도 있습니다. 이처럼 로마서는 바울 특유의 신학적, 선교적, 목회적 관심이 한데 엉켜 오색영롱한 빛을 발하는 다이아몬드와 같은 책입니다.

로마서야말로 죄와 죽음에서 우리를 구원하고, 오직 예수 그리스도를 믿어야지만 구원을 얻을 수 있다는 점에서 만민을 평준화시키며, 여하한 인간의 자랑과 공로도 무력화시키며, 일체의 인종적, 종교적, 계층적 장벽을 넘어서 온 인류를 화해와 일치로 이끄는 그리스도 복음의 능력을 가장 온전하게 서술해놓은 바울신학의 결정판이기에 교회가 영적으로 위기에 빠질 때마다 반드시 되돌아가야 할 기초 교리서입니다.

로마서를 왜 썼을까?

로마서는 신약 안에 바울이 쓴 것으로 추정되는 13통의 서신들 가운데 **순서로는** 가장 앞에 와 있고, **분량상으로** 가장 길고(7,100개 이상의 헬라어로 된 16장), **내용적으로** 가장 심오한 책입니다. 이제 세계에서 가장 위대한 편지 로마서를 본격적으로 분해하기 전에 먼저 로마서가 태어난 배경을 간략히 훑어봅니다.

발신자 바울이 처한 형편

의심할 나위 없이 바울이 서신의 집필자입니다. 바울은 3차 전도 여행을 하던 중에 주후 56년 말부터 57년 초까지 그리스의 고린도에 석 달 동안 머물렀습니다(행 20:3). 이 기간에 고린도에서 로마서를 쓴 것으로 추정됩니다. 바울이 로마서를 집필할 때 머무른 집의 주인 가이오가 고린도 사람입니다(16:23). 또한 로마서의 전달자로 추정되는 뵈뵈가 겐그레아교회의 일꾼으로 있었는데, 이 겐그레아는 고린도에서 남동쪽으로 11킬로미터 정도 떨어진 외항이었기에 고린도 저작설의 신빙성을 높여줍니다(16:1-2). 바울이 왜 로마서를 기록했는지 알려면 먼저 로마서 15장 22-29절이 언급한 세 지역을 주목해야 합니다.

첫 번째 지역은 **예루살렘**입니다. 바울은 지독한 기근과 가난으로 허덕이던 예루살렘 모교회를 돕고자 마게도냐와 아가야의 여러 이방계 교인들로부터 모금을 했는데, 로마로 가기 전 먼저 예루살렘부터 방문해서 이 구제금을 전달하려고 했습니다. 헬라계 교인들로부터 거둬들인 구제금은 바울에게 남다른 의미가 있었습니다. 갈수록 갈등이 첨예화돼가던 '이방계 기독교인들'과 '예루살렘의 유대계 기독교인들'을 화해시키는데 이 구제헌금이 실질적 효과를 낼 수 있기를 기대했기 때문입니다. 이방계 교인들이 유대계 교인들로부터 **신령한** 복을 나눠 받았으니 이제는 그들이 구제금으로 예루살렘 교인들을 **육적으로** (물질적으로) 도와야만 한다고 생각했던 것이지요(롬 15:27).

하지만 바울의 예루살렘행에는 두 가지 장애물이 버티고 있었습니다(롬 15:30-31). 예루살렘의 불신자들이 바울 일행을 극렬히 반대한다는 것과 예루살렘 성도들이 구제금을 기쁘게 받아들이지 않을 가능성이었습니다. 바울은 예루살렘 교인들이 한편으로 바울 자신에 대한 의혹과 반감으로, 다른 한편으로 율법을 제대로 지키지 않는 이방계 교인들을 혐오한 나머지 구제금을 노골적으로 거부하지나 않을까 노심초사했던 것입니다.

이처럼 구제금을 예루살렘에 전달하는 문제로 고민하는 가운데 떠오른 중간 지점이 바로 **로마**였습니다. 바울은 언제고 한 번이라도 꼭 로마를 방문하고 싶은 마음이 굴뚝같았으나(행 19:21; 롬 1:9-13), 번번이 기회를 얻지 못했습니다(롬 15:22). 로마서를 쓰는 이번에는 꼭 로마에 갈 수 있다고 확신하지만(롬 1:11 이하; 15:23 이하), 그곳이 바울이 숙망한 최종 목적지는 아니었습니다. 바울은 한 번도 복음이 전해지지 않은 처녀지만 골라 가겠다는 선교 원칙을 지녔는데(롬 15:20), 로마에는 이미 교회가 섰다는 사실을 알았으므로 스페인에 가기 전 잠시 경유해가는 중간 기착지寄着地 정도로만 생각했습니다.

세 번째 지역은 바울이 남은 생애 동안 심혈을 기울여 개척 선교를 하려는 **스페인**입니다. 바울은 이미 복음이 전파된 로마를 제외하고 20여 년에 걸쳐 예루살렘에서 일루리곤(오늘날의 알바니아, 전에는 유고슬라비아 지역)에 이르기까지 지중해 동부 연안 지역을 두루 다니며 복음 전파의 사명을 완수했습니다(롬 15:19). 그런 뒤 마침내 그 당시 세계관으로 땅끝으로 여겨진 지중해 서쪽 끄트머리인 스페인에 가서 복음을 전하려고 했습니다(롬 15:23, 28; 고후 10:16).

그렇다면 **로마**야말로 지금 당장 가야 할 **예루살렘**과 궁극적 목적지인 **스페인**의 한가운데에 끼인 중간 지점으로서, 예루살렘에 구제금을 전달한 뒤 잠시 들려 스페인으로 가기 위해 준비하고 피로를 풀기 위한 최적지였습니다(롬 15:32). 실제로 로마는 예루살렘에서 스페인으로 가는 길의 2/3 정도 거리에 위치해 있었으므로, 쉬었다 갈 경유지로서 안성맞춤이었습니다.

바울에게 예루살렘은 자나 깨나 모교회의 안녕을 염려해야만 하는 복음의 진원지震源地였고, 스페인은 새로운 이방선교의 최후 목적지로서 요충지要衝地였습니다. '동족 선교'(예루살렘)와 '이방 선교'(스페인)의 두 마리 토끼를 다 잡아야 할 바울로서는 유대인 교인들과 이방인 교인들이 혼합된 로마교회의 기도와 선교 후원이 절실히 필요했던 것입니다.

그럼에도 바울은 군이 로마교인들에게 자신의 계획을 말하지 않고서도, 또 중간에 로마에 들리지 않고서도, 곧바로 예루살렘에서 스페인으로 직행할 수도 있었을 텐데 왜 군이 로마에 방문하기를 원했을까요? 그것은 제국의 수도인 로마에 있는 교인들의 기도와 교제, 격려와 재정 후원이 반드시 필요했기 때문입니다(롬 15:24). 안디옥을 동방 선교의 전초기지로 삼았던 것처럼, 이번에는 로마를 서방 선교의 전진기지로 삼으려고 했던 것입니다.

동방 선교를 수행하는 동안 바울에게는 숱한 오해와 온갖 음해들이 꼬리에 꼬리를 물었습니다. 한때 예수님과 기독교인들을 박해한 바울의 전력에서부터 바울이 생전에 육신의 예수님에 의해 직접 뽑히지 않았음에도 '사도권'을 주장한 것, 유대교 율법을 폐기한다는 오해 등등 온갖 의혹들이 난무했습니다.

무엇보다도 '율법'이 아닌, '믿음에 의한 하나님의 은혜'로 구원을 받는다는 바울신학의 전매특허가 돼버린 '이신칭의以信稱義'에 대한 몰

이해와 반감이 곳곳에서 속출했습니다. 그래서 기독교인이 된 뒤에도 유대교적 잔재를 떨쳐내지 못한 강경파 유대계 기독교인들은 바울이 '반反율법주의자' 혹은 '무無율법주의자'라도 되는 양 함부로 공격했습니다.

그런가 하면 극단적인 이방계 기독교인들 역시 '율법의 행위'가 아닌, '복음의 신앙'으로 의로워진다는 바울의 구원론을 오해한 나머지 바울이 율법과 상관없는 '방종주의자'쯤이나 되는 것으로 곡해했습니다.

그러므로 바울은 동방선교를 마무리 짓고 서방 선교에 뛰어들기 전에 이와 같은 양극단의 오해와 편견을 불식拂拭[1]시키는 '자기 변증서 apologia auto' 혹은 '신학적 해명서theological explanation'를 기록할 필요를 느꼈을 것입니다.

귄터 보른캄(Günther Bornkamm, 1905~1990)이 로마서를 바울 최후의 '유언서'로 본 것도 이런 맥락에서 이해될 수 있습니다. 이방계 교인들이 모금한 구호금을 들고 예루살렘에 들어가는 것 자체가 폭탄을 감고 사지死地에 뛰어드는 것과 마찬가지였기에 어쩌면 로마서야말로 실질적으로 바울이 쓴 마지막 편지일 수 있습니다. 그러기에 로마서는 한 마디 한 마디가 마지막 유언을 남기듯 정치精緻하게 구술해 나간 최후의 역작이 될 수밖에 없었던 것입니다.

작가 최명희(1947~1998) 선생이 『혼불』을 집필하는 동안 "손가락으로 바위를 뚫어 글씨를 새기는" 심정으로 소설을 썼다고 고백한 것처럼, 터키의 노벨 문학상 작가 오르한 파묵(Orhan Pamuk, 1952~)이 노벨상 수상 연설에서 자신의 글쓰기를 "바늘로 우물을 파는 것"에

---

1 불식拂拭: "먼지를 떨고 훔친다는 뜻으로 의심이나 부조리한 점 따위를 말끔히 떨어 없앰을 이르는 말"

비유한 것처럼, 바울이 꼭 그와 같이 땀과 피로 혼신의 힘을 쏟아서 쓴 편지가 로마서였습니다.

수신자 로마교인들이 처한 상황

로마에 언제 복음이 전파돼 어떻게 교회가 생겼는지 알 수 없습니다. 바울이나 베드로가 개척한 것 같지는 않습니다. 바울은 로마서를 쓰기 전까지 단 한 차례도 로마교회를 방문한 적이 없습니다. 그렇다면 자연스레 로마교회의 기원은 오순절 성령강림 사건과 관계가 있을 것으로 추정됩니다. 사도행전 2장이 소개하는 오순절 성령강림 사건 때 수많은 외국인들이 등장하는데, 그때 로마에서 온 유대인들도 현장에 있었습니다(행 2:10). 베드로가 성령이 충만해 설교했을 때 3천 명이 개종했는데(행 2:41), 이때도 로마 출신의 유대인들이 섞여있었을 것입니다. 흔히 바울이 2차 전도여행 때 북부 그리스의 마게도냐에 세운 빌립보교회를 유럽 최초의 교회라고 하지만, 로마교회가 먼저 생겨났을 가능성도 부인할 수 없습니다.

로마교회는 초기에 주로 유대인들로 구성됐겠지만, 주후 49년경 로마황제 글라우디오(Tiberius Claudius Caesar, 10 BC~54 AD/재위 41~54)가 로마에 사는 유대인들을 강제 추방했을 때 유대인들의 숫자는 급감했을 것입니다. 이때 아굴라와 브리스가(브리스길라) 부부도 추방돼 한동안 고린도에 체류하며 바울과 동역했습니다(행 18:2).[2] 이 칙령은 54년 글라우디오가 죽은 뒤에 가서야 네로 황제에 의해 해제됐으므로 49~54년까지 약 5년 동안 로마교회는 자연스레 이방계 교

---

2 바울이 로마서 말미에 브리스가와 아굴라 부부에게 안부를 전하는 것으로 봐 이 부부는 고린도에서 다시 로마로 돌아갔던 것 같습니다. 롬 16:3-4 참조.

인들이 중심세력으로 부상했을 것입니다.

중요한 것은 로마교회가 '헬라계 교인들'과 '유대계 교인들'이 함께 뒤섞인 혼합 공동체였다는 사실인데, 전자가 다수였고 후자가 소수였습니다. 유대인 박해가 끝난 뒤 로마로 되돌아온 유대인들과 그 숫자나 실권에 있어서 주류가 된 이방인들 사이에는 여러 가지 문제로 갈등이 불거졌습니다. 이 갈등은 인종이나 문화의 차이가 아닌, 서로 다른 신학적 신념의 차이에 의해 빚어졌습니다. 다시 말해 유대인들은 기독교를 '유대교화'하려고 했고, 이방인들은 유대교와 율법으로부터 완전히 벗어나 '탈脫유대교적 세계화'에 나서려고 했던 것이지요.

그러므로 로마서 14-16장에 나오는 '강한 자'라 함은 정결음식 규례나 안식일 준수 등과 같은 율법규정에 거리낌이 없던 '이방계 신자들'을 말하고, '약한 자'라 함은 여전히 유대교 율법을 떨쳐내지 못한 소수의 비주류 '유대계 신자들'을 말합니다. 이 양자 사이의 긴장과 갈등을 전제하지 않고서는 로마서 강해가 불가능할 정도로 이 문제는 장차 로마서에서 전개되는 칼날 같은 바울의 논리를 따라가는데 결정적으로 중요합니다. 오로지 그리스도의 복음으로 실현되는 화해와 일치에 대한 비전, 오직 믿음과 하나님의 은혜로 말미암아 이뤄지는 '만민 평준화'의 신념이 로마교회의 이런 구체적 상황에서 비롯됐던 것입니다.

집필 동기와 목적

바울은 로마서를 자기 손으로 쓰지 않았습니다. 더디오에게 구술해서 받아쓰게 했습니다(롬 16:22). 과연 더디오가 어느 선까지 받아 적었는지는 알 수 없지만, 입으로 말해서 세계 최고의 장문

서신이 탄생했다는 사실은 경이로운 일입니다. 말로 받아 적게 하다 보니 로마서가 단박에 쓰이지는 않았을 것입니다. 기도하며 묵상하며 잠시 쉬어가며 온 에너지를 소진해 가며 뜨문뜨문 써내려 갔겠지요.

그러다보니 로마서 곳곳에 출현하는, 논리 흐름의 급격한 변화나 새로운 주제가 뜬금없이 툭툭 튀어나오는 것은 로마서를 구술하는 바울의 '의식흐름'을 엿볼 수 있게 하는 대목들입니다.3

그렇다면 바울이 로마서를 기록한 목적은 무엇일까요?

첫째, 로마교회를 방문하고 싶었지만(롬 1:13; 15:23), 여러 번 길이 막히자(롬 15:22), 직접 방문해서 하고 싶었던 말을 일단 서간으로 대신하기 위해서였습니다.

둘째, 로마교인들에게 이방인을 위한 자신의 사도직을 알리고 싶어서 편지를 썼습니다(롬 1:5-6; 15:15-16). 사실 로마교인들 대부분은 바울을 잘 알지 못했으므로 로마서는 일종의 바울 자신의 '소개서' 혹은 '소개장'이라고 할 수 있습니다.

셋째, 지중해 동부의 광범위한 지역에 복음을 전하는 사역을 완료했기에, 이제 마지막으로 로마제국의 서부 지역인 스페인으로 선교지를 옮기기 전에, 제국의 동부와 서부를 잇는 중간 지점인 로마에 잠시 경유하려는 계획을 알리고 싶었습니다(롬 15:19-24). 특히 서방 선교를 위해서 로마교회가 인적 물적 자원을 적극 후원해주기를 기대하고 부탁하기 위한 외교적 목적도 있었을 것입니다.

넷째, 로마교회 내의 유대계 교인들과 이방계 교인들 사이에 불거진 긴장과 갈등을 해소하고자 로마서를 썼습니다. 이른바 '약자'인 소

---

3 가령 어떤 주제를 열심히 논증하다가 갑자기 바울을 반율법주의자로 몰아붙인 적수가 생각날 경우 자신이 반율법주의자가 아니라는 사실을 변호할 필요를 느껴서 돌발적으로 이 문제를 언급하는 등의 문제지요.

수파 유대인들에게 갑질을 하면서 고압적 태도를 보이거나 아예 무관심한 '강자' 진영의 헬라인들을 꾸짖는 동시에, 여전히 구약시대의 율법에 붙들려있는 유대계 신자들을 올바로 계도할 목적도 있습니다.

그러므로 바울은 두 개의 전선에서 양날의 비판을 가하고 있습니다. 한편으로 '선민'이라는 자부심으로 똘똘 뭉쳐 율법에 극도로 집착하는 유대인들에게는 겸손과 아량을 요구하고, 다른 한편으로 유대주의적인 것은 무엇이든지 색안경을 끼고 함부로 깎아내리려고 하는 이방인들에게는 이스라엘이 교회의 뿌리가 된다는 사실을 점잖게 타이릅니다. 바울은 시종 복음의 진리를 잃지 않는 가운데 양자 사이를 화해시키려는 '일치와 평화의 사도직'을 자임自任하고 있습니다.

이런 화해와 일치를 이루기 위해 바울이 초지일관 밀고 나가는 핵심 논제는 "유대인이나 이방인을 막론하고 오직 예수 그리스도를 믿음으로써만 의롭게 될 수 있다"는 진리입니다. 유대인이나 헬라인을 불문하고 자연인 상태에서는 누구나 다 죄인이라고 한다면, 율법을 소지하고 할례를 받은 유대인이라는 사실이나 높은 문명과 철학을 자랑하는 헬라인이라는 사실이 아무 소용없습니다. 오직 예수 그리스도를 믿음으로써 값없이 주어지는 하나님의 은혜로만 의화와 구원이 가능하다면, 그 누구도 자신의 공로나 업적을 자랑할 수 없고, 유대인이나 이방인이나를 불문하고 만민이 평준화될 수밖에 없기에, 이 진리 하나만 제대로 붙든다면 로마교회에서뿐만 아니라 지구상에 있는 모든 교회의 안과 바깥에서 벌어지는 온갖 형태의 약자와 강자의 갈등과 분쟁을 끝내고 온 인류의 화해와 일치를 이룰 수 있다는 것이 바울의 확신입니다.

여러분은 모두 그리스도 예수 안에서 믿음으로 하나님의 자녀가 되었습니다. 누구든지 그리스도와 연합하여 세례를 받은 사람은 그리스도로 옷을 입은 사람입니다. 유대 사람이나 그리스 사람이나 종이나 자유인이나, 남자나 여자나 차별이 없습니다. 그것은 여러분이 그리스도 예수 안에서 다 하나이기 때문입니다(갈 3:26-28).

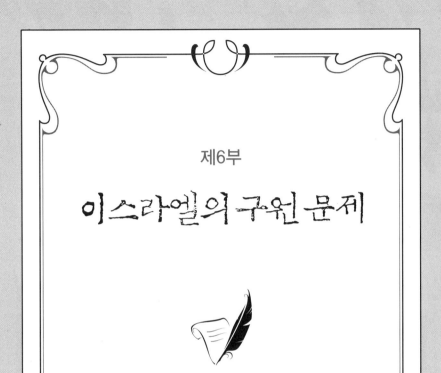

제6부

이스라엘의 구원 문제

그리스도에게서 끊어질지라도
I might be cut off from Christ

롬 9:1-13

9-11장의 중요성

바울의 논증은 8장 31-39절에서 절정에 도달했습니다. 그 무엇도 우리를 하나님의 사랑에서 끊을 수 없다는 사실을 확신했습니다. 8장에서 교리신학의 정점에 다다랐다면 곧바로 윤리적 실천 문제로 넘어가는 것이 바울 서신의 상례입니다. 바울이 쓴 서신들은 언제나 교리이론와 윤리실천 양면을 다 다루기에 8장 39절이 끝난 뒤 곧바로 12장 1절로 넘어가 로마 교인들이 당면한 실제 문제들을 건드리는 것이 순서에 맞습니다.

그런데 웬일인지 바울은 9장부터 11장까지 장장 3장에 걸쳐서 '이스라엘의 불신앙과 구원 문제'를 다룹니다. 언뜻 보기에 준비 없이 돌발적으로 '이스라엘 문제'에 뛰어든 것처럼 보입니다. 이런 까닭에 9-11장이 8장 39절과 12장 1절 사이에 낀 한 뭉치의 '삽입어구parenthesis'나 '연쇄중단hiatus'으로 보는 이들도 있습니다. 하나의 부록처럼 그다지 중요치 않다고 본 것이지요.

하지만 로마서 전체가 16장인데 장장 석 장에 걸쳐서 이스라엘 문제를 다룬다는 것은 예사롭지 않습니다. 분명히 바울이 강조하려는 주제가 숨겨져 있을 것입니다. 바울은 유대인입니다. 예수님도 유대인이었습니다. 메시아가 유대인으로 오셨지만 정작 유대인들 대다수는 예수님을 그리스도로 믿지 않았습니다. 예수님을 십자가에 못 박았고 기독교를 적극적으로 핍박했습니다.

유대인 동족 문제는 언제나 눈엣가시처럼 바울을 괴롭혔습니다. 이처럼 바울이나 예수님의 유대적 배경으로 말미암아 로마서에서뿐만 아니라 바울 서신 전체에서 '유대인과 이방인의 관계'와 '구속사에서의 이스라엘이 차지하는 위상' 등등의 문제들은 중요했습니다.

최근의 로마서 연구동향을 살펴보면 9-11장이 새로이 집중 조명을 받고 있습니다. 유대인이라는 바울의 개인 배경과 기독교가 유대교에서 출발했다는 사실, 로마교회가 유대인들과 이방인들로 뒤섞여 있었다는 상황 때문에 바울신학의 신빙성이 '이스라엘 문제의 규명'에 걸려 있다고 해도 과언이 아닙니다.

바울은 8장 39절에서 그 무엇도 우리를 우리 주 그리스도 예수 안에 있는 하나님의 사랑에서 끊을 수 없다고 외쳤습니다. 그러나 논증의 절정에 다다른 그에게 마음 한구석을 후벼 파는 아픔이 있었습니다. 이스라엘 동포의 불신앙과 구원 문제였습니다. 예수님을 메시아로 믿고 받아들이는 일에 유대인들이 제일 먼저 앞장서야 할 텐데, 외려 메시아를 거부했고 복음을 배척했습니다. 마치 바울이 운전하는 차도車道와는 정반대 방향으로 유대인들이 역주행을 하면서 바울을 마구 비난하고 차에서 끄집어내리려는 형국이었습니다.

바울은 하나님의 사랑에서 끊을 수 있는 것은 아무것도 없다고 주장했는데 갑자기 유대인의 구원 문제가 떠올라 갈기갈기 마음이 찢어졌던 것입니다. 그리하여 급히 유대인 문제로 선회하게 된 것 같습니다. 바울은 구약의 약속에 근거한 그리스도 복음을 절대다수의 유대인들이 거부한다고 해서 결코 하나님의 약속의 말씀이 폐하여진 것이 아니라고 강변합니다(6절). 외려 구약에 계시된 하나님의 구원계획이 복음과 일맥상통한다는 사실을 입증하고자 구약을 적극 인용합니다. (바울 서신 전체에서 바울이 인용하는 구약 본문의 약 1/3 정도가 로마서 9-11장에서 집중적으로 나타납니다.)

본문은 크게 두 부분으로 나눌 수 있습니다. 먼저 1-5절에서 바울은 개인적 고뇌를 피력하는 것으로 말문을 엽니다. 동포의 구원 문제를 얼마나 깊이 고민하는가가 여실히 드러납니다. 1-5절은 9-11장 전체의 주제를 제시하는 서문 역할을 합니다. 그다음에 6-13절은 '육적 이스라엘'과 '영적 이스라엘'을 구별해서 이스라엘 후손들이라고 해서 다 저절로 하나님의 자녀들이 되는 것은 아니라는 점을 논증합니다. 하나님의 주권적 자유와 은혜에 근거한 '예정'을 언급하기에 시선을 끕니다.

내 동족이 구원받을 수만 있다면

저주받고 끊어질지라도

바울은 동족 이스라엘의 불신앙에 대해서 개인적 고뇌를 격하게
쏟아놓는데, 먼저 자신이 참말을 하고 거짓말을 하지 않는다는 사실
부터 단언합니다.

내가 그리스도 안에서 참말을 하고 거짓말을 아니하노라 나에게 큰
근심이 있는 것과 마음에 그치지 않는 고통이 있는 것을 내 양심이
성령 안에서 나와 더불어 증언하노니(1-2절).

지금부터 자신이 하는 말이 모조리 진실이라는 사실을 강조하고
자 반복법을 씁니다. 먼저 긍정형으로 "참말을 한다"고 했습니다. 그
것도 '그리스도 안에서'엔 크리스토/ἐν Χριστῷ/in Christ' 참말을 합니다.
언제나 진실만 말씀하시는 그리스도 안에서 진실을 말하겠다는 것이
지요.

그다음에 부정형을 써서 "거짓말을 하지 않는다"고 했습니다. 우
리말 개역개정은 번역을 잘못 해놨는데, 헬라어 성경에는 바울이 거
짓말을 하지 않는다는 사실을 이번에는 "양심이 성령을 힘입어서 증
언"해준다고 돼 있습니다. (개역개정은 "나에게 큰 근심이 있는 것과 마음
에 그치지 않는 고통이 있는 것을 **내 양심이 성령** 안에서 나와 더불어 증언
하노니"라고 해서, 이것을 맨 뒤쪽으로 빼놓았는데, 헬라어 성경에는 이 표현
이 "거짓말을 하지 않는다"는 고백 바로 뒤에 나옵니다.) 바울은 자신이 선

한 양심에 따라 결코 거짓말을 하지 않는다는 사실을 성령이 증언해 준다고 말씀합니다.

바울이 이토록 진실을 말한다고 단언하는 내용은 무엇일까요? 그리스도를 배척한 동족 유대인들을 향한 뜨거운 사랑이지요! 바울이 '복음의 세계화' 혹은 '탈脫유대주의화'를 부르짖으며 이방인들을 위한 선교를 가속화했을 때 그를 '반反유대적 배교자anti-Jewish apostate'로 매도하는 오해와 비난이 도처에서 들끓었습니다. 어쩌면 로마교회 안의 유대계 신자들조차 바울을 이렇게 의심했는지 모릅니다. 이런 오해에 직면해서 바울은 유대인들을 향한 자신의 뜨거운 사랑이 한 치의 오차도 없는 진실임을 강조한 것이지요.

흥미롭게도 우리말 개역개정은 1-2절의 말씀을 함께 묶어서 모호하게 번역해놓았지만, 대부분의 성경이 후반부의 "나에게 큰 근심이 있는 것과 마음에 그치지 않는 고통이 있는 것을"을 2절로 별도로 빼서 번역해놓았습니다. 동족 대부분이 아직 구원에 이르지 못한 현실에 대해서 '큰 근심'과 '그치지 않는 고통'을 느낀다는 것이지요. 참말을 하고 거짓말을 하지 않는다고 했을 때에도 반복법을 사용해서 자신의 진실성을 강조했는데, 동족을 향한 애절한 심정을 토로하고자 같은 의미의 말을 반복해서 씁니다.

나의 형제 곧 골육의 친척을 위하여 내 자신이 저주를 받아 그리스도에게서 끊어질지라도 원하는 바로라(3절).

바울은 자신이 왜 그토록 고통스러워하는지 이유를 확실히 밝힙니다. 유대인들이 복음을 거부하기 때문에 그렇습니다. 바울은 유대인을 '형제아델폰/ἀδελφῶν/brothers'와 '골육의 친척숭게논/συγγενῶν/kindred'으로 표현했습니다. 예수 믿고 구원받아 하나님의 자녀들이 됐다고 해서 우리의 자연적 혈연관계까지 끊어지는 것은 아니지요.

여기에서 중요한 것은 바울의 단장의 소원기도입니다. 동족을 위해서라면, 즉 그들이 그리스도를 믿어 구원에 이를 수만 있다면, 자신이 **저주를 받고, 그리스도에게서 끊어질지라도** 달게 받겠다고 고백합니다. '저주'를 뜻하는 헬라어 '아나테마/ἀνάθεμα/curse'는 파문破門당하는 사람들을 지칭할 때 쓰는 교회용어지만, 본뜻은 '영원한 저주eternal damnation'입니다. 그리스도로부터 끊어지는 것도 극단적 비극임에 틀림없습니다.

하지만 이런 극단적 간구는 어디까지나 바울이 동족을 그만큼 애절하게 사랑한다는 수사학적 표현이지, 실제로 그렇게 되기를 원한 것은 아니라고 봐야 합니다. 왜냐하면 바울은 이미 8장에서 아무것도 우리를 그리스도의 사랑에서 끊을 수 없다고 확언했기 때문에 실제로 저주를 받고 그리스도로부터 끊어질 수는 없기 때문입니다.

출애굽기 32장 30-32절에서 모세가 이스라엘 백성들을 위해 "주께서 기록하신 책에서 내 이름을 지워 버려 주옵소서"라고 중보기도 했을 때가 바로 바울과 같은 심정이었을 것입니다. 모세처럼 바울도 유대인들이 구원을 받을 수만 있다면 저주를 받고 그리스도로부터 끊어지는 아픔까지 감수하겠다는 뜻이지요. 루터는 "저주받은 사람[유대인]이 구원받도록 하기 위해 구원받은 사람[바울]이 저주받기를 자청한다는 사실은 믿기 어렵다"며 바울의 고매한 인격을 칭송했습니다.

이스라엘의 여덟 가지 특권

바울은 동족이 엄청난 특권을 부여받았음에도 복음을 믿지 않는 아이러니를 지적하고자 이스라엘의 여덟 가지 특권을 열거합니다.

그들은 이스라엘 사람이라 그들에게는 양자됨과 영광과 언약들과 율법을 세우신 것과 예배와 약속들이 있고 조상들도 그들의 것이요 육신으로 하면 그리스도가 그들에게서 나셨으니 그는 만물 위에 계셔서 세세에 찬양을 받으실 하나님이시니라 아멘(4-5절).

먼저 바울은 유대인을 '이스라엘 사람이스라엘리타이/Ἰσραηλῖται/Israelites'으로 부릅니다. 다윗이 속한 유다지파, 즉 야곱의 넷째 아들인 '유다'의 이름을 따라 붙여진 '유다인유대인/유다이오스/Ἰουδαῖος/Jew'은 특색이 없는 정치 민족적 칭호에 불과했지만, '이스라엘'은 유대인이 지닌 특별한 종교적 지위를 알리는 영예로운 이름이었습니다. (바울은 9-11장에서 '이스라엘'이라는 용어를 11차례나 사용하는 데 반해서 로마서의 다른 곳에서는 전혀 이 용어가 등장하지 않습니다. 그만큼 유대인들의 영광스러운 신분을 강조하고자 '유대인' 대신에 '이스라엘'이라는 영광스러운 이름을 골라 썼던 것이지요.)

바울은 이스라엘 사람들이 지닌 여덟 가지 특권을 거론합니다. 먼저 '3개 1조'로 해서 여섯 가지 특권들을 말씀합니다.

4a절	① '양자 됨' (adoption)	② '영광' (glory)	③ '언약들' (covenants)

이스라엘인들이 누리는 첫 번째 특권은 '양자 됨', 즉 '하나님의 자녀들'이라는 신분입니다. 이방인은 그리스도가 오신 후에 믿어야지만 양자가 될 수 있지만, 이스라엘인은 그리스도가 오시기도 전에 이미 하나님의 자녀가 됐습니다. '영광'은 하나님이 함께 하심을 의미합니다. 이스라엘 사람들은 언제나 하나님이 함께 하시는 영광을 누린 민족입니다. 이스라엘 사람들은 또한 하나님께서 아브라함과 이삭, 야곱, 다윗과 같은 조상들과 맺은 '언약들'을 전수받았습니다.

4b절	④ '율법을 세우신 것' (the giving of the law)	⑤ '예배' (worship)	⑥ '약속들' (promises)

이스라엘인들에게 하나님의 특별 계시가 담긴 '율법'과 더불어 제사장들을 통해 각종 희생제물을 하나님께 바치는 '성전예배'가 주어졌습니다. 「미쉬나Mishnah」에는 유명한 말이 있습니다. "이 세상은 세 가지에 의해 유지된다. '율법'과 '성전예배' 그리고 '사랑과 친절 행위'다." '율법'과 '예배'에 대한 유대인의 자부심을 보여주는 속담이지요. 또한 이스라엘인들에게는 메시아가 오신다는 사실을 비롯한 갖가지 '약속들'이 주어졌습니다.

이렇게 세 가지 특권을 한 세트로 해서 두 세트의 여섯 가지 특권들을 차례로 명시한 다음에 바울은 나머지 두 가지를 첨가합니다.

5a절	⑦ 조상[족장]들이 그들의 것 (to them belong the patriarchs)	⑧ 육신으로 그리스도가 그들에게 나셨다 (according to the flesh, comes the Messiah)

이스라엘인들에게는 아브라함, 이삭, 야곱, 12지파 조상들, 모세, 여호수아, 사무엘, 다윗 등등의 영광스러운 '조상들'이 있습니다. 하지만 구속사에서 가장 중요한 메시아 '그리스도 예수'께서 다름 아닌 유대인의 혈통을 타고 오셨다는 사실이야말로 비길 데 없는 영광이요 최고의 특권이었습니다.

가장 흥미로운 부분은 5절 마지막입니다. "그는 만물 위에 계셔서 세세에 찬양을 받으실 하나님이시니라 아멘." 본래 헬라어 원문에는 '만물 위에 계시는호 온 에피 판톤/ὁ ὢν ἐπὶ πάντων/who is over all' 앞에 구두점이 없습니다. 그러므로 만일 구두점을 '반점'(,)으로 찍을 경우, 앞 문장과 직결돼서 현재 개역개정판처럼 "**그리스도**께서 만물 위에 계셔서 세세에 찬양을 받으실 분"이 되십니다. 그리스도께서 육신으로 유대인들로부터 오셨다는 인성人性을 앞에서 말했기에, 자연히 균형을 맞춰 그리스도의 신성神性을 강조하고자 이렇게 해석하는 것이 온당하다고 봅니다. 하지만 구두점을 '온점'(.)으로 찍을 경우 이 문장은 바로 앞의 문장과 끊어지기에 성자 그리스도가 아닌 성부 하나님을 일컫게 됩니다.

이러한 난점을 해결하기 위해서 두 가지를 적당히 타협해서 '만물 위에 계시는 분'은 성자 그리스도로, '세세에 찬양을 받으실 하나님'은 성부 하나님으로 각각 번역하는 방법이 있습니다. 다시 말해 "[그리스도께서] 만물 위에 계시고, [하나님께서] 세세에 찬양을 받으실지어다"로 번역하는 방법이지요. 세 가지가 다 가능성이 있지만 첫 번째 번역이 가장 적절할 것 같습니다.

'육신의 이스라엘' VS. '영의 이스라엘'

이스라엘인들에게만 여덟 가지 특권들이 주어졌다면 하나님의 약속에 따라 이스라엘인들이 제일 먼저 메시아를 환영하고 믿었어야 하는데, 실상은 정반대였습니다. 노골적으로 메시아를 부인했고 배척했습니다. 그렇다면 '이스라엘의 여덟 가지 특권'과 '메시아 거부'를 어떻게 조화시킬 수 있을까요? 이스라엘의 불신앙 때문에 구약에 나타난 하나님의 약속의 말씀은 다 소용없게 된 것은 아닐까요?

바울은 6-13절에서 '육신의 이스라엘'과 '영의 이스라엘'을 구별함으로써 이 문제를 다룹니다. 육신적으로 이스라엘인으로 태어난다고 해서 다 저절로 하나님의 자녀가 되는 것은 아닙니다. '이스라엘 안에 이스라엘', 즉 하나님이 자유로운 은혜로 선택하고 불러주시는 '영적 이스라엘'이 창세 이래로 면면히 이어오고 있기에 모든 이스라엘인들이 다 메시아를 믿고 하나님의 자녀가 되는 것은 아니라는 것이지요.

그러나 하나님의 말씀이 폐하여진 것 같지 않도다(6a절).

하나님께서 유대인들에게 이방인들이 갖지 못한 여덟 가지 특권들을 허락하셨지만 그 특권의 정점에 있는, 유대인으로 오신 메시아를 믿지 않았습니다. 최고의 영예와 특권이 하나님의 약속의 말씀을 통해서 메시아가 유대인의 핏줄을 타고 오셨다는 것이었는데, 정작 유대인들은 메시아를 거부했습니다. 그렇다면 하나님의 말씀도 자동으로 폐기된 것이 아닐까요? 이스라엘인들이 메시아를 믿지 않는다면 하나님께서 구약에서 그들에게 주신 일체의 약속이 무효가 된 것이 아니냐는 질문이지요.

여기에 대해서 바울은 '우크 호이온/οὐχ οἶον/not of course' "물론 아니"라고 강력히 부인합니다. 왜 아닐까요? 하나님께서 이스라엘인들에게 주신 약속의 말씀은 그들이 어떤 특별한 자격을 갖췄기 때문에 주신 것이 아니라, 하나님의 자유로운 주권에 의한 은혜로운 선택 때문이라는 것이지요. 그러므로 유대인들의 신실치 못함 때문에 하나님의 신실성이 훼손되는 것은 아닙니다! 바울은 유대인들의 신분상의 자부심을 꺾기 위해서 유대인의 혈통상의 자격이나 공로와 상관없는 하나님의 자유로운 선택 혹은 예정을 강조합니다.

이스라엘에게서 난 그들이 다 이스라엘이 아니요(6b절).

육신상으로 유대인 혈통을 타고났다고 해서 다 저절로 유대인이 되는 것은 아닙니다. 이러한 명제를 다시금 범위를 더 좁혀서 다음과 같이 주장합니다.

또한 아브라함의 씨가 다 그의 자녀가 아니라 오직 이삭으로부터 난 자라야 내 씨라 불리리라 하셨으니(7절).

이스라엘 사람이라고 해서 다 참 이스라엘 사람이 아니듯이, 아브라함의 자손이라고 해서 무조건 다 아브라함의 자녀가 되는 것이 아니라, 이삭에게서 태어난 사람만이 아브라함의 계보를 이을 수 있습니다.

아브라함에게는 두 아들이 있었습니다. 사라의 몸종인 하갈에게서 난 서자庶子 '이스마엘'과 사라에게서 난 적자嫡子 '이삭'입니다. 하나님께서 주신 약속의 아들은 이스마엘이 아닌, 이삭이었기에 이스마엘은 아브라함의 혈통을 계승하지 못하고 쫓겨났습니다. 육신의 아들이라고 해서 다 하나님의 자녀가 된 것은 아니지요!

곧 육신의 자녀가 하나님의 자녀가 아니요 오직 약속의 자녀가 씨로 여기심을 받느니라(8절).

아브라함에게 육신의 자녀는 둘이었지만, 하나님의 자유로운 주권과 은혜로 말미암아 약속의 자녀로 선택된 아들은 이삭 한 사람입니다. 하나님께서 사라에게 주신 약속으로 태어난 아들 이삭이 '약속의 아들'이라는 사실을 강조하고자 바울은 창세기 18장 10절 말씀을 인용합니다.

약속의 말씀은 이것이니 명년 이 때에 내가 이르리니 사라에게 아들이 있으리라 하심이라(9절).

바울은 '아브라함 → 이삭'의 예를 들면서 미진한 감이 있었던지 하나의 예를 더 듭니다. 아브라함의 두 아들 이스마엘과 이삭의 경우 아버지는 같지만 어머니는 서로 달랐기 때문에 적자가 선택되는 것이 당연하지 않느냐고 반문할 수 있습니다. 그러므로 이번에는 이삭과 리브가 부부의 쌍둥이 아들 에서와 야곱의 예를 듭니다.

그뿐 아니라 또한 리브가가 우리 조상 이삭 한 사람으로 말미암아 임신하였는데 그 자식들이 아직 나지도 아니하고 무슨 선이나 악을 행하지 아니한 때에 택하심을 따라 되는 하나님의 뜻이 행위로 말미암지 않고 오직 부르시는 이로 말미암아 서게 하려 하사 리브가에게 이르시되 큰 자가 어린 자를 섬기리라 하셨나니 기록된 바 내가 야곱은 사랑하고 에서는 미워하였다 하심과 같으니라(10-13절).

'이스마엘과 이삭의 관계'(異母弟)와 달리, 에서와 야곱은 어머니까지 동일합니다. 쌍둥이기에 간발의 차이로 태어난 시간상의 차이만 있을 뿐, 거의 모든 점이 비슷합니다. 적어도 태어나는 순간에 누가 더 낫다고 우열을 논하기가 어렵습니다. 그럼에도 하나님은 '에서'가 아닌, '야곱'을 선택하셨습니다.

바울은 하나님이 에서보다 야곱을 더 선호하셨다는 사실에서 세 가지를 강조합니다. 첫째로, 하나님은 두 사람이 태어나기도 전에 이런 선택을 내리셨습니다. 둘째로, 그들이 어떤 선악을 행한 결과 누구를 선호할 것인지에 대한 판단기준이 세워지기도 전에 야곱을 미리 선택하셨습니다. 셋째로, 이것은 순전히 하나님의 자유로운 주권과 예정의 은혜로 됐다는 것입니다. 바울은 이것을 "하나님의 뜻[목적]이 행위로 말미암지 않고 전적으로 부르시는 하나님의 은혜와 주권" 때문이라는 사실을 분명히 합니다.

요약하면, 야곱이 선택된 것은 그가 에서보다 인격이 더 훌륭해서가 아닙니다. 더 자격이 있고 더 공로가 많기 때문이 아닙니다. 에서와 야곱의 행위 때문에 야곱을 부르셨고 에서를 물리치셨던 것이 아니라, 전적으로 하나님의 자유로운 은혜의 선택으로 그렇게 됐습니다.

말라기서 1장 2-3절을 인용한 "내가 야곱은 사랑하고 에서는 미워했다"는 표현은 야곱과 에서 모두에게 개인적으로 적용되는 말씀인 동시에 두 사람이 대표하는 민족들, 즉 이스라엘 민족과 에돔 족속을 지칭한다고 볼 수 있습니다.

만일 하나님의 예정을 이삭이나 야곱의 개인 차원에서 풀지 않고 이스라엘 민족 전체에 대한 하나님의 호의나 선택으로 해석할 경우, 예정에 대한 불만은 줄어들 수 있을 것입니다. 왜냐하면 하나님께서 많은 민족들 가운데 유다 민족을 선택하셨다는 사실은 큰 논쟁거리가 되지 않기 때문이지요. 하지만 바울의 논조는 민족 전체뿐만 아니라 개인에 관한 것이기도 하기에 논쟁은 수그러들지 않습니다. 특히 하나님은 모두를 사랑하시기에 "에서를 미워했다"라는 말은 "에서를 덜 사랑했다"라고 완곡하게 풀어야 옳습니다.

바울의 요점은 하나님께서 '이스마엘' 대신에 '이삭'을, '에서' 대신에 '야곱'을 선택하신 것은 그들 각각의 '행위'(자격이나 공로) 때문이 아니라, 그들을 불러주시는 하나님의 은혜로운 '선택' 때문이라는 사실에 있습니다. 물론 이스마엘이나 에서의 경우 자신들의 육적인 책임도 없지 않아 있습니다. 그러므로 언제나 하나님의 자유로운 선택과 함께 인간 편에서의 책임도 함께 물어야 마땅합니다.

이스라엘인들이 여덟 가지나 되는 특권들을 한꺼번에 누리고 있었음에도 메시아를 배척해서 구원의 반열에 들어서지 못하고, 외려 할례를 받지 않았고 율법도 소지하지 못한 이방인들이 그 대신에 구원받는 것은 하나님의 자유로운 주권에 근거한 은혜의 선택 때문입니다.

꼭 아브라함의 혈통을 타고 나서 여덟 가지 특권을 누리는 이스라엘인들이라고 해서 저절로 메시아를 믿고 구원받는 것은 아닙니다.

육신적으로 아브라함의 혈통을 타고났다고 해서 다 하나님의 약속의 자녀가 되는 것은 아니라는 이치와 같습니다. 영적인 신앙이 있어야지만 약속의 자녀가 될 수 있는데, 이 약속의 자녀가 되는 영적인 신앙은 철저히 하나님의 은혜에 근거합니다.

결국 대다수 유대인들이 메시아를 거부한다고 해서 구약에 계시된 하나님의 약속의 말씀이 폐기됐다고 말할 수 없고, 외려 육이 아닌 영을 따라 불러주신 '이스라엘 안에 있는 이스라엘인들'에 의해서 그 약속은 면면히 이어지고 궁극적으로 성취됐다고 볼 수 있습니다. 한마디로 하나님의 약속의 말씀은 '유대인들의 메시아 거부나 복음 배척'과 상관없이 언제나 '하나님의 자유로운 주권과 은혜의 선택' 때문에 실현된다는 것이 바울의 요지입니다.

하나님의 선택 앞에서

하나님의 자유로운 선택과 은혜로 불러주심 앞에서 우리는 하등의 자랑할 것이 없습니다. 왜 하필이면 우리를 불러주셨는지 우리는 알지 못합니다. 부르심의 이유는 우리에게 있지 않고, 하나님의 자유로운 뜻에 있기 때문입니다. 그러므로 신자가 불신자보다 더 우월해서 선택됐다는 생각은 큰 착각입니다. 구원을 만드는 저자는 우리가 아니라, 하나님이십니다!

이것은 심지어 믿음에서도 마찬가지입니다. 믿음조차도 하나의 공로가 돼서는 안 됩니다. 어거스틴은 말합니다. "우리가 믿기 때문에 하나님께서 우리를 선택하시는 것이 아니라, 우리로 하여금 믿게 하

시려고 우리를 선택해주신다." 그렇다면 불러주신 하나님께만 겸손히
영광을 돌려야 마땅합니다!

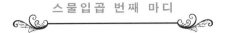

스물일곱 번째 마디

하나님께 불의가 있느냐
Is there injustice on God's part?

롬 9:14-18

그 신비한 수수께끼 '이중예정'

이스라엘의 '메시아 배척'과 '복음 거부'는 구약에 계시된 하나님 말씀의 신실성에 심각한 의문을 제기합니다. 절대다수의 유대인들이 예수님을 메시아로 믿지 않는다는 사실이야말로, 9장 6절의 말씀처럼 "구약에 계시된 '하나님의 말씀호 로고스 투 테우/ὁ λόγος τοῦ θεοῦ/the word of God'이 폐하여진 것 아니냐?"는 의문을 낳게 합니다. 한마디로 메시아에 대한 약속의 말씀이 실패한 것이 아니냐는 반문이지요. 바울은 전혀 그렇지 않다고 했습니다.

그것은 이스라엘 사람으로 태어났다고 해서 다 저절로 이스라엘에 속한 것이 아니기 때문입니다. '이스라엘 안에 참된 이스라엘'이 있다는 말이지요. 아브라함의 자녀로 태어났다고 해서 다 저절로 약속의 자녀가 되는 것은 아닙니다. 바울은 그 실례를 창세기의 족장 아브라함과 그의 두 아들 '이스마엘'과 '이삭' 그리고 이삭의 두 아들 '에서'와 '야곱'의 경우에서 찾습니다. 하나님의 절대주권과 자유의지에 따라서 이스마엘이 아닌 이삭이, 에서가 아닌 야곱이 선택됐습니다. 혈통상 한 아버지 밑에서 태어났고 자랐다고 해서 모두 다 약속의 자녀가 되는 것은 아닙니다.

약속의 자녀로 선택받지 못한 이스마엘과 에서가 선택받은 이삭이나 야곱보다 인격적으로나 도덕적으로 열등하기 때문이 아닙니다. 반대로 이삭과 야곱이 이스마엘이나 에서보다 우월하기 때문도 아닙니다. 전적으로 하나님의 자유로운 '택하심의 원리'나 '목적'에 따라서 그렇게 된 것뿐입니다. 하나님의 택하심과 부르심은 그 어떤 인간의 원인이나 조건에도 의존하지 않습니다.

바울의 이런 논리는 유대인이라고 해서 누구나 다 자동으로 메시아 예수님을 믿고 구원을 받는 것은 아니라는 사실을 강조하기 위함입니다. 이미 아브라함 시대부터 하나님의 자유로운 뜻에 따라 선택된 소수의 사람들만 약속의 자녀로 부르심을 받아왔기 때문에, 다수의 유대인들이 복음을 배척한다고 해서 하나님의 말씀이 실패한 것은 아니라는 것입니다. 메시아가 온 다음에도 이삭이나 야곱처럼 선택받을 사람들이 있고, 이스마엘이나 에서처럼 유기될 사람들이 있다는 뜻이지요. 하나님의 약속의 말씀은 육신의 자연혈통이 아닌, '아브라함 → 이삭 → 야곱'과 같은 영적 계보를 따라 성취됐다는 것입니다.

다분히 '이중예정론'의 냄새를 물씬 풍기는 바울의 주장은 즉각적 반발을 불러올 수 있습니다. 이삭이나 야곱처럼 하나님이 미리 선택해서 불러주신 사람들은 괜찮겠지만, 예수를 믿지 않았다는 이유로 이스마엘이나 에서처럼 미리 버림받았다는 낙인이 찍힌 유대인들은 굉장히 불쾌하게 느낄 것입니다. 유대인들뿐만 아니라 온 인류의 운명이 하나님에 의해 선택받을 사람과 선택받지 못할 사람으로 미리 결정된 것이라고 한다면, 그 궁극적 책임은 하나님께 있는 것이지, 일방적으로 당하는 인간에게는 그 어떤 도덕적 책임도 물을 수 없다는 이의를 제기할 수도 있습니다.

이중예정이 아닌 단일예정, 즉 구원받을 일부를 예정하셨지만 나머지 대다수도 여전히 구원의 기회가 있다는 생각에는 반발이 크지 않을 것입니다. 하지만 이중예정론의 경우에는 이것을 오해할 경우 이보다 더 혐오스럽고 독재적인 교리는 없을 것입니다. (물론 바울은 이중예정의 기미를 엿보이는 말씀만 약간 흘렸을 뿐, '이중예정론'을 체계적으로 교조화한 것은 아닙니다. 예정론은 그야말로 후대 신학자들이 성서에 근거해서 만들어낸 신학교리일 뿐입니다.) 우리는 예정론의 신뢰성 여부에 대해서 일단 판단을 유보한 채, **바울이 정말 강조하고자 하는 논점**이 무엇인지에만 주목하고자 합니다.

하나님께 불의가 있느냐?

본문은 9장 1-13절에서 바울이 이중예정 엇비슷한 논리를 전개하자 가상의 적수를 내세워 대화체로 논쟁하는 'Diatribe비방' 논법을 써서 바울 특유의 거침없는 논증을 전개합니다. 하나님의 절대주권과 자유의지에 따라 **태어나기도 전에**, 어떤 **선악을 행하기도 전에**, 구원받을 사람과 구원받지 못할 사람을 예정해놓으셨다면 거센 반발이 빗발칠 것은 당연합니다. 그래서 바울은 가상의 적수로 하여금 가시 돋친 반론을 제기하도록 유도합니다.

> 그런즉 우리가 무슨 말을 하리요 하나님께 불의가 있느냐 그럴 수 없느니라(14절).

"그런즉 우리가 무슨 말을 하리요?티 운 에루멘/Τί οὖν ἐροῦμεν/What then shall we say?"는 바울이 자신의 새로운 논리를 시작할 때 도입부로 사용하는 전형적인 표현법입니다. 개인 각자의 자유의지나 도덕책임과 무관하게 오직 하나님의 뜻에 따라서만 자신의 운명이 일방적으로 결정된다면, 과연 우리가 무슨 말을 할 것이냐는 반문입니다. 이런 주장을 듣고서는 즉각 반발할 것이 아니냐는 말이지요.

그 반발은 한 마디로 요약해서 하나님께 '불의아디키아/ἀδικία/injustice/unrighteousness'가 있지 않느냐는 것입니다. 독재자와 같이 불공정하고 편파적인 분이 하나님이라는 고발이지요! 과연 이 충분히 이유 있는 질문을 바울이 어떤 식으로 대답하느냐의 문제는 참으로 흥미진진합니다.

놀랍게도 바울은 이 질문과 연관해서 인간 편의 입장을 전혀 고려하지 않는 듯이 보입니다. 다시 말해 하나님의 예정적 선택이나 유기에 대한 인간 편에서의 협조나 책임 여부와 같은 문제를 일절 언급하지 않습니다. 그냥 딱 잘라서 "그럴 수 없느니라!메 게노이토/μὴ γένοιτο/by no means/keineswegs"라고 부정적 단답單答만 내릴 뿐입니다.

예정론에 맞닥뜨릴 때 대개 '하나님의 주권'과 '인간의 자유'를 조화롭게 하려는 노력을 할 텐데, 바울은 인간 중심이 아닌, 철저히 하나님 중심의 논리를 폅니다. 인간 편에서의 자유의지의 행사나 도덕책임을 전혀 논하지 않은 채, 더더욱 강경하게 하나님의 절대주권을 밀고 나가는 논법을 사용합니다. 여기에서 로마서의 관심이 분명해집니다. '인간의 의'가 아닌, '**하나님의 의**'를 변호하려는 것이 바울의 주목적이지요! 그것도 가능하면 바울 자신의 말이 아닌, 성경에 나타난 하나님의 말씀을 인증해서 하나님의 의를 적극 변증하는 것이 바울의 목적입니다.

이런 이유로 예정론의 실마리를 제공하는 이 부분이 로마서에서 가장 비도덕적이고 혐오스러울 뿐 아니라, 논리적으로도 가장 취약하다고 혹평하는 학자들이 적지 않습니다. 하지만 이것은 어디까지나 '**강조점**'의 문제를 바라보는 시각의 차이에서 오는 혼선일 뿐, 바울은 하나님의 이중예정에 대해서 우리의 신앙이나 공로와 같은 인간 편에서의 반응이나 책임 여부를 따지는 데에는 전혀 관심이 없는 듯이 보입니다. 오로지 인간이 이해할 수 없는 하나님의 자유로운 절대주권만을 강조합니다. 이와 관련해서 칼뱅은 다음과 같이 말합니다.

하나님의 예정은 참으로 미로와 같은 것이어서, 인간의 지성으로는 거기에서 온전히 빠져나올 수가 없다. 그러나 인간의 호기심은 너무도 집요해서, 파고들기에 위험한 주제일수록 더 대범하게 달려든다. 그래서 예정에 관해 논의할 때, 인간은 적절한 한계 내에 머무르지 못하고 성급하게 깊은 바닷속으로 곧바로 뛰어드는 것이다. 그렇다면 여기에서 경건한 자들이 취할 수 있는 해결책은 무엇인가? 예정에 관한 생각은 전혀 하지 말아야 하는가? 결코 그렇지 않다. 성령께서는 우리에게 유익이 되는 것들만 가르쳐주신다. 그러므로 우리가 하나님의 말씀 안에서 예정의 문제를 다룬다면, 그것에 대한 지식은 분명 우리에게 유용할 것이다. 그러므로 '성경이 우리에게 가르쳐주는 것외에는 예정의 문제에 대해서 더이상 알려고 하지 않는다'는 것을 우리의 거룩한 규범으로 삼자. 주님께서 그분의 거룩한 입을 닫으시는 부분에서는 우리의 지성도 멈춰 서서 더이상 멀리 나아가지 않도록 하자.

칼뱅의 주장은 의미심장합니다. 아마 인간이 입에 게거품을 뿜어내며 온갖 이의와 비판을 제기하기에 이중예정론보다 더 좋은 주제는 없을 것입니다. 그래서 칼뱅의 말마따나 "인간 지성은 눈 멈에 대해서 스스로를 탓하기보다는 하나님이 불의하셔서 그런 것이라고 그분을 비난하는 성향이 더 강하기" 때문에, 바울 역시 이런 '인간 지성의 죄성에 근거한 광기'를 누구보다 잘 알기에 예정론과 같은 신비한 교리에 대해서 구구한 억측이나 궤변을 아예 원천적으로 차단하려는 것처럼 보입니다.

바울의 강조점은 우리의 이성으로 알 수 없는, 하나님의 절대주권과 자유로운 선택의 신비에 있는 것이지, 그 한계를 모르는 인간의 거친 항변과 이의제기에 있는 것이 아님은 너무나 분명합니다. 다시 말해 정말 '예정' 같은 것이 있다면 그 예정을 결행하시는 하나님 자신의 생각이 기준이 돼야지, 인간의 구구한 억측이나 불평이 기준이 돼서는 안 된다는 것이지요.

그러므로 칼 바르트가 말한 대로 하나님과 우리 사이에는 도저히 건너뛸 수 없는 '질적 차이qualitative difference'가 있기 때문에, 루트비히 비트겐슈타인Ludwig Wittgenstein, 1889~1951이 주장한 것처럼 "말할 수 없는 것에 대해서는 침묵하는" 수밖에 별 도리가 없을 것입니다.

본문은 14절에서 제기한 "하나님이 불의한 분이 아니냐?"는 질문에 "결코 아니라!"고 대답한 것을 정당화시키기 위해서 주로 구약을 인용해서 반박합니다. 먼저 15-18절에서 출애굽기 말씀을 인용하되, 특히 '모세'와 '바로'의 예를 들어서 하나님의 자유로운 선택과 유기를 논증합니다. 둘째로, 19-23절에서 바울은 그 유명한 '토기장이'와 '그릇'의 비유를 들어서 또다시 하나님의 절대주권을 강조합니다. 셋째로, 24-29절은 호세아서와 이사야서를 각각 인증하여 하나님께서 유대인들 가운데 소수의 남은 자들을 비롯해서 심지어 이방인들까지도 하나님의 자녀로 불러주시는 은총을 논증합니다. 이처럼 바울은 자연 혈통이 아닌, 하나님의 자유로운 부르심에 따라서 하나님의 자녀가 결정된다는 사실을 재차 강조합니다.

'모세' VS. '바로'

하나님이 '구원받을 자녀'와 '구원받지 못할 자녀'를 이중으로 예정하시는 것에 대해서 사람들은 하나님이 불공평하시다며 강력하게 반발할 수 있습니다. 하지만 바울은 하나님이 불의하신 것이 아니라고 단언합니다. 이제 그 이유를 밝혀야 할 차례입니다. 바울은 먼저 출애굽기 33장 19절에서 하나님께서 모세에게 하신 말씀부터 인용합니다.

모세에게 이르시되 내가 긍휼히 여길 자를 긍휼히 여기고 불쌍히 여길 자를 불쌍히 여기리라 하셨으니(15절).

우리말 개역성경에는 빠져있지만, 헬라어 성경에는 '가르/γὰρ/for/ 왜냐하면'라는 접속부사가 있습니다. 14절에서 제기한 반론이 왜 잘못 되었는지 그 이유를 밝히겠다는 말이지요. 그런데 바울은 중대한 문제가 있을 때마다 언제나 자신의 개인적 소견을 피력하지 않고, 하나님의 인격과 성품을 계시하는 성경에서 그 근거를 찾습니다.

여기에서도 하나님께서 모세에게 하신 말씀을 인증함으로써 하나님의 의로우심을 '정의justice'가 아닌, '긍휼엘레오/ἐλεῶ/mercy'에서 찾습니다. 정의가 아닌, 긍휼 때문에 하나님께서 죄인들을 구원하신다는 것이지요. "긍휼히 여길 자를 긍휼히 여기고 불쌍히 여길 자를 불쌍히 여기신다"는 것입니다. 우리 안에 어떤 자격이나 공로가 있어서, 어떤 정의의 기준에 따라 긍휼히 여기거나 불쌍히 여기는 것이 아니라, 전적으로 하나님의 자발적인 의지에 따라서 그렇게 하신다는 것입니다.

바울은 16절에서 구원이 우리의 **의지**나 **노력**이 아닌, 전적인 하나님의 주권에 달려 있다는 사실을 재차 강조합니다.

그런즉 원하는 자로 말미암음도 아니요 달음박질하는 자로 말미암음도 아니요 오직 긍휼히 여기시는 하나님으로 말미암음이니라.

여기에서 문장의 주어가 빠진 듯이 보이는데, 전후 문맥으로 볼 때 '구원', 혹은 '하나님의 택하심의 목적', 혹은 15절과 직결시켜서 생각한다면 '하나님이 베푸시는 긍휼'은 '원하는 자'나 '달음박질하는 자'가 아닌, '긍휼히 여기시는 하나님'께 달려 있다는 것입니다. '원하는 자텔론토스/θέλοντος/wishing'를 새번역은 '사람의 의지'human will로 번역했고, '달음박질하는 자트레콘토스/τρέχοντος/running'를 '인간의 노력'human exertion으로 번역했습니다. '원하는 것'은 말 그대로 어떤 행동을 하고자 마음속으로 소원하고 목적을 세우는 것이기에 인간의 '의지willing'로 읽을 수 있습니다. '달리는 것트레코/τρέχω/running'은 육상경기에서 빌려온 비유인데, 마음에 품은 의지를 실행으로 옮기는 '노력'을 의미합니다. 결국 '의지'와 '노력'은 인간이 마음에 품고 행동으로 실천하는 일체의 **'인간적인 것'**을 상징합니다. 하나님께서 누구에겐가 긍휼을 베푸시는 까닭은 그 사람의 의지나 행동에 달려 있는 것이 아닙니다. 그가 긍휼을 받을 만한 자격이나 공로를 갖췄기에 그 원인 때문에 긍휼을 베푸시는 것이 아닙니다. 인간이 제아무리 선택받고자 하는 불타는 의지를 갖고 최선의 노력을 경주한다고 할지라도 그렇게 해서 되는 것이 아니라, 순전히 하나님의 선하신 뜻과 값없이 주시는 은혜 때문에 가능합니다. 예정은 **정의**의 차원이 아닌, **긍휼**의 차원에서 일어나는 은총의 신비입니다. 그러므로 예정론은 인간 편에서의 여하한 공로의식이나 자랑거리도 원천적으로 배제한다는 데 그 중요성이 있습니다.

15절은 하나님께서 모세에게 주신 말씀을 인용했는데, 17절은 출애굽기 9장 16절에서 바로에게 주신 말씀을 인용합니다.

> 성경이 바로에게 이르시되 내가 이 일을 위하여 너를 세웠으니 곧 너로 말미암아 내 능력을 보이고 내 이름이 온 땅에 전파되게 하려 함이라 하셨으니.

15-16절에서 선택 예정에 있어서의 하나님 주권의 긍정적 측면

을 고려했다면, 17절은 부정적 측면을 부각시킵니다. 하나님께서 바로의 마음을 '강퍅하게hardening' 하심으로써 하나님의 능력을 보이고 하나님의 이름을 온 땅에 전파하게 하셨다는 사실을 예증합니다.

출애굽기에서 바로의 마음을 강퍅하게 하신 분은 하나님이십니다. 하지만 자신이 가진 자유의지를 그릇되게 행사함으로써 바로가 자신의 마음을 계속 강퍅하게 한 결과로 인해 심판을 당했고, 이로 인해 하나님의 능력과 이름이 온 천하에 퍼지게 된 것 또한 사실입니다. 강퍅한 바로의 마음을 돌이키기 위해 여러 차례 회개할 기회를 주었지만 바로는 끝내 듣지 않았습니다. 햇빛이 눈과 얼음을 녹이지만, 동시에 물컹물컹한 진흙을 굳게 할 수도 있듯이, 동일하신 하나님은 모세와 바로를 각각 다른 목적으로 사용하셨던 것이지요.

'적극적 예정' VS. '소극적 예정'

우리는 아담과 하와의 후손으로서 죄인들입니다. 하나님께서 우리의 죄지을 가능성을 적절히 억제해주시지 않는다면, 우리는 바로처럼 강퍅한 마음으로 살다가 비극적으로 인생을 끝낼 수도 있습니다. 바로의 경우, 하나님께서 그의 강퍅한 마음을 부드럽게 하려고 계속 기회를 주셨지만, 듣지 않게 되자 억제restraint를 중단하시고 죄와 강퍅함에 방치해두셨다고 볼 수 있습니다. 하나님께서 주시는 가혹한 징벌들 중에 하나는 이처럼 우리가 죄를 지을 때마다 제지制止하지 않고 계속 그 죄를 짓도록 내버려 두시는 것입니다. 우리의 강퍅함을 제지하지 않고 그냥 방치하는 것이야말로 우리의 죄에 대한 하나님의 심판일 수 있다는 것이지요.

이런 맥락에서 '적극적 예정'과 '소극적 예정'을 구분할 필요가 있습니다. 하나님께서 구원받을 사람을 선택하실 때에는 적극적이시고, 구원받지 못할 사람을 유기하실 때에는 소극적이라는 것입니다. 대부분의 정통 칼뱅주의자들은 "선택은 적극적"이고, "유기는 소극적"이라는 이중예정론을 견지합니다.

하나님께서 바로의 마음을 완악하게 하셨다는 사실에서 하나님의 소극적 유기의 성서적 근거를 찾을 수 있다고 봅니다. 만일 하나님이 능동적이고 적극적으로 바로의 마음에 개입해서 그를 완악하게 만드신다면, 하나님은 죄를 불러일으키는 죄의 작자作者가 되기 때문에 이런 견해는 수용하기 어렵습니다. 하지만 자신의 죄 때문에 이미 완악해질 대로 완악해진 바로의 마음을 하나님이 그냥 수동적이고 소극적으로 방치하신다고 할 때에는 죄에 대한 바로의 책임을 물을 수 있습니다.

하나님은 완악한 마음을 품고 계속해서 사악해질 수 있는 타락한 인간을 도덕적으로 제어하기 위해 다양한 방법들을 허락하십니다. 예배나 성례전, 설교, 경건 서적 등등의 종교적 수단을 비롯해서 경찰력이나 법치질서 등을 통해서도 걷잡을 수 없는 인간의 사악함을 억제하십니다. 아담의 원죄를 타고난 우리에게 하나님의 주기적 간섭하심과 억제하심이 없다면 우리는 다 흉악한 죄인들이 될 가능성이 있습니다. 문제는 구원받을 자들에게는 성령께서 적극적으로 개입해서 마음을 부드럽게 하시지만, 바로나 네로, 히틀러와 같은 유기될 자들은 소극적으로 완악함에 방치하심으로써 끝내 유기되게 하신다는 것이지요.

'인간의 강퍅함'과 '하나님의 제지' 사이의 긴장을 제임스 케네디 D. James Kennedy, 1930~2007 목사님은 재미있는 비유를 들어 설명합니다. 다섯 명이 은행을 털어 강도행각을 벌일 예정이라고 가정해봅시다. 그들이 제 친구들인 까닭에 그런 짓을 하지 말라고 수차례 애걸복걸哀乞伏乞 매달리며 말렸습니다. 간신히 한 친구는 저의 제지를 받아들였지만, 나머지 네 명은 뿌리치고 은행으로 내달려가서 경비원과 은행직원들을 살해하고 어마어마한 돈을 강탈했습니다. 이내 경찰에 체포된 네 사람은 재판에 회부돼 사형선고를 받게 됐습니다.

범죄에 가담하지 않은 친구는 순전히 저의 간섭과 제지 때문에 목숨을 건졌으므로 제게 감사할 것밖에는 없습니다. 하지만 나머지 네 명의 사형수들은 저를 탓할 수가 없습니다. 제가 그토록 만류했음에도 불구하고 제 말을 듣지 않고 자신들의 강퍅함을 따라 큰 죄를 저지르고 죽게 됐으므로 스스로 책임을 져야 합니다.

마찬가지로 성령께서 적극적으로 우리의 마음에 개입해서 마음을 부드럽게 해주신 결과 구원을 얻었다면 우리는 오직 하나님의 은혜에 감사할 일밖에는 없습니다. 반대로 어떤 이가 강퍅한 마음을 수없이 제지하시는 하나님의 음성을 외면하고, 하나님께서 강퍅함에 방치하심으로써 유기된다면 그 책임은 하나님이 아닌, 그 사람 스스로 져야만 할 것입니다.

예정론에는 두 종류가 있습니다. '타락이전 예정론supra-lapsarianism'과 '타락이후 예정론infra-lapsarianism'입니다. 두 이론은 모두 하나님의 예정이 이 세상이 창조되기 이전부터, 즉 영원 전부터 이루어졌다고 주장합니다. 언제 선택과 유기에 대한 예정이 결정됐는지 그 **시간**에 있어서는 일치하지만, 그 **순서**에는 차이가 있습니다.

'타락이전 예정론자들'은 하나님께서 영원부터 구원받을 사람과 멸망 받을 사람을 이중으로 예정해놓으셨는데, 이 예정 계획을 완수하기 위한 수단으로 아담과 그의 후손들이 필연적으로 타락하게 만드셨다는 것입니다. 이처럼 이 이론은 **예정** 때문에 **타락**이 불가피했다는 사실을 강조합니다. 다시 말해 인류의 타락은 하나님이 선택election된 자에게는 은혜를 보이시고 유기reprobation된 자에게 진노를 보이시기 위한 필연적 조건이 됩니다. 하지만 '타락이전 예정론'은 하나님을 죄를 만드신 분으로 만들기에 문제가 됩니다. 사람들로 하여금 죄를 짓게 만들고 벌하시는 것이 하나님의 궁극적 목적이 아니기 때문이지요.

그러므로 대다수의 칼뱅주의자들과 개혁주의자들은 '타락이후 예정론'을 지지하는데, 하나님의 선택과 유기가 아담의 타락 이후에 이뤄졌다고 주장합니다. 인간의 **타락** 때문에 **예정**이 효력을 발생하게 됐다고 보는 견해지요. 이런 이유로 이 이론을 견지하는 사람을 '후정론자後定論者'로 부르고, 타락이전 예정론자를 '선정론자先定論者'로 부를 수도 있을 것입니다. 인류의 첫 번째 조상이 죄를 짓고 타락해서 온 인류가 죄에 감염돼 완전히 죽게 됐을 때 일부에게는 구원을, 다른 일부에게는 심판을 각각 예정하신다는 것이지요.

타락이후 예정론의 경우에 중요한 것은 아담의 범죄로 온 인류가 죽을 수밖에 없는 운명에 빠지게 됐다는 사실입니다. 어차피 죄로 죽을 인생을 하나님이 간섭하셔서 우리의 마음을 부드럽게 해서 복음을 받아들여 구원을 받는다면, 그것은 전적으로 하나님의 은혜 덕분이기에 겸손히 감사할 것밖에는 없습니다. 반대로 하나님께서 우리의 강팍한 마음을 제지하시고자 수없이 간섭하셔도 끝까지 복음을 거부해서 구원받지 못한다면, 그 책임은 하나님께 있는 것이 아니라, 강퍅한 우리 자신에게 있습니다.

하나님의 자유로운 주권을 강조하기 위해 보잘것없는 목자 '모세'와 최고의 권력자 '바로'의 예를 각각 '택함'과 '버림'의 차원에서 상호 보완적 의미로 인증한 바울은 이를 요약합니다.

그런즉 하나님께서 하고자 하시는 자를 긍휼히 여기시고 하고자 하시는 자를 완악하게 하시느니라(18절).

긍휼히 여기실 자는 모세고, 완악하게 여기실 자는 바로입니다. 하나님은 그 자유로운 본성상 모든 사람에게나, 아니면 일부에게만 자비를 베푸실 수 있습니다. 그도 아니면 아무에게도 자비를 안 베푸실 자유도 있겠지요. 하나님께서 자비와 구원을 베푸시는 것은 우리 안에 구원받을 만한 어떤 조건이나 자격이 있어서가 아닙니다. 하나님은 우리에게 아무런 신세도 지지 않으셨습니다. 그러기에 하나님의 마음대로 하시는 예정에 대해서 우리 편에서 불평할 근거가 하나도 없다는 것이 바울의 생각입니다.

예컨대 인천에 사는 부자 한 사람이 가난한 학생 10명을 선정해서 대학을 마칠 때까지 일체의 학비를 지원했다고 가정해봅시다. 인천에는 이런 종류의 장학금을 받아야 할 딱한 처지의 학생들이 수없이 많습니다. 그렇다고 해서 그 10명에 들지 않은 학생들이 그 독지가에게 왜 그들에게만 혜택을 줬느냐고 비난할 수 없습니다. 10명의 학생들에게만 특전을 베풀었다고 해서 다른 모든 가난한 학생들에게 불공평하다고 말할 수 없습니다. 왜냐하면 그 부자가 모든 가난한 학생들에게 빚을 져서 갚아야만 한다는 의무와 책임이 없기 때문입니다. 순전히 자발적 뜻에 따라 호의를 베푸는 것이기에 10명은 고마워해야 하고, 똑같이 받아야 할 자격이 있다고 생각하지만 수혜를 받지 못하는 사람들 역시 불평할 근거가 없습니다.

그러므로 스토트가 말한 것처럼, 정말로 놀라운 것은 누구는 구원받고, 누구는 구원받지 못한다는 사실이 아니라, 구원받을 자격이나 공로가 전혀 없는 우리가 구원을 받는다는 사실입니다. 바로처럼 자신이 마땅히 받아야만 할 심판을 받거나, 모세처럼 전혀 자격미달임에도 불구하고 긍휼을 받거나 간에, 하나님은 불의하시지 않다는 것이 바울의 확신입니다. 구원받지 못한 사람은 바로의 경우처럼 자신의 마음이 완고했기 때문에 자신에게 책임이 있고, 구원받은 사람은 전적으로 하나님의 은혜 때문이므로 하나님께 감사해야 할 뿐입니다.

'토기장이' VS. '그릇'

'Potter' VS. 'Vessel'

롬 9:19-29

'토기장이' VS. '진흙'

19절에서 바울은 다시 Diatribe비방 수법을 써서 가상의 적수로 하여금 또 다른 신랄한 질문을 퍼붓게 합니다.

> 혹 네가 내게 말하기를 그러면 하나님이 어찌하여 허물하시느냐 누가 그 뜻을 대적하느냐 하리니.

구원이 인간의 **의지**나 **노력**과 무관하게, 오로지 하나님의 자유로운 뜻과 부르심에 달려 있다면 두 가지 중요한 반론이 제기될 수 있습니다. 당연히 이 질문은 주로 유기된 사람들이 던지겠지요.

첫째로, 어떤 사람이 유기된 것이 하나님의 선택 예정에 달려 있다면, "왜 그 사람을 책망하느냐?"(Why then does God still find fault?)는 것입니다. 하나님이 그가 유기되도록 미리 결정하셨다면, 어떻게 그에게 도덕적 책임을 물을 수 있느냐는 물음입니다.

둘째로, 구원과 멸망의 문제가 하나님의 뜻대로 미리 결정된다면 과연 "누가 그 하나님의 뜻을 거역할 수 있느냐?"(Who can resist God's will?)는 것입니다. 인간의 자유의지가 무시된 채 자신의 운명이 하나님의 주권에 따라 미리 결정된다면, 그 뜻을 거스를 수 있는 사람이 누가 있겠느냐는 질문이지요.

우리의 잘잘못에 따라 구원과 심판이 결정된다면 받아들일 수 있겠지만, 우리의 의지나 노력과 상관없이 하나님의 주권에 따라 이 모든 일이 일방적이고 임의로 결정된다면, 특히 구원받지 못할 사람에 대해서 도덕적 책임을 물을 근거가 없을 수 있습니다. 순전히 하나님의 주권에 따라 결정되는 운명이라면 인간 편에서 거역할 도리가 없지 않느냐는 반문입니다.

놀랍게도 이처럼 까다로운 질문에 대해서 바울은 또다시 인간 편에서 펼칠 수 있는 논증은 한 마디도 거들지 않습니다. 물론 바울은 하나님의 선택과 유기가 초래할 수 있는 숱한 문제점들을 정확히 간파하고 있는 듯이 보입니다. 하지만 하나님의 주권과 인간의 책임 사이에 일어나는 이런 유(類)의 갈등을 인간 중심이 아닌, 하나님 중심으로 접근하려고 합니다. 그래서 가상의 적수로 하여금 이 질문을 던지게 하자마자 이런 질문들을 던지는 사람에게 책망조로 일침부터 가합니다.

이 사람아 네가 누구이기에 감히 하나님께 반문하느냐 지음을 받은 물건이 지은 자에게 어찌 나를 이같이 만들었느냐 말하겠느냐(20절).

이런 질문들을 던지는 사람을 바울은 "이 사람아오 안트로페/ὦ ἄνθ-ρωπε/O man/a human being"라고 부릅니다. 창조주 하나님께 반대되는 피조물 인간의 '종속성'을 보여주는 표현입니다. 이 호칭은 다시 "네가 누구이기에 감히 하나님께 반문하느냐"는 힐난으로 이어집니다. 마치 욥이 악에 받쳐서 자신의 억울함과 무죄를 마구 항변할 때 하나님이 욥을 꾸짖으셨던 장면이 연상됩니다.

무지한 말로 생각을 어둡게 하는 자가 누구냐(욥 38:2).

순전히 자기중심적(인간 중심적)으로 억울함을 호소하는 욥에게 하나님의 생각은 사람의 생각과 다르다는 사실을 일깨워주신 것이지요. 마찬가지로 바울이 보기에도 유한한 인간이 무한하신 하나님께 덤벼들어 질문을 던지는 것이 '지음을 받은 물건토 플라르마/τὸ πλάρμα/what is molded'이 '지은 자토 플라란티/τῷ πλάραντι/the one who molds it'에게 "왜 나를 이렇게 만들었느냐?"고 따지는 것과 같다는 것입니다. 그러면서 바울은 구약에 몇 차례(사 29:16, 45:9; 렘 18:6- 10) 등장하는 '토기장이케라메우스/κεραμεὺς/potter'와 '진흙펠루/πηλοῦ/clay'의 비유를 듭니다.

토기장이가 진흙 한 덩이로 하나는 귀히 쓸 그릇을, 하나는 천히 쓸 그릇을 만들 권한이 없느냐(21절).

하나님과 우리 인간의 관계를 '토기장이'와 '진흙', 혹은 '토기장이'와 '그릇'의 관계로 비유합니다. 토기가 토기장이에게 자신을 왜 이렇게 만들었느냐고 반박할 수 없듯이, 인간이 하나님의 주권에 대해서 이러쿵저러쿵 되받아치는 것은 가당치 않다는 뜻입니다. 토기장이는 진흙 덩어리라는 재료로 귀한 그릇과 천한 그릇을 만들 수 있는 자유와 주권을 갖고 있습니다. 하나님 역시 인간에게 자유와 주권을 갖고 계시기에 피조물이요 죄인인 인간이 하나님이 하시는 일에 대해서 왈가왈부할 수 없다는 비유입니다.

흥미롭게도 하나님의 예정 선택과 같이 이성으로 이해하기 어려운 난제에 대해서 바울은 언제나 인간 편에서의 적극적 논쟁을 부추기지 않고, 재갈을 물려 아예 말문을 닫게 하는 쪽으로 방향을 잡습니다.

'하나님'과 '인간'의 관계를 '토기장이'와 '토기'의 관계로 비유하는 것 자체를 비판하는 이들이 있습니다. 토기장이와 토기는 사람과 무생물물건의 관계지만, 하나님과 우리의 관계는 인격적 관계라는 것이지요. 인간은 하나님의 형상대로 지음을 받았지만, 토기는 토기장이의 형상대로 지음을 받지 않았습니다. 다시 말해 하나님의 형상대로 지음을 받은 인간은 이성과 영성, 그리고 도덕적 책임성을 지닌 인격 존재이기에 토기가 토기장이에게 일방적으로 예속된 것과 같은 관계에 있지 않다는 것이지요.

참으로 지당한 말씀입니다! 하지만 바울이 이런 **비유를 써서 강조하려는 논점**은 하나님과 우리 사이에 건널 수 없는 간격과 질적 차이가 있다는 사실 하나이지, 인격적 관계성 여부를 따지는 데 초점이 있는 것이 아닙니다. 오로지 하나님은 인간과 다르다는 사실 하나를 강조하는 것이지요! 도자기 제작자가 진흙으로 자기 목적에 따라 다양한 그릇을 만들 수 있는 자유가 있듯이, 하나님 역시 타락한 인간을 긍휼과 진노에 따라 자유롭게 대할 수 있는 자유가 있다는 것이 바울의 요점입니다.

토기장이와 진흙의 비유가 일러주는 중요한 교훈이 하나 있습니다. 인간은 진흙처럼 불완전한 존재라는 교훈입니다. 이스마엘 대신 선택된 이삭이나, 에서 대신 선택된 야곱이라고 해서 진흙 덩어리가 아닌, 금이나 다이아몬드가 아닙니다. 이스마엘이나 이삭, 에서나 야곱 모두가 똑같이 진흙과 같이 비천한 존재들이었고 다 소멸될 수밖에 없는 처지였음에도 한쪽을 건져주시고 다른 한쪽을 묵과하신다고 해서 불의하다거나 편파적이라고 말할 수 없다는 것이지요.

온 인류가 아담의 원죄를 타고나 자연인 상태에서 흙으로 돌아갈 수밖에 없는 처지였지만, 예수 그리스도의 은혜로 구원해주셨습니다. 아직 그릇으로 다듬어지기 직전의 진흙처럼 보잘것없는 상태였음에도 순전히 그리스도의 은혜 때문에 귀한 그릇으로 쓰임을 받게 됐다면 감사할 이유밖에는 없습니다. 전혀 자격이 없는 사람을 선택하고 자격이 넘쳐나는 사람을 유기한다면 불의하다고 할 수 있지만, 양쪽 모두 진노의 자식들이고 전혀 자격 미달인 진흙 덩어리와 같은 존재들임에도 불구하고 어느 한쪽에게 긍휼을 베푼다고 해서 불의하다고 말할 수 없다는 뜻입니다. 물론 누구는 건져내고 누구는 그냥 멸망하도록 방치하는 것도 불공평하다고도 말할 수 있습니다. 하지만 하나님이 수없이 강퍅한 마음을 돌이킬 기회를 주셨음에도 본인이 끝내

고집을 피울 경우 멸망에 대한 최종 책임은 본인이 질 수밖에 없을 것입니다.

'진노의 그릇' VS. '긍휼의 그릇'

이제 바울은 토기장이와 진흙의 비유를 **적용**합니다.

> 만일 하나님이 그의 진노를 보이시고 그의 능력을 알게 하고자 하사 멸하기로 준비된 진노의 그릇을 오래 참으심으로 관용하시고 또한 영광 받기로 예비하신 바 긍휼의 그릇에 대하여 그 영광의 풍성함을 알게 하고자 하셨을지라도 무슨 말을 하리요(22-23절).

토기장이에게 동일한 진흙으로 상이한 목적으로 그릇을 다르게 만들 자유가 있듯이, 하나님께도 긍휼과 진노에 따라서 타락한 인간들을 각각 다르게 대할 수 있는 자유가 있습니다. 중요한 것은 하나님이 벌 주실 목적 하나로 타죄墮罪에 빠질 인간을 창조하신 것이 아닙니다. 그런 하나님은 심술궂고 사악하기에 기독교가 말하는 사랑의 하나님에 배치됩니다. 하나님의 자유와 주권은 어디까지나 하나님께 반역해서 멸망의 길을 치달리는 사람들을 용서하거나 징벌하실 수 있는 자유입니다.

바울은 22-23절에서 일부에게는 긍휼을, 나머지 사람들에게 진노를 보이시는 것이 하나님의 성품이나 정의에 부합된다는 사실을 강조합니다. 특히 '진노의 그릇스케우에 오르게스/σκεύη ὀργῆς/the vessels of wrath'과 '긍휼의 그릇스케우에 엘레우스/σκεύη ἐλέους/the vessels of mercy'을 대조합니다.

22절	멸망받게 돼 있는 진노의 그릇(대상)	하나님의 **진노**와 능력을 알리기 원하시면서도, 그 **진노**의 그릇을 꾸준히 참으셨다.
23절	영광을 받도록 예비된 긍휼의 그릇(대상)	하나님의 **영광**의 풍성함을 알리시고자 하셨다.

먼저 '진노의 그릇'은 "멸하기로 준비가 된" 그릇이라고 했습니다. '준비된'을 뜻하는 헬라어 '카테르티스메나/κατηρτισμένα'에는 '준비된prepared'의 의미도 있지만, 중간태로 '~에 알맞다fitted'는 의미도 있습니다. 그러므로 다분히 "스스로의 잘못에 의해서 멸망받기에 합당해진 진노의 그릇"으로 풀이하는 것이 좋을 것입니다. 누군가 멸망 받을 진노의 그릇이 되는 것은 순전히 자기 책임이라고 봐야 합니다.

진노의 그릇과 달리 '긍휼의 그릇'은 영광을 받기로 '예비하신' 그릇이라고 했습니다. '예비하신'은 헬라어로 '프로에토이마센/προητοίμα-σεν'인데, '미리 준비시키다'는 능동태이므로 하나님께서 마련하신 그릇임에 틀림없습니다. 이런 차이는 사람이 멸망의 그릇이 되는 것은 자기 책임이고, 긍휼의 그릇이 되는 것은 하나님의 은혜임을 일러줄 수 있습니다. 하나님이 긍휼의 그릇을 위해 영광을 마련하시고, 죄인은 자신의 완악함으로 진노의 그릇이 된 나머지 심판을 자초했다고 보는 것이지요.

(이런 맥락에서 저는 칼뱅의 이중예정론이 바울을 극단적으로 해석한 것으로 보고, 외려 하나님의 만인구원 의지를 보여주는 구절도 있다는 사실을 지적하고 싶습니다. 바울이 적어도 9장에서 절대다수의 이스라엘의 불신앙

에 직면해서 하나님의 주권과 신비한 섭리를 해명하기 위한 목적으로 예정의 뉘앙스를 풍기는 것이 사실이지만, 이중예정의 문제는 언제나 바울 서신을 총체적으로 고려해서 판단할 문제입니다. "누구든지 주의 이름을 부르는 자는 구원을 받으리라"[롬 10:13], "하나님은 모든 사람이 구원을 받으며 진리를 아는 데에 이르기를 원하시느니라"[딤전 2:4]. 참조)

하나님은 멸망 받을 진노의 그릇, 즉 하나님의 진노의 심판을 받아야 마땅한 사람들을 즉각적으로 응징하셔서 그들로 하여금 하나님의 **진노와 권능**을 알려주기 원하십니다. 하지만 오래 참으심으로 심판의 시간을 연장하셨습니다. 바로의 예가 보여주듯이, 진노의 대상이 완악한 마음을 돌이킬 수 있는 기회를 주시는 동시에 회개하고 하나님께 돌아오지 않을 경우 끝내 그 진노의 폭발이 훨씬 더 거세어질 것을 보여주십니다. 하나님께서 진노의 대상에게 진노를 드러내시는 것은 긍휼의 그릇에게 영광을 드러내시기 위함으로 볼 수 있습니다. 하나님이 베푸시는 은혜의 영광은 진노의 배경에서 볼 때 더더욱 찬란하게 빛나기 때문입니다. 진노의 그릇이나 긍휼의 그릇이나 다 아담의 후예로서 깨져야 마땅한 그릇들이지만, 진노의 그릇이 자신의 완악함 때문에 종내 망하는 대신에 긍휼의 그릇은 전적으로 하나님의 긍휼하심 때문에 건짐을 받았으므로 감사할 것밖에는 없습니다.

결국 18절에서 주장한 그대로 '긍휼히 여기시고', '완악하게 만드시는' 하나님의 두 가지 자유는 하나님의 근본 성품과 인격에 근거한 자유임이 분명해졌습니다. 우리는 왜 진노의 그릇이 멸망을 받도록 준비돼 있고, 긍휼의 그릇이 풍성한 영광을 받게 됐는지 알 수 없지만, 이 모든 것이 하나님의 자유로운 계시에서 우러나온 것 하나만큼은 확실히 깨닫게 됩니다.

전후 문맥으로 볼 때 '진노의 그릇들'은 예수님의 메시아 되심을 부인한 유대인들을, 그리고 '긍휼의 그릇들'은 예수님을 믿고 복음을 받아들인 유대인들을 각각 가리킨다고 볼 수 있습니다. 이제 바울은 하나님의 절대주권에 따라 이 긍휼의 그릇들의 범주가 유대인들뿐만 아니라 이방인들에게까지 널리 확대됐다는 사실을 보여줍니다.

구속사에 **포함된** 이방인들

지금까지 바울이 논증한 '하나님의 자유주권'이라는 안경으로 세상을 바라본다면, 택함을 받았다는 확신으로 가득 찬 유대인들이 버림받을 수 있고, 버림을 받았다고 여겨진 이방인들이 택함을 받을 수도 있습니다. 바울은 이런 논리적 가능성을 호세아서와 이사야서의 말씀들을 인용함으로써 확증합니다.

칼뱅이 지적한 것처럼, 유대인들이 보기에 이방인들이 건짐을 받는다는 사실도 받아들이기 어렵지만, 유대인들 자신이 버림을 받는다는 사실은 더더욱 상상하기 어려운 충격입니다. 그러므로 바울은 좀 덜 자극적일 수 있는, 이방인들의 구원 문제부터 먼저 언급하고, 유대인들의 배제와 유기문제는 그다음에 다룹니다.

> 이 그릇은 우리니 곧 유대인 중에서뿐 아니라 이방인 중에서도 부르신 자니라(24절).

하나님의 영광에 참여할 긍휼의 그릇들은 유대인들뿐만 아니라 이방인들도 있다는 것입니다. '우리'에는 바울과 로마 교인들, 유대인이나 이방인을 막론하고 하나님의 은혜로 구원받은 모든 사람들이 포함됩니다. 이처럼 인간의 자격과 공로가 아닌, 하나님의 자유로운 뜻에 따라 긍휼의 그릇들을 준비하시는 놀라운 은혜를 확증하고자 바울은 호세아서 말씀 두 곳을 인용합니다.

> 호세아의 글에도 이르기를 내가 내 백성 아닌 자를 내 백성이라, 사랑하지 아니한 자를 사랑한 자라 부르리라 너희는 내 백성이 아니라 한 그곳에서 그들이 살아 계신 하나님의 아들이라 일컬음을 받으리라 함과 같으니라(25-26절).

바울은 먼저 호세아서 2장 23절부터 인용합니다.

롬 9:25	내가 내 백성 아닌 자를 내 백성이라, 사랑하지 아니한 자를 사랑한 자라 부르리라.
호 2:23	긍휼히 여김을 받지 못하였던 자를 긍휼히 여기며, 내 백성 아니었던 자에게 향해 이르기를 너는 내 백성이라 하리니.

바울은 그 당시 관습대로 자신의 목적을 위해 호세아서 말씀을 순서를 바꾸고 약간의 의역까지 해서 임의대로 인용합니다. 호세아서에서는 "내 백성 아니었던 자"가 뒤에 나오는데, 바울은 앞에 오게 했습니다. 호세아서에서 앞서 나오는 '긍휼히 여긴다'를 '사랑하다'로 의역해서 뒤쪽으로 뺐습니다. 어느 정도는 견강부회식 성구인용은 그 시대의 독특한 관례로 이해해야 할 것입니다.

'호세아'와 음란한 아내 '고멜'의 부부관계는 '하나님'과 우상 잡신을 섬기는 '이스라엘'의 관계를 나타내는 비유입니다. 호세아와 고멜이 낳은 세 자녀들 중에서 두 자녀의 이름은 북이스라엘 왕국의 불신앙과 불순종에 대한 하나님의 심판을 상징합니다. 첫아들은 둘 사이의 친자였지만, 둘째와 셋째는 호세아의 씨가 아니었습니다. 그래서 둘째인 딸의 이름을 '로루하마Lo-Ruhamah'라고 지었는데, 그 뜻은 '긍휼히 여김을 받지 못하는 자not loved/not pitted'입니다. 이스라엘이 하나님을 버리고 우상을 섬긴 것에 대한 실망과 분노를 상징하는 이름이지요. 그런가 하면 셋째인 아들의 이름은 '로암미Lo-Ammi'로 지었습니다. 그 뜻은 '내 백성이 아니다'(not my people)입니다. 하나님을 버리고 다른 신을 섬겼기에 이스라엘은 하나님의 백성이 아니며, 하나님도 이스라엘의 하나님이 아니라는 비유입니다.

그럼에도 하나님은 이 두 아이의 이름에서 암시된 내용을 바꾸겠다고 약속하십니다. 긍휼히 여김을 받지 못했던 자를 긍휼히 여기시겠다는 것입니다. 하나님의 백성이 아니었던 자를 하나님의 백성이 되게 하시겠다는 것입니다. 이 말씀을 이방인들에게 적용할 경우, 이방인들이야말로 하나님을 알지 못했고 하나님과 그 어떤 언약도 맺은 적이 없었기에 하나님으로부터 긍휼히 여김을 받지 못했고, 하나님의 백성도 아니었습니다. 하지만 이제 그리스도의 은혜로 말미암아 이방인들도 하나님의 백성이 됐고, 하나님의 사랑하는 백성이 됐습니다. 본래 배은망덕했던 이스라엘에게 줬던 역전의 약속이 예수님 때문에 이방인들에게까지 확대된 것입니다.

그러므로 생각하라 너희는 그때에 육체로는 이방인이요… 그때에 너희는 그리스도 밖에 있었고 이스라엘 나라 밖의 사람이라 약속의 언약들에 대하여는 외인이요 세상에서 소망이 없고 하나님도 없는 자이더니 이제는 전에 멀리 있던 너희가 그리스도 예수 안에서 그리스도의 피로 가까워졌느니라(엡 2:11-13). … 그러므로 이제부터 너희[이방인]는 외인도 아니요 나그네도 아니요 오직 성도들과 동일한 시민이요 하나님의 권속이라(엡 2:19).

너희[이방인]가 전에는 백성이 아니더니 이제는 하나님의 백성이요 전에는 긍휼을 얻지 못하였더니 이제는 긍휼을 얻은 자니라(벧전 2:10).

바울은 이방인들이 구원받은 하나님의 가족에 입양됐다는 사실을 호세아서 1장 10절 말씀을 인용해서 재차 확인합니다.

롬 9:26	너희는 내 백성이 아니라 한 그곳에서 그들이 살아 계신 하나님의 아들이라 일컬음을 받으리라.
호 1:10b	전에 그들에게 이르기를 너희는 내 백성이 아니라 한 그곳에서 그들에게 이르기를 너희는 살아 계신 하나님의 아들들이라 할 것이라.

본래 하나님의 백성이 아니었던 이방인들도 하나님의 선하신 뜻에 따라 '살아계신 하나님의 자녀휘오이 테우 존토스/υἱοὶ θεοῦ ζῶντος/children of the living God'가 됐다는 것이지요. 이스라엘인이라고 해서 다 하나님의 자녀가 되는 것이 아니라 하나님이 불러주셔야 참 이스라엘인이 되는 것과 마찬가지로, 본래 하나님의 백성이 아니었던 이방인들도 하나님이 불러주시면 살아 계신 하나님의 참 자녀가 될 수 있다는 것입니다. 하나님의 자녀 됨은 유대인이든 이방인이든 자연혈

통이나 배경에 따라 결정되는 것이 아니라 철저히 하나님의 주권과 은혜로 결정된다는 말입니다.

구속사에서 **배제된** 유대인

이방인들이 구속사에 포함된 신비를 입증하고자 호세아서를 인용했던 바울은 거꾸로 구속사에서 다수의 유대인들이 배제되는 역설적 신비를 입증하고자 이사야서를 인용합니다. 유대인 청중이 듣기에 이방인들이 하나님의 자녀로 편입돼 구원을 받게 됐다는 주장도 거북스러웠겠지만, "따 놓은 당상"(정삼품 이상의 벼슬을 따 놓았다는 뜻으로 으레 제 차지로 되게 마련인 것을 이르는 말)으로 여겼던 구원에 유대인들이 제외된다는 사실은 더더욱 큰 충격이었을 것입니다. 이처럼 유대인들이 겪을 충격을 조금이라도 완화시킬 목적으로 바울은 '이방인 포함'부터 먼저 언급한 뒤, '유대인 배제'를 나중에 언급합니다.

바울은 「70인경」 이사야서 10장 22-23절을 자신의 목적에 맞게 약간 의역해서 인용했습니다.

롬 9:27	이스라엘 자손들의 수가 비록 바다의 모래 같을지라도 남은 자만 구원을 받으리니.
사 10:22	이스라엘이여 네 백성이 바다의 모래 같을지라도 남은 자만 돌아오리니.

앞에서 호세아서를 인용할 때에는 북왕국 이스라엘이 역사적 배경이 됐다면, 이사야서를 인용할 때에는 남왕국 유다가 배경이 됩니

다. 남유다의 죄악으로 말미암아 하나님의 심판이 임했고 온 나라는 쑥대밭이 됐지만, 하나님께서 '남은 자휴포레임마/ὑπόλειμμα/remnant'를 통해서 유다 구속사의 명맥을 잇게 해주신다고 약속하셨습니다. 남은 자들을 통해서 유다 회복의 소망이 성취된다는 것이지요. 이 약속은 이사야의 아들 '스알야숩'Shear-Jashub이라는 이름에서 상징화됐는데, '남은 자가 돌아올 것'(a remnant will return)이라는 뜻입니다.

이스라엘 자손이 바다의 모래 같이 많다고 할지라도 구원받을 자는 소수의 남은 자들뿐이라는 것입니다. '바다의 모래 같이 많은 유대인들'과 '소수의 남은 자'가 대조됩니다. 다시 한번 '모든 이스라엘'과 '소수의 선발된 이스라엘'이 구분되는 찰나지요! 이스라엘이라고 해서 다 저절로 구원받는 것이 아니고, '이스라엘 안에 이스라엘'의 소수만 구원을 얻게 된다는 것은 유대인이라고 해서 다 예수 믿고 구원받는 것은 아니라는 사실을 재차 강조하는 주장입니다.

이제 바울은 소수의 남은 자들을 통해서 구속사의 명맥이 이어진다는 사실을 「70인경」 이사야서 1장 9절을 인용해서 또 한 차례 강조합니다.

롬 9:29	만일 만군의 주께서 우리에게 씨를 남겨 두지 아니하셨더라면 우리가 소돔과 같이 되고 고모라와 같았으리로다.
사 1:9	만군의 여호와께서 우리를 위하여 생존자를 조금 남겨 두지 아니하셨다면 우리가 소돔 같고 고모라 같았으리로다.

소돔과 고모라에 많은 인구가 살았지만 죄악으로 인해 하나님의 심판을 받은 뒤 롯과 두 딸만 살아남았습니다. 하나님의 긍휼히 여기시는 은혜로 남은 자를 허락하지 않으셨더라면 유대인은 멸종됐을지

도 모른다는 사실을 상기시키고자 이런 역사적 사실을 언급합니다. 소수의 남은 자들이 이스라엘의 명맥을 이어갈 '씨스페르마/σπέρμα /seed', 즉 '살아남은 후손들'로 보존되지 않았더라면 이스라엘은 소돔과 고모라 같이 흔적도 없이 역사의 무대에서 사라졌을 것이라는 고백입니다.

바울은 당대의 일반 유대인들이 생각하던 구원의 판도를 완전히 뒤집어엎습니다. 이방인들에 대한 부정적 전망을 긍정적 전망으로 역전시킵니다. 거꾸로 유대인들에 대한 긍정적 전망을 부정적인 것으로 바꿉니다. 그리하여 진노의 그릇이었던 이방인이 긍휼의 그릇으로, 그리고 긍휼의 그릇으로 자부했던 유대인이 진노의 그릇으로 각각 뒤바뀌는 신비가 일어납니다.

흥미롭게도 바울이 호세아서를 인용해서 이방인들의 구원 가능성을 강조할 때에는 구원받을 이방인들의 수가 압도적으로 많을 것임을 시사합니다. 반면에 이사야서를 인용해서 유대인들 다수가 구속사에서 제외될 것을 암시할 때에는 구원받을 유대인들의 수는 압도적으로 줄어듭니다. 하나님의 구속사에서 이방인들은 점점 더 많이 포함되고, 유대인들은 점점 더 배제된다는 사실이지요. 놀랍게도 이것은 예수께서 이미 예언하신 내용이기도 합니다.

또 너희에게 이르노니 동·서로부터 많은 사람이 이르러 아브라함과 이삭과 야곱과 함께 천국에 앉으려니와 그 나라의 본 자손들은 바깥 어두운 데 쫓겨나 거기서 울며 이를 갈게 되리라(마 8:11-12).

두말할 필요도 없이 이스라엘의 불신앙과 구원 문제를 다루는 문맥으로 보건대 소수의 유대인들이 예수님을 믿는다고 할지라도, 거꾸로 다수의 이방인들이 예수님을 믿게 되었다고 할지라도, 하나님의 신실하심이나 의로우심을 훼손할 수 없을 것입니다. 이스라엘의 복음 거부가 하나님의 자유로운 선택을 폐기하지 않으며, 외려 하나님의 신실하심과 의로우심을 강력히 변증해준다는 것입니다.

지금까지 바울이 호세아서와 이사야서를 인용해서 논증한 결과를 도표로 정리하면 다음과 같은 교차대구법chiastic structure이 될 것입니다.

24절	유대인들을 불러주신 하나님
24절	이방인들도 불러주신 하나님
25-26절	이방인들의 불러주심을 확증해주는 호세아서
27-29절	유대인들 소수의 남은 자들의 불러주심을 확증해주는 이사야서

바울은 유대인 절대다수가 예수 그리스도의 복음을 거부한다고 해서 하나님의 약속의 말씀이 실패한 것이 아니라는 사실을 입증하고자 구약의 족장들과 출애굽의 모세와 바로 그리고 마침내 호세아와 이사야 같은 선지자들을 차례로 인증했습니다.

하나님의 구원하시는 부르심은 그 어떤 인간의 혈통이나 조건이나 자격과 업적이 아닌, 하나님의 자발적인 의지와 주권에 근거한다는 것이 바울의 확신입니다. 멸망 받을 진노의 그릇이 긍휼의 그릇이 되고, 영광 받을 긍휼의 그릇이 진노의 그릇이 될 수 있는 은총의 신비를 강조했습니다. 예수 그리스도의 오심으로 유대인과 이방인의 차이가 무색해졌고 동일한 수준으로 평준화됐다는 것이지요!

걸림돌에 걸려 넘어진 이스라엘
Israel Stumbled over the Stumbling Stone

롬 9:30-10:4

'하나님의 주권'에서 '인간의 책임'으로

메시아 예수 그리스도께서 유대인으로 이 땅에 오셨는데 왜 유대인들이 메시아를 거부했을까? 왜 십자가에 잔인하게 못 박았고, 교회를 격렬하게 핍박했을까? 게다가 왜 절대다수의 유대인들이 예수 그리스도를 믿지 않는 것일까?

이런 문제들은 유대인 동족으로서 바울에게 매우 심각했습니다. 무엇보다 이스라엘의 불신앙에 직면해서 하나님께서 구약성경에 메시아에 관해 약속하셨던 말씀이 모조리 무효가 되는 것은 아닌가라는 의구심을 불러일으켰습니다. 이 문제를 다루고자 바울은 구약을 주도면밀히 읽고 재해석을 시도합니다. 그가 해석한 구약에 따르면 아브라함의 혈통을 타고 난 유대인이라고 해서 다 저절로 하나님의 자녀가 되는 것은 아니었습니다. 하나님의 비밀스러운 예정의 선택에 따라 소수의 유대인들만이 하나님의 긍휼하심을 입고 약속의 자녀로 부르심을 받아왔음이 밝혀졌습니다.

이처럼 구약에 비추어 볼 때 절대다수의 유대인들이 그리스도를 부인하고, 바울이나 베드로와 같은 소수의 유대인들만이 그리스도를 믿고 구원을 얻는 것은 전혀 이상하지 않다는 것입니다. 바울은 다수의 유대인들이 구속사에서 배제되고, 거꾸로 하나님의 긍휼하심에 힘입어 소수의 유대인들이 구속사에 참여하게 된 것을 멀리 창세기 족장 시대와 출애굽 시대를 거쳐, 호세아와 이사야와 같은 선지자 시대에 이르기까지 추적해서 광범위하게 인증해냅니다. 다시 말해 '아브라함 → 이삭 → 야곱 → 모세 →남은 자 → 씨알갱이'에 이르기까지 소수의 유대인들만이 하나님의 구속사에 참여해온 사실을 구약을 통해 밝혀냈던 것이지요.

본문 바로 앞에서 강조한 것처럼, 하나님의 전적인 자유 주권과 긍휼하심에 근거한 구속사의 신비는 점점 더 많은 수의 이방인들이 구원권 안으로 들어오고, 점점 더 많은 수의 유대인들이 구속권에서 벗어나는 것으로 그 절정에 이릅니다. 왜 구원받은 이방인들의 수는 점점 더 늘어나고, 반면에 왜 구원받은 유대인들의 수는 점점 더 줄어드느냐에 대한 바울의 대답은 하나님의 자유로운 뜻과 선택 때문이라는 것입니다. 인간이 알 수도 없고 따질 수도 없는, 전적인 하나님의 자유로운 주권과 긍휼히 여기시는 뜻 때문에 이스마엘 대신에 이삭이, 에서 대신에 야곱이, 바로 대신에 모세가, 유대인 대신에 이방인이 구원을 은총의 선물로 얻는다는 말이지요.

다수의 이방인이든 소수의 유대인이든 그 수의 많고 적음을 떠나 누군가가 구원을 얻는다면, 그것은 전적으로 하나님의 자유로운 선택과 긍휼히 여기시는 뜻 때문이라는 사실이 분명해졌습니다. 우리가 구원을 받는 것은 우리의 자격이나 공로 때문이 아니라, 전적으로 하나님의 은혜 덕분이라는 것이지요!

그럼에도 문제가 완전히 해결된 것은 아닙니다. 유대인이든 이방인이든 구원받지 못한 사람들의 경우 그 책임을 하나님께 돌릴 수 있는 가능성이 있다는 사실 하나가 아직 남았습니다. 하지만 바울이 볼 때 구원받지 못한 사람들은 그 책임이 하나님께 있는 것이 아닙니다. 하나님이 정해주신 구원방법, 즉 예수 그리스도의 복음을 믿어야 구원을 얻는다는 방법 이외의 다른 방법에 집착했기 때문에 그런 결과가 찾아왔으므로 그 자신이 책임을 져야 합니다. 바울은 이와 같이 9장 30절-10장 21절에서 구원받지 못한 사람들의 자기 책임성에 대한 문제를 다룹니다.

뒤바뀐 운명

선택과 구원은 하나님의 은혜 때문이요, 유기와 멸망은 인간 자신의 책임 때문이라는 사실을 논증하고자 바울은 이방인과 유대인의 처지가 뒤바뀐다는 사실부터 먼저 언급합니다. 바울은 논증을 전환시킬 때마다 사용했던 "그런즉 우리가 무슨 말을 하리요?티 운 에루멘/τί οὖν ἐροῦμεν/What then are we to say?"라는 수사학적 표현을 씁니다. 하나님의 백성이 아니었고 사랑받지도 못했던 이방인들이 구원을 받고,

바다의 모래와 같이 많은 유대인들 가운데 소수의 남은 자들만이 구원을 받는다면, 우리가 무슨 말을 더 할 수 있겠느냐는 반문이지요.

바울의 대답은 두 차례로 나뉩니다. 먼저 30-33절에서 이방인과 유대인의 처지가 뒤바뀐다는 사실을 논증합니다. 그런 뒤 10장 1-4절에서 방향을 잘못 잡은 유대인의 종교적 열성을 비판합니다.

먼저 이방인들과 유대인들의 처지가 완전히 역전됐습니다.

> 그런즉 우리가 무슨 말을 하리요 의를 따르지 아니한 이방인들이 의를 얻었으니 곧 믿음에서 난 의요 의의 법을 따라간 이스라엘은 율법에 이르지 못하였으니(30-31절).

이 말씀을 도표로 정리하면 다음과 같습니다.

30절	이방인들	의를 추구하지 않았음에도 의를 얻었다.	믿음에서 난 의 (Righteousness through faith)
31절	유대인들	의의 율법(a law of right-eousness)을 추구했지만 그 율법에 이르지 못했다.	믿음이 아닌 행위를 의지했기 때문임(32절)

하나님의 율법과 상관없이 살았던 이방인들이 의를 추구하지 않는다는 말은 진실입니다. 물론 여기에서 말하는 의는 '도덕적 의'가 아닌, '하나님 앞에서 올바로 섬'(a right standing before God)을 뜻하는 '법률적 의forensic righteousness'를 말합니다. 바울 시대의 이방인들 가운데에는 도덕적으로 의로운 사람들이 적지 않았습니다. 하지만 하나님을 알지 못했기에 하나님 앞에서 의롭게 사는 이들은 거의 없었습니다. 이방인들은 하나님을 사랑하기보다 자신과 돈과 쾌락을 사

랑했습니다. 하지만 이들은 의를 **추구하지**디오코/διώκω/seek 않았음에
도 불구하고 의를 **얻었습니다**카타람바노/καταλαμβάνω/attain.

두말할 필요도 없이 이방인들이 예수 그리스도를 믿어서 하나님
앞에서 의롭다 인정을 받았다는 뜻이지요. 그러기에 바울은 의를 구
하지 않았음에도 의를 얻었다는 사실을 언급한 뒤에, 동격을 써서 이
방인들이 얻은 의가 '곧 믿음에서 난 의디카이오수넨 데 텐 에크 피스테오스/
δικαιοσύνην δὲ τὴν ἐκ πίστεως/righteousness through faith'라는 사실
을 확실히 밝히고 있습니다. 이처럼 스스로 의를 구하지 않았음에도
오직 그리스도를 믿음으로 얻는 의야말로, 9장 16절에서 말씀한 것처
럼 우리 자신의 의지나 노력이 아닌, 하나님의 긍휼에 달려 있다는 사
실을 거듭 확인해줍니다.

이제 유대인들의 처지는 이방인들과는 판이하게 다릅니다. 그들
은 '의의 법'을 추구했지만 얻지 못했습니다. 이방인들이 구하지 않았
음에도 불구하고 얻었는데 반해서, 유대인들은 열심히 구했지만 얻지
못했다는 것이지요. 그렇다면 유대인들이 구했다는 '의의 법노모스 디카
이오수네스/νόμος δικαιοσύνης/a law of righteousness'은 무엇일까요?

여러 가지 가능성이 있겠지만 전후 문맥으로 볼 때 하나님께서 시
내 산에서 모세를 통해 주신 율법, 곧 '토라Torah'를 의미할 것입니다.
만일 법이 모세의 율법이라고 한다면, '의의 법'은 모세의 율법을 지켜
서 얻으려는 의라고 볼 수 있겠지요. 그러기에 율법을 지키는 목적은
다분히 의의 획득에 있으며, 율법을 잘 지키면 율법 자체가 의의 획득
을 약속해준다는 믿음을 전제합니다.

이런 이유로 영어성경 NRSV는 '의의 법'을 '율법에 근거한 의'(the
righteousness based on the law)로 번역했습니다. 그렇다면 '의의

법'은 글자 순서를 바꿔서 '율법의 의righteousness of the law로' 번역해도 무방할 것입니다. 왜냐하면 이방인들과 유대인들의 처지를 대조할 때 바울은 '믿음에 근거한 의'와 '율법에 근거한 의'를 대조시키려고 했기 때문입니다. 중요한 것은 바울이 유대인들이 '의의 법'을 추구했지만 그 법에 이르지 못했다는 사실을 강조할 때에는 율법을 지키는 행위doing를 통해 도달하려는 인간적 의를 말하려고 한다는 사실입니다.

유대인들은 행위를 통해 의를 약속해주는 율법을 열성적으로 지키려고 했지만, 그 율법에 **이르지**에프타센/ἔφθασεν/reach/arrive at 못했습니다. 애당초부터 불가능한 목표를 설정했기에 실패한 것이지요. 하지만 더 정확히 왜 이르지 못했을까요? 놀랍게도 이스라엘의 실패를 설명할 때 바울은 하나님의 예정 목적 따위는 말하지 않습니다. 그 대신에 이스라엘의 책임을 거론합니다.

> 어찌 그러하냐 이는 그들이 믿음을 의지하지 않고 행위를 의지함이라
> (32a절).

유대인들이 '의의 율법'을 구했지만 거기에 도달하지 못한 이유는 이방인들처럼 **믿음**피스테오스/πίστεως/faith에 근거해서 의에 이르려고 하지 않고, 자신의 **행위**에르곤/ἔργων/works를 의지했기 때문입니다. 이방인들처럼 그리스도의 복음을 믿어 값없이 주시는 하나님의 은혜로 하나님의 의를 선물로 얻으려고 하지 않고, 십계명을 비롯한 613가지나 되는 계명들을 자구 하나 어김없이 지키려고 하다가 실패했다는 것입니다. 율법을 잘 지키고 많이 지켜서 그 행위의 업적을 쌓아 올려

의에 도달하려고 애쓰다가 무참히 무너졌다는 것이지요.

바로 이 지점에서 바울은 기독론적 설명을 시도합니다. 유대인들이 믿음이 아닌, 행위에 근거해서 의에 이르려고 하다가 실패한 것을 "부딪칠 돌에 부딪친 것"으로 표현한 것입니다. 그리스도 예수라는 걸림돌을 넘지 못하고 거기에 걸려 넘어졌다는 것이지요!

> 부딪칠 돌에 부딪쳤느니라 기록된 바 보라 내가 걸림돌과 거치는 바
> 위를 시온에 두노니 그를 믿는 자는 부끄러움을 당하지 아니하리라
> 함과 같으니라(32b-33절).

바울은 「70인경」의 이사야서 8장 14절과 28장 16절을 한꺼번에 융합해서 인용합니다.

롬 9:33	보라 내가 **걸림돌**과 **거치는 바위**를 시온에 두노니 그를 믿는 자는 부끄러움을 당하지 아니하리라 함과 같으니라.
사 8:14	… 그러나 이스라엘의 두 집에는 **걸림돌**과 **걸려 넘어지는 반석**이 되실 것이며…
사 28:16	보라 내가 한 돌을 시온에 두어 기초를 삼았노니… 그것을 믿는 이는 다급하게 되지 아니하리로다.

위에서 보는 것처럼, 로마서 33절의 첫 구절과 마지막 구절은 이사야 28장 16절로부터 왔습니다. 이 첫 구절과 마지막 구절 사이에 있는 '걸림돌'과 '거치는 바위'(걸려 넘어지는 반석)는 이사야 8장 14절에서 왔습니다. 하나님께서 예수 그리스도를 굳건한 바윗돌로 세우셨는데, 이 바윗돌을 대하는 두 가지 자세가 있습니다. 첫째는 그 기초석 되시는 예수 그리스도를 믿어서 그 위에 견고한 구원의 집을 짓는 방

법입니다. 둘째는 그 기초석을 정강이로 걷어차서 걸려 넘어지는 것입니다.

바울이 볼 때 예수 그리스도를 부인한 유대인들이 두 번째 방법을 선택했던 사람들입니다. 유대인들은 목표 설정과 목표 도달방법 모두에 실패했습니다. 율법의 의를 목표 삼아, 율법을 지키는 행위, 즉 자기의 업적이나 공로에 의지해 그 목표에 도달하려고 했던 우愚를 범했던 것이지요. 한마디로 자기의self-righteousness를 통해서 그 율법의 의에 이르려고 하다가 좌절했는데, 일체의 자기의를 부정하는 그리스도의 십자가라는 걸림돌에 걸려 무참하게 무너졌던 것입니다.

구약에서 '돌'은 하나님께서 새로이 구원받을 이스라엘 백성들을 위해 시온에 기초석으로 세우신 돌입니다. '걸림돌토 리토 투 프로스콤마토스/τῷ λίθῳ τοῦ προσκόμματος/stumbling-stone' 혹은 '거치는 바위페트란 스칸달루/πέτραν σκανδάλου/stumbling block'는 바울 서신에서 '그리스도'를 지칭하는 비유로 몇 차례 등장합니다. 십자가에 못 박힌 그리스도가 유대인들에게는 '거리끼는 것스칸달론/σκάνδαλον/stumbling bock/고전 1:23'이라고 말했을 때 그리고 '십자가의 걸림돌스칸달론/σκάνδαλον/stumbling block/갈 5:11'이라는 표현을 썼을 때에도 모두 그리스도를 지칭합니다. 유대인들은 다름 아닌 그리스도라는 걸림돌에 걸려 넘어졌던 것입니다. 왜냐하면 그리스도의 십자가는 행위와 공로에 근거한 자기 의를 원천적으로 부정하기 때문에 자기 의를 고집한 유대인들은 이 걸림돌에 걸려 넘어질 수밖에 없습니다.

만일 의롭게 되는 것이 율법으로 말미암으면 그리스도께서 헛되이 죽으셨느니라(갈 2:21).

만일 율법 계명을 열심히 지켜 의를 얻을 수 있다면, 그리스도의 십자가는 아무 필요가 없었을 것입니다. 우리가 자신을 구원할 수 있다면 그리스도께서 우리를 구원하고자 십자가를 지실 필요가 없었을 것입니다.

'지식 없는 열성'의 위험성

바울은 지금까지 말씀드린 것처럼 '믿음에 근거한 의'와 '행위에 근거한 율법의 의'를 날카롭게 구분함으로써 의를 구하지 않은 이방인들이 외려 믿음으로 의를 얻었고, 열성적으로 의를 구한 유대인들이 외려 에 도달하지 못한 아이러니를 지적했습니다.

9장이 왜 소수의 유대인들만이 그리스도를 받아들이는지를 설명하고자 하나님의 자유로운 주권에 근거한 선택의 문제를 다뤘다면, 이제 10장은 유대인들이 구원받지 못한 이유를 유대인 자신의 잘못된 구원 방법에서 찾습니다.

먼저 바울은 1절에서 로마 교인들을 '형제들'이라고 부르면서 사랑과 관심을 표명합니다. 그러면서 9장 초반부에서 그랬던 것처럼 자신이 동족인 유대인들의 구원을 얼마나 간절히 바라는지를 먼저 밝힙니다. 유대교를 떠나 기독교인이 된 바울을 배교자요 유대인의 공적으로 매도했던 시대였기에 이런 오해를 잠재우는 것이 이따금씩 필요했을 것입니다.

형제들아 내 마음에 원하는 바와 하나님께 구하는 바는 이스라엘을 위함이니 곧 그들로 구원을 받게 함이라(1절).

누구보다도 유대인들의 구원을 열망한다는 고백이지요. 그런 뒤 바울은 유대인들의 잘못된 열성을 지적합니다. 열성젤론/ζῆλον/zeal은 칭찬할만하지만, 무지우 카트 에피그노신/οὐ κατ᾽ ἐπίγνωσιν/not according to knowledge/ignorance가 문제라는 것이지요. 바울 자신부터가 그리스도를 만나기 전에 그 열성 하나만큼은 아무도 당해낼 수가 없었습니다.

> 내가 이전에 유대교에 있을 때에 행한 일을 너희가 들었거니와 하나님의 교회를 심히 박해하여 멸하고 내가 내 동족 중 여러 연갑자보다 유대교를 지나치게 믿어 내 조상의 전통에 대하여 더욱 열심이 있었으나(갈 1:13-14).

바울은 개종하기 전의 자신처럼 유대인들 역시 하나님에 대한 종교적 열심과 신실성sincerity이 대단하다는 사실을 조금도 부인하지 않습니다. 하지만 그들의 지식knowledge이 문제였습니다!

> 내가 증언하노니 그들이 하나님께 열심이 있으나 올바른 지식을 따른 것이 아니니라(2절).

진리 위에 서지 않은 열성은 참으로 위험합니다. 이단에 빠진 사람들이 가정과 사회를 해치는 것과 마찬가지입니다. 신실성도 마찬가지입니다. 이단에 빠진 사람들 치고 자기 종교나 교주에 신실치 않은 사람은 없습니다. 그러기에 '지식 없는 열성' 혹은 '성찰 없는 신실성'은 광신주의fanaticism에 불과합니다.

팀 켈러는 한 가지 비유를 듭니다. 이웃을 사랑하는 한 부인이 꽃다발 한 아름을 이웃집에 선물했습니다. 하지만 이 부인은 그 이웃이 꽃에 알레르기가 있다는 사실을 알지 못했습니다. 이럴 때 꽃은 기쁨이 아닌 고역이 되고 맙니다. '지식 없는 열성'은 **맹목**입니다. '열성 없는 지식'은 **공허**합니다. 열성은 항상 지식과 함께 가야만 합니다!

바울은 하나님을 섬김에 있어서 유대인들의 열성은 칭찬했으나, 그들의 지식은 비판했습니다. 그렇다면 진리에 대한 지식 없는 열성은 도대체 무엇을 두고 말한 것일까요? 바울은 부정형 표현으로 유대인들의 두 가지 무지를 지적합니다.

> 하나님의 의를 모르고 자기 의를 세우려고 힘써 하나님의 의에 복종
> 하지 아니하였느니라(3절).

첫째로, 유대인들은 하나님의 의를 알지 못했습니다. 둘째로, 유대인들은 하나님의 의에 복종치 않았습니다. 하나님의 의를 알지 못하니 그 의에 순종할 수 없는 것은 당연합니다. 하나님의 의를 알지도 못했고, 복종하지도 않는 대신에 자기들의 의를 세우려고 했습니다.

하나님으로부터 오는 의를 알지 못했고	하나님의 의에 복종하지도 않았으며
그 대신에 자신의 의를 세우려고 한다.	

먼저 '하나님의 의'는 '하나님으로부터 오는 의텐 투 테우 디카이오수넨/

τὴν τοῦ θεοῦ δικαιοσύνην/righteousness that comes from God'입니다. 이 의는 유대인이라는 혈통상의 신분이나 자격, 혹은 율법을 열성적으로 지키는 행위와 공로 때문에 얻을 수 있는 의가 아닙니다. 하나님의 의가 100% 드러난 예수 그리스도를 믿을 때 은혜의 선물로서 거저 얻을 수 있는 의입니다. 그럼에도 유대인들은 이 의를 알지 못했고 순종도 하지 않는 대신에 '자신의 의텐 이디안/τὴν ἰδίαν/their own right-eousness'를 세우려고 했습니다. 하나님이 주시는 선물로서의 의가 아니라 자신의 힘으로, 즉 율법을 지키려는 행위를 통해서 획득할 수 있는 의로 착각했던 것이지요. 그러므로 자신의 힘으로 얻으려는 의는 종내 하나님의 의가 아니라 순전히 자신의 의로 전락하고 맙니다.

내가 가진 의는 율법에서 난 것이 아니요 오직 그리스도를 믿음으로 말미암은 것이니 곧 믿음으로 하나님께로부터 난 의라(빌 3:9).

율법의 마침이신 그리스도

바울은 4절에서 촌철살인의 결론을 내립니다.

그리스도는 모든 믿는 자에게 의를 이루기 위하여 율법의 마침이 되시니라.

바울 서신에서 가장 유명한 신학적 슬로건들 중에 하나입니다. 율법을 지키는 행위, 즉 자기 의를 얻고자 몸부림치는 유대인들의 방법이 잘못된 이유를 밝혀주는, 매우 압축적인 명구입니다. 여기에서 중요한 것은 그리스도께서 '율법의 마침텔로스 노무/τέλος νόμου/the end of the law'이시라는 표현입니다. 율법은 모세의 율법을 일컫습니다. 그렇다면 '마침'이 된다는 뜻은 무엇일까요? 마침을 의미하는 '텔로스/τέλος'의 의미를 바로 해석하기 위해서는 마침의 소유주격인 '율법'과의 관계를 따져봐야 합니다. 적어도 4절에서 바울이 강조하는 요점은 그리스도께서 의를 얻는 수단으로서의 율법과의 관계에서 마침이 된다는 사실입니다.

'텔로스'는 크게 세 가지 의미로 사용될 수 있습니다. 먼저 "수업이 끝났다"와 같이 '종결termination'을 의미합니다. "정부의 목적은 국민의 안전이다"와 같이 '목적goal'의 의미도 될 수 있습니다. 그런가 하면 어떤 행동의 '결과result'를 의미할 수 있습니다.

어쩌면 '그리스도'와 '율법'의 관계를 고려할 때 이 세 가지 의미가 다 통할 수 있습니다. 그리스도께서 오심으로써 율법이 종결됐다고 해석할 수 있습니다. 율법으로 얻는 의의 문제점을 고려할 때 '텔로스'는 이처럼 '끝end' 혹은 '종결'로 해석될 수 있습니다. '텔로스'를 종결로 해석할 경우에 그리스도께서 오심으로써 율법이 하나님의 의를 얻는 수단이 됐던 시대가 종언을 고했다고 해석할 수 있습니다.

아니면 그리스도께서 '율법의 목표'가 되셔서 율법의 완성, 즉 그 절정에 이르게 하셨다고 해석할 수도 있습니다. 그리스도로 말미암아 율법이 절정, 즉 완성됐다면 더 이상 율법에 매달릴 필요가 없어지게 된 것이지요.

그도 아니면 그리스도께서 율법의 결과로 오셨다고 해석할 수도 있을 것입니다. 율법이 인간을 더 이상 의롭게 할 수 없게 됐을 때 그 결과로 그리스도께서 오심으로 말미암아 이제 그를 믿는 사람은 누구나 다 의로워질 수 있게 됐다고 해석할 수 있습니다.

이 세 가지 해석 가운데 어떤 경우이든지 간에 한 가지 분명한 사실은 율법을 지킴으로써 자신의 의를 구하기에 급급했던 유대인들의 열성, 즉 '바른 지식 없는 열성'에 오류가 있다는 것입니다. 누구도 행위로 의로워질 수 없기에 이 행위로 의에 도달하는 데 핵심 수단이 되어 온 율법에 종지부를 찍고, 율법을 완성시킨 그리스도가 오심으로써 그를 믿는 사람은 누구든지 하나님의 의를 선물로 얻을 수 있는 길이 활짝 열리게 됐습니다.

이제 바울의 논리를 종합해볼 때 우리에게 두 가지 선택 가능성이 있습니다. 먼저 우리의 인격도야나 선행, 종교생활 등등을 통해서 우리 자신의 의를 구하는 방법이 있습니다. 이 길은 실패할 수밖에 없습니다. 왜냐하면 하나님 보시기에 의인은 하나도 없기 때문입니다.

무릇 우리는 다 부정한 자 같아서 우리의 의는 다 더러운 옷 같으며 우리는 다 잎사귀 같이 시들므로 우리의 죄악이 바람 같이 우리를 몰아가나이다(사 64:6).

그런가 하면 예수 그리스도를 믿음으로써 자신의 의가 아닌, 하나님의 의를 전적인 선물로 받는 길이 있습니다. 두말할 필요도 없이 바울이 확신하는 구원의 길은 이 두 번째 길입니다.

내가 가진 의는 율법에서 난 것이 아니요 오직 그리스도를 믿음으로 말미암은 것이니 곧 믿음으로 하나님께로부터 난 의라(빌 3:9).

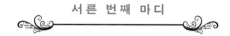

마음으로 믿고, 입으로 시인하여

Believing with the heart, Confessing with the mouth

롬 10:5-13

'율법의 의' VS. '복음의 의'

바울은 앞에서 두 가지 의가 있음을 논증했습니다. '율법을 지킴으로 얻는 의'와 '복음을 믿음으로 얻는 의'가 있습니다. 전자를 '행위에 의한 의'로, 후자를 '믿음에 의한 의'로 요약할 수 있습니다. 율법을 열심히 지키는 행위에 의지해서 의로워지려고 할 때 그 의는 결국 자신의 노력에 대한 보상으로 주어지는 의이기에 '자기 의'가 되고 맙니다.

하지만 완벽을 요구하는 율법을 아무도 지킬 수 없는 데다가 인간의 타고난 죄성 때문에 율법이 외려 인간의 죄악을 부추길 때가 더 많습니다. 따라서 바울이 볼 때에는 율법을 지키는 행위를 통해 의를 획득하려는 유대인들은 길을 잘못 들었기에 실패할 수밖에 없습니다.

이제 인간의 무능을 절감하고 겸손히 복음을 믿어서 하나님의 의를 선물로 얻는 길 외에는 뾰족한 수가 없게 됐습니다.

이런 까닭에 앞에서 바울은 하나님의 의를 구하지 않은 이방인들이 복음을 믿어서 그 의를 얻는 아이러니를 지적했습니다. 반대로 '의의 율법' 혹은 '율법의 의'를 열성적으로 구했지만 믿음이 아닌 행위에 의지한 나머지 그 의에 이르지 못한 유대인들과 이방인들을 비교했습니다. 이제 본문에서 바울은 믿음에 근거한 의가 유대인이든 이방인이든 가릴 것 없이 누구에게나 활짝 열려 있다는 사실을 논증합니다.

로마서 10장 5-13절은 4절 말씀을 부연 설명한 것으로 볼 수 있습니다. 그리스도는 율법의 마침이기에 그리스도를 믿는 이는 누구나 다 의로워질 수 있는 길이 열렸다는 4절의 말씀을 재차 확증하기 위해서, 먼저 5-8절은 '율법에 근거한 의'와 '믿음에 근거한 의'를 대조합니다. 그런 뒤 9-10절은 복음을 마음으로 믿고 입으로 고백해서 얻는 '의', 즉 '구원'을 강조합니다. 이 의와 구원은 율법을 지키는 행위가 아닌, 복음을 신뢰하는 믿음에 근거하기에 11-13절은 모든 사람들이 다 복음을 믿을 수 있고, 그리하여 구원받을 수 있다는 가능성을 천명합니다.

'레위기의 모세' VS. '신명기의 모세'

로마서는 물론이고 바울 서신을 통틀어 놓고 볼 때 10장보다 구약을 더 많이 인용한 곳은 없습니다. 본문에서 가장 주목해야 할 특징도 바울이 구약을 자신의 목적에 맞게 재해석해서 임의로 인증하는 방법입니다. 레위기서와 신명기서, 이사야서와 요엘서 등 모두 네 책을 인용합니다. 이 말씀들이 원 청중들에게 선포됐던 메시지와는 매우 색다른 의미로 재해석해서 그리스도인의 삶의 현장에 적절히 적용하는 바울의 탁월한 솜씨가 돋보입니다.

먼저 바울은 레위기 18장 5절과 신명기 30장 12-14절을 각각 인용해서 '율법에서 오는 의'와 '믿음에서 오는 의'를 대비시킵니다. 레위기 말씀이나 신명기 말씀이 모두 모세의 입에서 나왔기에 스토트가 지적한 대로 우리는 바울의 모세 인용에서 "모세와 모세가 서로 맞서는", 즉 **"레위기의 모세와 신명기의 모세가 맞서는"** 기이한 현상을 볼 수가 있습니다.

먼저 5절 말씀과 바울이 인용한 레위기 18장 5절을 비교할 필요가 있습니다.

롬 10:5	모세가 기록하되 율법으로 말미암는 의를 행하는 사람은 그 의로 살리라 하였거니와.
레 18:5	너희는 내 규례와 법도를 지키라 사람이 이를 행하면 그로 말미암아 살리라 나는 여호와이니라.

레위기는 율법을 순종하는 것이 생명에 이르게 한다고 주장합니다. 예수님도 '선한 사마리아인의 비유'를 들려주시기 전에 영생 얻는 방법을 묻는 율법사에게 율법의 근본정신을 되물으셨습니다. 율법사가 '하나님 사랑'(신 6:5)과 '이웃 사랑'(레 19:18)이라고 옳게 대답하자, "그 율법 말씀대로 행하면 살 것"이라고 말씀하셨습니다(눅 10:28).

하지만 바울이 레위기 18장 5절 말씀을 인용한 목적은 이 사실("율법을 순종하면 살리라")을 긍정하는 데 있지 않습니다. 율법을 행하는 사람은 살겠지만, 문제는 율법을 완벽하게 지킬 수 있는 사람은 아무도 없을뿐더러 언제나 인간의 부패한 본성은 율법을 악용하고 오용하기 일쑤이므로, 율법에 순종해서 살 수 있는 사람은 아무도 없다는 것이 엄연한 인간의 현실입니다.

그러므로 바울이 레위기 말씀을 인용할 때의 강조점은 '살리라'에 있는 것이 아니라, '행함'에 있습니다. 율법의 계명들을 가장 진지하게 지켜보려고 발버둥치는 사람도 결코 완벽하게 지킬 수 없기에, 율법의 행함으로는 영생을 얻을 수 없다는 것이 바울의 요점입니다. 이런 이유 때문에 '율법 행위에 근거한 의'는 우리를 살릴 수 없으며, 바로 이런 맥락에서 그리스도께서 율법의 마침이 되셨다는 사실을 이미 지적했습니다. '율법 행위에 근거한 의'가 끝나는 곳에서 '복음을 믿는 믿음에 근거한 의'가 시작됩니다. 바울은 이제 이 '믿음에 의한 의'를 논증하고자 6-7절에서 신명기 30장 말씀을 인용합니다.

롬 10:6	믿음으로 말미암는 의는 이같이 말하되 **네 마음에 누가 하늘에 올라가겠느냐 하지 말라** 하니 올라가겠느냐 함은 그리스도를 모셔 내리려는 것이요.
신 30:12	하늘에 있는 것이 아니니 네가 이르기를 **누가 우리를 위하여 하늘에 올라가** 그의 명령을 우리에게로 가지고 와서 우리에게 들려 행하게 하라 할 것이 아니요.
롬 10:7	혹은 **누가 무저갱에 내려가겠느냐 하지 말라** 하니 내려가겠느냐 함은 그리스도를 죽은 자 가운데서 모셔 올리려는 것이라
신 30:13	이것이 바다 밖에 있는 것이 아니니 네가 이르기를 **누가 우리를 위하여 바다를 건너가서** 그의 명령을 우리에게로 가지고 와서 우리에게 들려 행하게 하라 할 것도 아니라.

먼저 우리말 개역개정은 빠뜨렸지만 헬라어 성경의 6절에는 '그러나but'를 뜻하는 역접 접속사 '데/δέ'가 맨 앞에 나오기에, "율법을 행함

으로 산다"는 모세의 레위기 말씀을 반박하기 위해 신명기 30장 12절의 또 다른 모세의 말씀을 인용한 것이 분명합니다.

먼저 신명기 30장의 본래 상황을 알아둘 필요가 있습니다. 모세는 이스라엘 백성들에게 준 세 번째 고별설교의 결론부인 30장 12-14절에서 자신이 주는 말씀이 결코 어려운 것이 아님을 강조했습니다. 하나님께 순종하면 복을 받고, 불순종하면 저주를 받는다는 단순한 도식에 근거해서 모세의 교훈이 결코 실천하기 어려운 것이 아니라는 사실을 강조했던 것이지요. 다시 말해 모세의 명령이 하늘 높이 혹은 바다 멀리 떨어져 있어서 실천하기 어려운 말씀이 절대 아니라는 것입니다.

흥미롭게도 바울은 모세가 말한 '하늘'은 그대로 인용했지만, 모세의 '바다'를 '무저갱無底坑/아뷧손/ἄβυσσον/abyss/사람이 죽어서 깊은 나락으로 떨어지는 지하 심연, 곧 음부'으로 바꿔 표현했습니다. 모세가 의도한 하늘이나 바다나 다 멀리 떨어져 접근 불가능한 영역을 강조하기 위한 비유였기에, 바울이 말하는 '하늘'과 '무저갱' 역시 각각 가장 '높은 곳'과 '가장 낮은 곳'을 상징하는 접근 불가능성의 표현일 것입니다. 모세가 이스라엘 원 청중에게 이 말씀을 했을 때에는 하나님의 계명이 아주 멀리 떨어져 있어서 지키기 어려운 것이 아니라 이스라엘 백성들 아주 가까운 곳에, 즉 입과 마음에 있어서 지키기 쉽다는 사실을 강조하기 위함이었습니다.

바울은 이 모세의 말씀을 예수님께 적용해서 말씀의 근접성을 강조합니다. "하늘로 올라갈 것이냐?"는 물음 뒤에 "그리스도를 끌어내릴bring down 목적"이라는 말을 덧붙였습니다. 그리스도를 끌어내릴 목적으로 하늘 높이 올라갈 필요가 없다는 것이지요. 그리스도께서 이미 사람의 몸을 입으시고 이 땅에 오셨기 때문입니다.

마찬가지로 "무저갱, 즉 지옥으로 내려갈 것이냐?"는 물음 뒤에도 "그리스도를 죽은 사람들 가운데서 끌어올릴bring up 목적"이라는 구절을 덧붙였습니다. 그리스도를 죽은 자들 가운데서 끌어올릴 요량으로 음부에 내려갈 필요가 없다는 것이지요. 그리스도께서 부활하셔서 이미 하나님의 보좌 우편에 앉아계신 까닭입니다. 한마디로 그리스도를 찾아 하늘 높이 올라가거나 땅속 깊이 내려갈 필요가 전혀 없다는 것입니다!

모세 시대에 하나님의 계명들이 멀리 있지 않고 아주 가까이 있어서 마음만 먹으면 얼마든지 실천할 수 있었듯이, 그리스도 역시 이 땅에 오셨고 십자가에 달려 죽으셨으며 다시 사셨기에 그리스도를 믿는 일 역시 어렵지 않다는 데 그 비교의 강조점이 있습니다.

'믿음의 말씀'의 접근성

이제 그리스도를 믿음으로 구원에 이르는 길이 누구에게나 **아주 쉽게 열려 있다는 사실**을 강조하고자 바울은 신명기 30장 14절 말씀을 또 한 차례 인용합니다.

롬 10:8	그러면 무엇을 말하느냐 **말씀이 네게 가까워 네 입에 있으며 네 마음에 있다** 하였으니 곧 우리가 전파하는 믿음의 말씀이라.
신 30:14	오직 **그 말씀이 네게 매우 가까워서 네 입에 있으며 네 마음에 있은즉** 네가 이를 행할 수 있느니라.

역시 바울 자신의 목적에 맞게 적절히 각색해서 인용했습니다. 모

세를 통해 주신 하나님의 계명이 하늘이나 바다 멀리 떨어져 있는 것이 아니라 아주 가까이, 즉 이스라엘의 입과 마음에 있기에 얼마든지 쉽게 실천할 수 있듯이, 하나님의 '말씀레마/ῥῆμά/word'인 복음이 우리바로 곁에, 즉 입과 마음에 가까이 있다는 것입니다. 바울은 여기에서 친밀감을 나타내는 2인칭 복수주격을 써서 이 말씀이 다름 아닌 로마교인들의 입과 마음에 있다는 사실을 강조합니다.

여기에서 중요한 말이 '믿음의 말씀토 레마 테스 피스테오스/τὸ ῥῆμα τῆς πίστεως/the word of faith'입니다. 말씀을 뜻하는 헬라어로는 '로고스/λόγος'와 '레마/ῥῆμά' 두 개가 있는데, 신약에서 전자는 330번, 후자는 68번 나옵니다. 특히 바울 서신에서 "레마"는 8번 등장하는데, 로마서 10장에서만 네 차례(8절에서 두 번, 17, 18절) 나옵니다.

똑같이 '말씀'을 의미하는 용어들이지만, '로고스'가 말씀의 본질이나 개념 그 자체를 뜻하는 정태적static 의미를 지닌다면, '레마'는 다분히 말씀의 전달 운동을 뜻하는 동태적dynamic 의미를 함축합니다. 그러기에 '레마'야말로 말씀을 듣는 자들에게 믿음을 불러일으키는 말씀의 살아 있는 운동력을 암시하는 역동적 용어입니다. 이런 까닭에 바울은 이 말씀을 '믿음의 말씀'(테스 피스테오스/τῆς πίστεως는 소유 목적격으로서 '믿음을 불러내는'으로 해석해야 합니다)으로 표현합니다.

마음믿음 + 입술고백 = 구원

예수 그리스도의 복음을 전파하는 '믿음의 말씀'은 유대인이든 이방인이든 누구에게든지 보편적으로 주어져 있다는 사실을 강조한 바울은 이 믿음으로 의와 구원에 이르는 방법을 새삼 강조합니다. 즉 믿음의 말씀이 아주 가까이, 즉 우리의 입과 마음에 있기 때문에 이제 우리에게 요구되는 결정적으로 중요한 조건이 하나 있습니다. 복음에 대한 **믿음**피스테우오/πιστεύω/believe과 **시인**호모로게오/ὁμολογέω/confess, 즉 고백이지요!

> 네가 만일 네 입으로 예수를 주로 시인하며 또 하나님께서 그를 죽은 자 가운데서 살리신 것을 네 마음에 믿으면 구원을 받으리라 사람이 마음으로 믿어 의에 이르고 입으로 시인하여 구원에 이르느니라 (9-10절).

9-10절은 8절에 직결됩니다. 8절에서 말한 '믿음의 말씀'의 내용이 무엇인지를 밝히는 것이지요. 그 내용은 이미 초대교회에 널리 퍼진 두 가지 신앙고백입니다. "예수님은 주님이시다퀴리온 예순/κύριον Ἰησοῦν/Jesus is the Lord"와 "하나님께서 예수님을 죽은 자들 가운데서 살리셨다호 테오스 아우톤 에게이렌 에크 네크론/ὁ θεὸς αὐτὸν ἤγειρεν ἐκ νεκρῶν/God raised him from the dead"는 고백입니다. 원시교회의 가장 오래 되고 가장 단순한 신앙고백들이지요.

예수님의 주님 되심이 예수의 인격person에 대한 고백이라면, 부활하심은 사역work에 대한 고백이라고 할 수 있습니다. 이 두 기둥에 대한 '믿음의 말씀'은 아주 일찍부터 초대교회에서 고백돼 왔습니다.

> 우리는 우리를 전파하는 것이 아니라 오직 **그리스도 예수의 주되신 것**과 또 예수를 위하여 우리가 너희의 종 된 것을 전파함이라(고후

4:5).

모든 입으로 예수 그리스도를 주라 시인하여 하나님 아버지께 영광을
돌리게 하셨느니라(빌 2:11).

우리가 예수께서 죽으셨다가 다시 살아나심을 믿을진대(살전 4:14a).

신명기가 하나님의 계명 말씀이 우리의 입과 마음에 있다는 사실
을 지적하는 것에 착안해서, 바울은 이것을 그리스도의 복음과 연관
시켜서 입과 마음에 적용합니다. 모세의 인용문에 일치시키고자 일부
러 순서를 입부터 먼저 말하고 마음을 나중에 언급했지만, 실상은 마
음으로 믿는 것이 먼저 와야 합니다. 예수님의 '주님 되심'과 '부활하
심'을 먼저 마음으로 믿어야만 합니다.

하나님과 우리의 양심만이 우리의 속마음을 알 수 있기에 마음이
야말로 가장 사적이고 내밀한 영역이지요. 흥미롭게도 바울은 마음으
로 믿는다고 했을 때 예수님의 부활과 연결시킵니다. 그런가 하면 우
리의 '내적 믿음'은 반드시 '외적 고백'으로 이어져야만 합니다. 마음과
입, 즉 내적 믿음과 외적 고백은 떨어질 수 없습니다. 함께 가야만 합
니다! 어떤 사람은 속으로 믿기만 하면 되지 굳이 밖으로 말할 필요가
있느냐고 생각할 수 있습니다.

하지만 칼뱅이 말한 것처럼 "불꽃도 없고 열도 없는데 불이 있다고
말하는 것"이 납득하기 어렵듯이, 마음속에 있는 믿음이 없기에 말로
표현할 수 없는 것뿐이지, 믿음이 있다면 반드시 밖으로 드러날 수밖
에 없습니다. 그러기에 머레이Murray가 말한 것처럼 "마음의 믿음 없

는 입술의 고백은 헛되고, 고백 없는 믿음은 가짜로 비춰질 수 있습니다." 하지만 언제나 중요한 것은 입술의 고백이 구원을 얻기 위한 별도의 이차적 조건이 아니라, 마음 믿음의 외적 표현에 불과하기에 단연 믿음이 먼저 와야 하고 가장 중요하다는 사실입니다. 언어장애가 있는 사람이 설령 마음의 믿음을 입술의 고백으로 표현은 못 한다고 할지라도, 마음으로 믿는 한 구원을 얻는 데 하등의 문제가 없습니다.

바울은 10절에서 '마음의 믿음'과 '입술의 고백'이 동전의 양면처럼 비록 서로 다르다는 것을 구별distinction은 할 수 있지만, 따로 분리separation될 수 없다는 사실에 다시 한번 쐐기를 박습니다.

사람이 마음으로 믿어 의에 이르고 입으로 시인하여 구원에 이르느니라.

그리스도 예수의 복음이 그를 믿는 사람 누구에게나 마음과 입에 거하기에 이 복음을 '마음카르디아/καρδία/heart'으로 믿는 사람은 '의디카이오수넨/δικαιοσύνην/righteousness'에 이릅니다. '입스토마티/στόματι'으로 시인하여 고백하는 사람은 '구원소테리안/σωτηρίαν/salvation'을 얻습니다. 중요한 것은 마음과 입이 분리될 수 없듯이, 의화와 구원 역시 분리될 수 없습니다. 바울은 결코 '마음→의화'와 '입→구원'이 따로 떨어진 두 개의 실체라고 말하지 않습니다. 이제 9-10절을 한 문장으로 엮어 바울의 요점을 정리하면 다음과 같습니다.

만일 네 입으로 예수를 주로 시인하며	구원을 받는다.
또 하나님께서 예수를 죽은 자 가운데서 살리신 것을 네 마음에 믿으면	
마음으로 믿어 → 의에 이르고	
입으로 시인하여 → 구원에 이른다	

'입술 고백'(A) → '마음 믿음'(B) → '마음 믿음(의)'(B) → '입술 고백(구원)'(A), 즉 'A→B→B→A'의 교차대구chiasm 방법으로 논증합니다.

여기에서 잠시 바울이 구약을 인용해서 해석하는 방법을 생각해 봅시다. 어떤 이는 바울이 특히 신명기 30장 11-14절을 인용할 때 자기 멋대로 본문을 곡해했다고 비판하기도 합니다. 본래 신명기 말씀이 원 청중에게 선포됐을 때에는 그런 뜻이 아니었음에도 바울이 자신의 목적에 맞게 임의로 비틀어 적용했다는 것이지요.

예컨대 신명기 30장이 하나님의 말씀이 하늘이나 바다에 멀리 떨어져 있는 것이 아니라, 아주 가까이 입과 마음에 있다는 사실을 강조함으로써 '계명의 손쉬운 실천 가능성'을 염두에 두었다면, 바울은 이것을 왜곡해서 '예수 그리스도에 대한 믿음의 접근성'으로 해석해버렸다는 것이지요.

바울과 같은 대석학이 원문의 문맥syntax과 상황context을 몰랐을 리 만무하다면, 단연 바울이 의도하는 강조점이 중요합니다. 모세에게는 '율법 계명에 대한 순종'(행위)이, 바울에게는 '복음에 대한 믿음'이 중요한 것은 두말할 필요가 없겠지만, 굳이 바울이 신명기 말씀을 인증한 이유는 **율법을 대체하는 복음이 쉽게 접근가능하다는 사실 하나를 강조하는 데** 있습니다. 계명이 아주 가까이에 있어서 얼마든지 실천 가능하듯이, 복음 역시 아주 가까이에 있기에 누구든지 쉽게 받아들일 수 있다는 사실을 부각시키고자 신명기를 인용했던 것입니다.

누구든지 주의 이름을 부르는 자는

이제 바울은 그리스도의 복음이 너무나 가까이 주어져 있다는 점에 근거해서 복음이 만민에게 평등하게 주어졌다는 사실을 선언합니다. 먼저 「70인경」의 이사야서 28장 16절을 인용해서 말씀합니다.

롬 10:11	성경에 이르되 누구든지 그를 믿는 자는 부끄러움을 당하지 아니하리라 하니.
사 28:16	보라 내가 한 돌을 시온에 두어 기초를 삼았노니 곧 시험한 돌이요 귀하고 견고한 기촛돌이라 그것을 믿는 이는 다급하게 되지 아니하리로다.

그리스도를 믿는 사람은 부끄러움을 당하지 않는다는 사실을 강조합니다. 이 사실에는 유대인이든 헬라인이든 인종이나 신분, 계급, 문화, 성의 차이가 전혀 없습니다. 모든 사람이 죄를 범한 것에 비례해서 하나님의 구원 역시 모든 사람에게 무차별적으로 열려 있습니다. 예수님을 믿는 이는 누구에게든지 똑같은 주님이 돼주실 뿐 아니라, 주님을 부르는 사람에게 풍성한 은혜까지 덤으로 내려주십니다.

유대인이나 헬라인이나 차별이 없음이라 한 분이신 주께서 모든 사람의 주가 되사 그를 부르는 모든 사람에게 부요하시도다(12절).

9장이 이중 예정론의 뉘앙스를 짙게 풍겼다면, 여기에서는 만인구원의 가능성을 강하게 내비치고 있습니다. 이처럼 바울의 사상은 문맥과 강조점에 따라서 다양한 해석의 여지가 있기에 어느 한 면만 싹둑 잘라서 바울신학의 전부인 양 섣불리 단정하려는 것보다 더 위험한 일은 없을 것입니다.

이제 바울은 요엘서 2장 32절을 인용해서 만인구원의 가능성을 재차 강조합니다.

| 롬 10:13 | 누구든지 주의 이름을 부르는 자는 구원을 받으리라. |
| 욜 2:32a | 누구든지 여호와의 이름을 부르는 자는 구원을 얻으리니. |

물론 요엘서에서 '주님'은 '여호와 하나님'을 지칭합니다. 하지만 일찍이 베드로가 오순절 설교에서 요엘 말씀을 인용해서 예수 그리스도가 이 주님이심을 선포한 적이 있는데(행 2:21), 바울 역시 오로지 하나님께만 유보된 '주님퀴리오스/κύριος/Lord'을 예수님께 적용합니다. 이미 초대교회에서부터 십자가에 달려죽으시고 부활하신 예수님의 신성, 즉 '주되심'을 믿었다는 사실을 알 수 있습니다(고전 1:2-3; 빌 2:8-11 참조).

결국 바울은 예수 그리스도를 통한 구원의 보편성을 재천명했습니다.

대상	방법	결과
누구든지(만인)	주님의 이름을 부를 때	구원을 받음

이제 예수 그리스도는 누구에게나 접근 가능케 됐으므로 유대인과 이방인이든 누구든지 그 예수를 그리스도로 믿어서 의롭게 되고

구원을 얻는 데에는 하등의 차이가 없습니다. 지금까지 바울이 주장한 요점을 정리하면 다음과 같습니다.

1. 십자가에 달려 죽으시고 부활하시고 승천하신 그리스도는 누구에게나 접근 가능하다.
2. 복음, 즉 '믿음의 말씀'으로 그리스도를 전파한다.
3. 이 전파된 말씀을 마음으로 믿고 입으로 시인해서 그리스도 주님의 이름을 부르는 사람은 누구든지 의롭게 되고 구원을 얻는다.

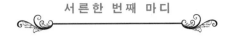

서른한 번째 마디

복음을 다 순종하는 것은 아니다
But not all have obeyed the Gospel

롬 10:14-21

이율배반: '하나님의 주권' VS. '인간의 책임'

바울은 바로 앞 절에서 주님의 이름을 부르는 사람은 누구든지 구원을 얻는다고 선언했습니다. 요엘서 2장 28절의 말씀을 인용해서 구원은 언제나 주님의 이름, 즉 예수 그리스도의 이름을 부르는 것과 연결됐음을 분명히 했습니다. 그렇다면 이제 "주님의 이름을 부르기 위해서는 어떻게 해야 하는가?"라는 질문이 대두됩니다. 주님의 이름을 부르는 것에 구원이 걸려 있다면, 주님의 이름을 부르기 위해서 어떤 조건이 필요한지를 밝힐 필요가 있습니다.

바울은 먼저 14-15절에서 점강법 구조로 된 네 가지의 수사학적 질문들을 연속으로 던집니다. 그런 뒤 16-21절은 왜 사람들(특히 유대인들) 가운데 복음을 듣고서도 구원을 받지 못하는가를 설명합니다. 복음이 전파돼 복음을 들었고 이해도 했지만, 구원에 이르지 못하는 사람들이 있습니다. 이것은 특히 유대인들의 경우가 그렇습니다. 모든 유대인들이 복음을 듣고 이해했지만, 다 그 복음을 믿고 순종하는 것은 아닙니다. 개중에는 반드시 불신앙과 불순종에 빠지는 사람들이 있기 마련입니다.

그러므로 복음을 청취했고 이해했음에도 불구하고 완악한 마음 때문에 복음을 믿지 않고 순종하지 않아서 구원을 얻지 못한다면, 그 책임은 당사자에게 있습니다. "왜 어떤 사람은 구원받고, 왜 어떤 사람은 구원받지 못하는가?"라는 질문은 '하나님의 자유주권'과 '인간의 자유의지'라는 역설적 긴장 혹은 이율배반antinomy으로 해명될 수밖에 없다는 것이 바울의 기본입장처럼 보입니다.

"하늘의 별과 바다의 모래같이 수많은 이스라엘 사람들 가운데 왜 일부만 복음을 믿고 구원을 얻는가?" 그것은 하나님의 자유로운 주권과 긍휼히 여기시는 뜻 때문입니다. 비단 유대인들뿐만 아니라 지구상에 거하는 그 어떤 사람도 복음을 믿어 구원에 이른다면, 그것은 어디까지나 긍휼히 여기시는 하나님의 은혜 때문입니다. 불신자들보다 인격이나 자질이 더 뛰어나서가 아니라, "긍휼히 여길 사람을 긍휼히 여기시고, 불쌍히 여길 사람을 불쌍히 여기시는"(롬 9:15) 하나님의 자유로운 은혜 때문입니다.

반대로 누군가 구원을 얻지 못한다면, 그것은 강퍅한 마음으로 복음을 거부하고 믿지 않고 순종하지 않은 까닭이기 때문에 자기 스스로 책임을 져야 합니다. 이처럼 우리가 구원을 얻는다면 하나님의 은혜 때문이고, 구원을 얻지 못한다면 자신의 불신앙과 불순종 때문이라는 것이 지금까지의 바울 논증의 핵심이라고 할 수 있습니다.

'하나님의 주권'과 '인간의 책임'이 서로 긴장과 모순에 빠져 있다는 이율배반이 바울이 말하는 구원론의 특징인 것처럼 보입니다. 마치 빛이 어떤 때에는 '입자粒子/particle, 물질을 구성하는 미세한 크기의 물체'로, 또 어떤 때에는 '파동波動/wave, 물결의 움직임, 더 정확히 光波'이 되는 이치와 같습니다. 입자와 광파는 서로 모순되지만 분명히 빛의 두 양상이듯이, 인간의 구원과 멸망의 문제 역시 '하나님의 주권'과 '인간의 책임'이라는 정반대되는 모순성 속에서 설명될 수밖에 없을 것입니다.

어떻게 주의 이름을 부를 수 있는가?

13절에서 주님의 이름을 부르는 자가 구원을 받는다고 했는데, 이제 바울은 14-15절에서 구원을 얻는 과정을 마치 하나로 연결된 사슬처럼 네 개의 연속적인 수사학적 질문들을 통해서 설명합니다. 네 가지 질문은 모두 '어찌' 혹은 '어떻게포스/πῶς/how'라는 의문사로 시작됩니다.

그런즉 그들이 믿지 아니하는 이를 어찌 부르리요 듣지도 못한 이를 어찌 믿으리요 전파하는 자가 없이 어찌 들으리요 보내심을 받지 아니하였으면 어찌 전파하리요(14-15a절).

13절을 포함해서 네 가지 질문은 모두 여섯 개의 동사로 이뤄졌는데, 알기 쉽게 도표로 정리하면 다음과 같습니다.

누구든지 주님의 이름을 부르는 사람은 구원을 얻는다고 했는데(13절)

① 믿은 적이 없는 사람을 어떻게 부를 수 있겠는가?

(How are they to call on one in whom they have not believed?)

② 들은 적이 없는 분을 어떻게 믿을 수 있겠는가?

(How are they to believe in one of whom they have never heard?)

③ 선포(전파)하는 사람이 없으면 어떻게 들을 수 있겠는가?

(How are they to hear without someone to proclaim him?)

④ 보내심을 받지 않았는데, 어떻게 선포할 수 있겠는가?

(How are they to proclaim him unless they are sent?)

바울은 여섯 개의 동사들, 즉 '구원받다소테세타이/σωθήσεται/saved' → '부르다에피칼레손타이/ἐπικαλέσωνται/call on' → '믿다피스테우소신/πιστεύωσιν/believe' → '듣다아쿠소신/ἀκούσωσιν/hear' → '선포하다케룩소신/κηρύξωσιν/proclaim' → '보내심을 받다아포스탈로신/ἀποσταλῶσιν /sent'를 연속적으로 이어 써서 복음 전파의 단계를 설명합니다.

주님의 이름을 불러서 구원을 받기 위해서는 어떤 과정이 단계적으로 필요합니까? 바울이 제시한 순서를 역순으로 정리하면 더욱 확실해집니다.

① '그리스도께서 복음 전파자(전도자)를 보내심' →
② '복음을 선포함' → ③ '복음을 들음' → ④ '복음을 믿음' → ⑤ '주님의 이름을 부름' → ⑥ '구원을 얻음'

바울은 이 여섯 단계의 복음전파 과정을 네 개의 부정형 질문으로 요약했던 것입니다.

```
① 복음 전도자가 없으면 복음이 선포될 수 없음 →
② 복음이 선포되지 않으면 복음을 들을 수 없음 →
③ 복음을 듣지 않으면 복음을 믿을 수 없음 →
④ 복음을 믿지 않으면 주님의 이름을 부를 수 없음
```

중요한 것은 '믿음'이 '부름'에 선행하기에 먼저 믿어야 부를 수 있고, '들음'이 '믿음'에 선행하기에, 믿으려면 먼저 들어야 한다는 사실입니다. 그런데 복음을 들으려면 복음을 전해주는 전도자가 있어야만 합니다. 이와 같이 그 순서가 '**복음선포 〉 들음 〉 믿음 〉 부름**'이 되기에 가장 먼저 복음을 전해주는 전도자가 절대적으로 필요합니다. 바로 이런 이유때문에 바울은 곧바로 이사야 52장 7절 말씀을 인용합니다.

기록된 바 아름답도다 좋은 소식을 전하는 자들의 발이여 함과 같으니라(15b절).

두말할 필요도 없이 복음을 전파할 사람이 필요하다는 사실을 강조하기 위해 인용한 말씀이지요. 또한 전후 문맥을 놓고 볼 때 하나님께서 이미 '기쁜 소식을 전하는 이들톤 유앙겔리조메논 아가타/τῶν εὐαγγελιζομέ-νων ἀγαθά/those who bring the good news'을 보내셨으니 그들의 말씀을 들으라는 주문이기도 합니다. 이사야 선지자의 말씀처럼 그 옛날 바벨론 포로생활을 하는 유대인들에게 예루살렘으로 돌아가게 된다는 소식이 이루 말할 수 없이 기쁜 소식이었듯이, 이제 그리스도 예수의 복음이 인류를 죄의 포로 됨에서 해방하는 기쁜 소식이 됐다는 것입니다.

바울 시대에는 광장이나 시장에서 전령들heralds이 전해주는 소식으로 세상이 돌아가는 것을 알았기에 그들의 역할은 비길 데 없이 중요했습니다. 그러기에 세상에서 가장 아름다운 발은 발레리나의 발이나 육상 금메달리스트의 발이 아니라 우리를 죄와 죽음에서 해방시키는 그리스도에 대한 복음을 전해주는 전도자들의 발걸음일 것입니다.

모두가 복음을 순종한 것은 아니다

이처럼 복음 전파의 과정을 설명한 바울은 16절 전반부에서 매우 의미심장한 말씀을 합니다.

그러나 그들이 다 복음을 순종하지 아니하였도다.

복음전도가 전도자를 보내는 것으로 시작해서 복음을 듣고 믿어서 그리스도의 이름을 부르는 것으로 절정에 이른다면, 유대인들의 불신앙 문제는 어떻게 해석해야 할까요? 그들이 믿지 않은 이유는 누군가 복음을 전해주지 않았기 때문일까요? 바울은 그게 아니라고 단언합니다. 분명히 유대인들에게 복음을 전해줘서 그들이 들었고 이해했지만, 완악한 마음으로 믿지 않았기 때문에 구원을 못 받게 됐다는 것입니다.

바울은 이 사실을 지적하고자 '완서법緩敍法/litotes, 부정문이나 억제된 표현으로 긍정의 의미를 강조하는 수사법'을 써서 "모든 사람이 다 복음에 순종한 것은 아니다"(But not all have obeyed the good news)라고 주장합니다. 이스라엘 사람이라고 해서 다 이스라엘에 속한 것이 아니듯이, 복음을 들었다고 해서 모든 사람이 다 복음을 저절로 믿고 순종하는 것은 아닙니다.

흥미롭게도 바울은 '믿지 않았다'가 아닌, '순종하지 않았다^{우 휘페쿠}산/οὐ ὑπήκουσαν/not obeyed'라는 표현을 씁니다. 하지만 바울이 로마서 1장 5절에서 '믿음의 순종'이라는 표현을 썼듯이 언제나 믿음이 순종행위를 동반한다고 한다면, 불순종 역시 불신앙에서 비롯된 것임을 알 수 있습니다. 불신앙과 불순종은 바늘 가는 데 실 가듯이 동전의 양면처럼 늘 함께 붙어 다닙니다.

바울은 왜 이스라엘 사람들 가운데 복음을 듣고서도 복음에 불순종했는가를 밝히기 위해서 이사야 53장 1절의 말씀을 인용합니다.

16절	이사야가 이르되 주여 우리가 전한 것을 누가 믿었나이까 하였으니.
사 53:1a	우리가 전한 것을 누가 믿었느냐.

그런 뒤 17절은 14절로 되돌아가 복음전도의 5단계를 핵심적인 두 단계로 축약합니다.

① '믿음'은 '들음'에 난다(Faith comes from what is heard).
② '들음'은 '그리스도의 말씀^{레마토스 크리스투}/ῥήματος Χριστοῦ/a word of Christ',
즉 '그리스도를 전하는 말씀'에서 비롯된다(What is heard comes from the word of Christ).

두말할 필요도 없이 말씀의 저자와 내용은 그리스도이기에 그리스도의 말씀을 먼저 들을 때 믿음이 일어납니다. '믿음'과 '들음'은 불가분의 관계입니다. 먼저 '예수 그리스도의 주되심'과 '부활하심'에 대한 기쁜 소식을 듣지 않고서는 믿을 수 없습니다.

복음을 못 들어서인가?

문제는 복음을 들었음에도 믿지 않는 경우가 있다는 사실입니다. 유대인들 가운데에는 분명히 복음을 듣고서도 믿지 않는 이들이 부지기수로 많았습니다. 왜 들었음에도 믿지 않았을까요? 바울은 18-19절에서 먼저 성경이 암시하는 두 가지 이유를 설명한 뒤, 20-21절에서 자신의 설명을 첨가합니다.

18절과 19절은 모두 "그러나 내가 묻습니다(혹은 말합니다)알라 레고 /ἀλλὰ λέγω/I ask/I say"로 시작하는데, 복음을 믿지 않는 유대인들이 "복음이 선포되는 것을 듣지 못했거나" 설령 들었어도 "그것을 이해하지 못했다"고 변명할 수 없다는 사실을 구약을 인용해서 밝혀냅니다.

먼저 18절에서 바울은 묻습니다.

그들이[불신자 유대인들]이 듣지 아니하였느냐?

복음을 듣지 않았기 때문에 안 믿었느냐는 질문이지요. 바울의 대답은 단호합니다. "물론 그렇지 않다"는 것입니다. 분명히 들었다는 것이지요! 바울은 자신의 대답을 확증하고자 시편 19편 4절을 인용합니다.

18절	그 **소리**가 온 땅에 퍼졌고 그 **말씀**이 땅 끝까지 이르렀도다 하였느니라.

| 시 19:4a | 그의 **소리**가 온 땅에 통하고 그의 **말씀**이 세상 끝까지 이르도다. |

물론 시편 19편은 자연에 두루 계시된 하나님을 찬양하는 내용인데, 바울은 이 말씀을 그리스도의 복음에 적용합니다. 자연에 계시된 하나님의 '소리'와 '말씀'을 복음 전도자의 '소리'와 '말씀'으로 환치換置시켜 인용한 것이지요. 하나님의 자연계시에 대한 소리가 온 누리에 울려 퍼지고, 그 말씀이 세상 끝까지 번져간다고 시편이 노래했다면, 바울은 특수계시인 그리스도의 복음이 온 세상에 두루 퍼졌다는 사실을 강조합니다. 이처럼 복음이 유대인들에게도 두루 전파됐으므로, 복음을 듣지 못해서 믿지 않았다고 변명할 여지가 없다는 것입니다.

복음을 들었지만 이해를 못 해서인가?

그런가 하면 불신자 유대인들이 복음을 듣기는 했으나, 이해하지 못해서 믿지 못했다는 변명도 할 수 없습니다.

그러나 내가 말하노니 이스라엘이 알지 못하였느냐(19a절).

복음을 들었지만 이해력 부족으로 불신앙과 불순종에 빠졌다고 발뺌할 수 있는 유대인들을 겨냥해서 바울은 모세와 이사야를 증인으로 소환합니다. 먼저 모세의 신명기 32장 21절 말씀을 인용해서 유대인들의 복음청취가 진정한 이해를 동반하지 않은 피상적 청취가 아니라는 사실부터 논증합니다.

19b절	먼저 모세가 이르되 내가 백성 아닌 자로써 너희를 시기하게 하며 미련한 백성으로써 너희를 노엽게 하리라 하였고.
신 32:21	그들이 하나님이 아닌 것으로 내 질투를 일으키며 허무한 것으로 내 진노를 일으켰으니 나도 백성이 아닌 자로 그들에게 시기가 나게 하며 어리석은 민족으로 그들의 분노를 일으키리로다.

신명기 32장에서 이스라엘이 '하나님이 아닌 우상no God'을 하나님처럼 섬김으로써 하나님을 질투하게 만든 것처럼, 거꾸로 하나님은 '하나님의 백성이 아닌 사람들no people'을 하나님의 백성 삼으심으로써 이스라엘을 질투하게 만드신다고 했습니다.

바울은 이 말씀에 착안해서 유대인들이 복음을 거부하자, 유대인들이 어리석다고 치부했던 이방인들로 하여금 복음을 믿어 구원을 받게 함으로써 유대인들을 노엽게 하고 시기심을 불러 일으켜 복음을 믿게 하시겠다는 뜻을 부각시킵니다. 이 정도로 하나님은 유대인들이 복음을 듣고 알아들을 수 있는 충분한 길을 이미 제시하셨다는 것이지요!

순종치 않고 거역했기에

유대인들은 율법에만 부정적으로 대응한 것이 아니라 예언자들의 말씀에도 귀를 기울이지 않았습니다. 예언서 역시 율법서와 동일한 증언을 합니다. 율법서와 함께 짝을 맞추고자 바울은 이사야 65장 1-2절 말씀을 인증해서 하나님이 이방인들과 유대인들을 대하신 행위와 이들이 하나님을 향해 보인 서로 다른 반응과 태도를 대조합니다.

먼저 하나님께서 이방인들을 어떻게 대하셨습니까?

20절	이사야는 매우 담대하여 내가 나를 찾지 아니한 자들에게 찾은 바 되고 내게 묻지 아니한 자들에게 나타났노라 말하였고.
사 65:1	나는 나를 구하지 아니하던 자에게 물음을 받았으며 나를 찾지 아니하던 자에게 찾아냄이 되었으며 내 이름을 부르지 아니하던 나라에 내가 여기 있노라 내가 여기 있노라 하였노라.

하나님을 찾지 않은 이방인들에게 찾은 바 됐고, 하나님께 구하지 않은 이방인들에게 하나님을 나타내셨다는 것입니다. 하나님의 의를 구하지 않은 이방인들이 그 의를 얻었다는 로마서 9장 30절 말씀과 같은 맥락이지요. 하나님의 말씀에 대한 이해력이 없는 이방인들에게까지도 하나님께서 자신을 계시하신다면, 하나님이 친히 택하신 이스라엘 백성은 두말할 필요가 없습니다.

루터가 말한 것처럼, "하나님은 오직 죄인들만 구원하시고, 어리석고 연약한 자들만 지혜롭게 하시고, 가난한 자들만 부요하게 하시고, 죽은 자들만 살아나게 하십니다." 그러기에 이방인들이 본래 하나님의 백성이 아니었음에도 하나님의 백성이 된 것은 그들의 공로나 수고 때문이 아니라, 전적인 하나님의 은혜 때문입니다.

하나님은 자격 없는 이방인들이 하나님을 찾지 않았음에도 손수 찾아냄이 되게 하셨고, 부르지 않았어도 "내가 여기 있노라"고 말씀해 주셨습니다. 바울은 유대인들이 아무도 복음을 전해주지 않아서 들을 수도 없었고 이해할 수도 없었기에 복음을 순종하지 않았다는 핑계를 일축하고자 먼저 이방인들에게 구하지 않고 찾지 않았음에도 하나님을 믿을 수 있는 길을 손수 열어주셨다는 사실부터 강조한 것입니다. 하나님께서 말씀을 들을 기회도 없었고 하물며 이해력도 없는 이방인들에게조차도 하나님을 손수 계시해주셨다면, 유대인들에게는 두말할 필요가 없다는 것이지요. 그러므로 바울은 21절에서 이사야 65장 2절 말씀을 이스라엘에 적용합니다.

21절	이스라엘에 대하여 이르되 순종하지 아니하고 거슬러 말하는 백성에게 내가 종일 내 손을 벌렸노라 하였느니라.
사 65:2	내가 종일 손을 펴서 자기 생각을 따라 옳지 않은 길을 걸어가는 패역한 백성들을 불렀나니.

바울이 이사야 65장 1절을 이방인들에게 적용했다면, 2절은 유대인들에게 적용한 말씀입니다. 이방인들에게는 하나님께서 소극적이고 수동적으로 발견되도록 하셨지만, 이스라엘 백성들에게는 아버지가 아들에게 하듯이 적극적이고 능동적으로 하나님의 손을 벌리시고 하루 종일 돌아오기를 학수고대하셨습니다. '하루 종일홀렌 텐 헤메란/ ὅλην τὴν ἡμέραν/all day long'이라는 부사구야말로 유대인들을 향한 하나님의 간절한 심정이 고스란히 묻어 있는 표현입니다. 이방인들과는 비교가 안 될 정도로 하나님께서 유대인들을 끔찍이 아끼셨건만, 유대인들은 매몰차게 하나님의 사랑의 손길을 뿌리쳤습니다.

하나님께서 유대인들에게 사랑과 은혜를 지속적으로 베푸시고 있지만, 유대인들은 순종치 않고 거슬러 말했습니다. 마찬가지로 복음을 전파해줘서 복음을 듣고 이해는 했지만, 강퍅한 마음으로 퇴짜 놓고 일축했습니다. 한마디로 이스라엘에게 복음이 전파되고 듣고 이해할 수 있는 길이 열렸지만, 유대인들은 불신앙과 불순종으로 복음을 받아들이지 않았기에 구원의 기회를 상실했다는 것이 바울의 요점입니다.

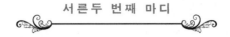

은혜로 택하심을 따라 남은 자

A remnant chosen by grace

롬 11:1-10

'남은 자'와 '강퍅한 자'

로마서 9-11장은 이스라엘의 불신앙과 구원 문제를 다룹니다. 하나님의 선민으로서의 특권과 영광을 누리는 이스라엘 백성들 가운데 왜 절대다수가 예수를 그리스도로 믿지 않는가의 질문을 대답합니다. 첫째는 인간의 이성으로 이해할 수 없는 하나님의 택하심의 원리에 따른 목적(9:11) 때문이며, 둘째는 그들이 믿음이 아닌 율법을 지키는 행위에 의지하다가 그리스도라는 걸림돌에 걸려 넘어진 까닭이며(9:32), 셋째는 하나님이 구원의 손길을 내미심에도 순종치 않고 거슬린 까닭이었습니다(10:21).

지금까지의 논증으로 볼 때 "과연 하나님은 이스라엘을 영영 버리신 것은 아닌가?"라는 질문이 나올 수 있습니다. 오직 극소수의 유대인들만이 복음을 믿는 현실로 비추어볼 때 나머지 대다수의 유대인들의 운명이 어떻게 될 것인가를 묻지 않을 수 없게 된 것이지요. 이제 11장은 이런 '이스라엘의 운명' 문제를 다루는데, 그 논조는 지금까지와 달리 사뭇 희망적입니다.

10장 21절에서 바울은 복음을 믿지 않는 이스라엘 사람들의 두 가지 특징을 '불순종하고disobedient', '거스르는 것contrary, 적대적인 것'으로 요약합니다. 그러므로 11장 1절에서 자연스레 제기되는 질문은 "과연 하나님이 자기 백성 이스라엘을 버리셨느냐?"는 것입니다. 물론 바울의 대답은 "그럴 수 없다메 게노이토/μὲ γένοιτο/by no means"는 강력한 부정입니다.

이처럼 11장은 1절과 11절에서 부정을 기대하는 "그러므로 내가 말하노니레고 운/λέγω οὖν/Therefore I say"로 시작되는 질문과 이 질문에 '그럴 수 없다'며 부정적인 대답을 한 뒤에, 일련의 구약 본문을 인증하는 것으로 바울의 논증이 보강됩니다.

본문은 하나님께서 이스라엘을 버리셨느냐는 수사학적 질문을 던진 뒤, 그렇지 않다고 강력히 부인하는 1-2a절 말씀과 이 사실을 이른바 '남은 자' 사상으로 변호하는 2b-6절 그리고 구약을 인용해서 복음을 믿지 않는 유대인들의 처참한 실상을 보여주는 7-10절 말씀의 세 부분으로 돼 있습니다.

바울은 본문에서 이스라엘의 구원에 대한 희망의 끈을 놓지 않고자 이스라엘을 두 부류로 나눕니다. 하나님의 은혜로운 선택에 따라 구원받은 '남은 자a remnant'와 그 나머지의 복음을 믿지 않고 '강퍅한 사람들the hardened'입니다.

자기 백성을 버리시지 않은 네 가지 증거

바울은 본문의 주제가 될 만한 질문부터 먼저 던집니다. 이스라엘이 하나님께 불순종하고 대적했으니, 하나님도 역시 이스라엘을 버리신 것은 아닌가라는 물음이지요.

그러므로 내가 말하노니 하나님이 자기 백성을 버리셨느냐(1a절).

바울의 대답은 "그럴 수 없다"는 강력한 부정입니다. 하나님께서 이스라엘을 내치신다면 그것은 부분적이고 일시적일 뿐입니다. 하나님은 복음을 믿는 유대인 남은 자들을 통해서 면면히 구속사를 이어가신다는 것이 바울의 확신입니다. 이제 우리가 눈여겨봐야 할 대목은 "그럴 수 없다"는 대답을 과연 바울이 어떤 식으로 입증하느냐는 사실입니다. 존 스토트는 바울이 크게 네 가지 증거를 댄다고 봅니다.

첫째로, 바울 자신의 경우를 예로 들면서 **개인적 증거**를 제시합니다.

나도 이스라엘인이요 아브라함의 씨에서 난 자요 베냐민 지파라(1b절).

하나님이 결코 이스라엘을 버리신 것이 아니라는 사실을 입증하고자 바울은 자신을 증거로 내세웁니다. 다름 아닌 바울 자신부터가 '이스라엘인'이요, '아브라함의 후손'이요, '베냐민 지파에 속한 사람'(고후 11:22; 빌 3:5-6 참조)인데도, 하나님이 그를 버리시지 않았습니다. 바울은 자신이 '이스라엘인'이라는 말 한마디만 해도 충분한데, 굳이 삼중 신분을 내세운 것은 이스라엘과의 민족적 일체감 혹은 동질성을 강조하기 위함입니다.

바울은 기독교로 개종하기 전에 그리스도를 부인하고 그리스도인들을 박해하던 악명 높은 '반反그리스도주의자'였습니다. 그런 바울도 하나님이 버리시지 않았습니다. 그 어떤 유대인들보다도 더 열성적으로 그리스도를 거부했고 기독교를 배척했던 자신까지도 하나님이 버리지 않으시고 사도로 불러주셨다면, 다른 유대인들은 말할 것도 없다는 것이지요. 그러기에 하나님께서 불순종하고 거스르는 유대인들의 마음을 때로 강퍅하게 놔두실 때가 있지만, 그렇다고 해서 이스라엘 사람들 모두를 버리신 것은 아니라는 사실을 자신의 개인 체험을 통해서 입증할 수 있다는 것입니다. 다시 말해 다름 아닌 바울 자신이 하나님이 이스라엘을 버리시지 않았다는 사실을 보여주는 '살아 있는 증거'라는 것이지요!

둘째로, **신학적 증거**가 있습니다.

바울은 하나님께서 언약을 맺어서 뽑아주신 이스라엘 백성의 한 특징을 다음과 같이 표현합니다.

하나님이 그 미리 아신 자기 백성을 버리지 아니하셨나니(2a절).

하나님이 "미리 아셨다프로에그노/προέγνω/foreknew"는 표현은 이스라엘이 어떤 신분이나 자격도 갖추기 전에 하나님의 자유로운 뜻과 은혜로 미리 뽑아 세우셨다는 뜻입니다. 그러기에 '미리 아셨다'는 말은 '미리 사랑하셨다"는 뜻도 됩니다. 하나님이 미리 사랑하셔서 미리 선택하신 백성을 하나님은 버리시지 않는다는 말입니다. 만일 이 말쏨이 하나님의 예정과 직결된다면, 하나님이 미리 뽑아주신 사람들은 필연적으로 구원받을 수밖에 없을 것입니다.

셋째로, 엘리야 시대를 예로 들면서 **성서적 증거**를 제시합니다.

> 너희가 성경이 엘리야를 가리켜 말한 것을 알지 못하느냐 그가 이스라엘을 하나님께 고발하되 주여 그들이 주의 선지자들을 죽였으며 주의 제단들을 헐어 버렸고 나만 남았는데 내 목숨도 찾나이다 하니 그에게 하신 대답이 무엇이냐 내가 나를 위하여 바알에게 무릎을 꿇지 아니한 사람 칠천 명을 남겨 두었다 하셨으니(2b-4절).

바울은 열왕기상 19장 1-18절을 배경으로 한 '엘리야의 호소'를 거론합니다. 우상숭배를 자행하던 아합 왕과 이세벨 여왕에 맞서 외롭게 싸우던 엘리야는 갈멜산에서 바알 신을 섬기는 선지자 450명과 아세라 신을 섬기는 선지자 400명과 대결해서 이겼을 뿐 아니라 그들을 모조리 처단했습니다. 이 소식을 아합이 이세벨에게 전해줬을 때 이세벨이 엘리야를 죽이겠다고 협박합니다. 이제 이스라엘의 선지자들은 씨가 말라버렸고 최후의 선지자 엘리야마저도 목숨이 경각에 달렸습니다. 바울은 이런 위기 속에서 다급하게 도망치는 엘리야가 동굴에서 하나님께 울부짖는 탄식을 상기시킵니다.

열왕기상 19장 10절(14절도 함께)에서 엘리야는 이렇게 한탄합니다.

> 내가 만군의 하나님 여호와께 열심이 유별하오니 이는 이스라엘 자손이 주의 언약을 버리고 주의 제단을 헐며 칼로 주의 선지자들을 죽였

음이오며 오직 나만 남았거늘 그들이 내 생명을 찾아 빼앗으려 하나이다.

이렇게 절규하는 엘리야를 위로하고자 하나님이 들려주신 희망이 바로 '남은 자'였습니다.

그러나 내가 이스라엘 가운데에 칠천 명을 남기리니 다 바알에게 무릎을 꿇지 아니하고 다 바알에게 입맞추지 아니한 자니라(왕상 19:18).

결코 엘리야만 홀로 남은 것이 아니라는 것이지요. 하나님께서 남은 자 7천 명을 통해서 계속해서 구속사를 이어가시겠다는 약속입니다. 어쩌면 바울이 고독에 떨며 사투를 벌이는 엘리야를 떠올린 것은 자신의 처지와 엘리야의 처지가 겹쳐졌기 때문인지도 모릅니다. 바울 역시 엘리야와 마찬가지로 대다수의 유대인들이 복음을 거부하는 가운데 외롭게 투쟁하고 있지만, 결코 홀로가 아니라 하나님의 구속 사역을 위해 적당한 사람들을 남겨두셨다고 확신하기에 소망과 위로를 얻는다는 말이지요.

넷째로, 바울 당대의 **시간적 증거**가 있습니다.

그런즉 이와 같이 지금도 은혜로 택하심을 따라 남은 자가 있느니라(5절).

바울은 이제 엘리야 시대와 자신의 시대를 비교합니다. 엘리야 시

대에도 7천 명의 남은 자들이 있었던 것처럼, "이와 같이 지금카이 엔
토 눈 카이로/καὶ ἐν τῷ νῦν καιρῷ/so too at the present time", 즉 "바울
시대에도" 남은 자들, 즉 예수 그리스도의 복음을 믿고 구원받은 자들
이 있다는 것이지요. 다시 말해 하나님께서 모든 이스라엘 백성들을
완전히 버린 것은 아니라는 사실입니다.

은혜로 택하심을 따라 남은 자

남은 자들이 자신의 시대에도 있다는 사실을 강조한 다음에 바울
은 매우 중요한 단서를 답니다. 이 남은 자들이 다름 아닌 "은혜로 택하
심을 따라 남은 자레임마 카트 에클로겐 카리토스/λεῖμμα κατ᾽ ἐκλογὴν χάρι-
τος/a remnant chosen by grace"라는 것입니다. 수많은 유대인들 가운
데 이들이 남은 자들로 선택된 것은 그들의 업적이나 공로 때문이 아
니라 순전히 하나님의 은혜로 선택을 받았기 때문입니다. 그러므로
누군가 남은 자들의 반열에 포함됐다고 할지라도 하등의 자랑할 거리
가 없습니다. 바울은 이 사실을 재차 강조하고자 은혜의 성격을 다시
한번 부각시킵니다.

> 만일 은혜로 된 것이면 행위로 말미암지 않음이니 그렇지 않으면 은
> 혜가 은혜 되지 못하느니라(6절).

하나님께서 남은 자들을 은혜에 의해 선택해주신 것이라면, 그들
의 '행위' 즉 '율법을 열심히 지키는 행위' 때문이 아님이 분명합니다.

여기에서 '행위에르곤/ἔργων/works'는 단지 율법을 열심히 지키려는 노력뿐만 아니라 인간이 자신의 의지와 노력으로 하나님의 의에 도달하려는 일체의 인간적 행위를 의미합니다. 그러기에 남은 자에 포함된 이들은 겸손할 수밖에 없습니다.

'택하심을 입은 자' VS. '우둔한 자'

바울은 이제 7-10절에서 이른바 구약의 '남은 자 신학'을 자신의 시대에 적용합니다.

> 그런즉 어떠하냐 이스라엘이 구하는 그것을 얻지 못하고 오직 택하심을 입은 자가 얻었고 그 남은 자들은 우둔하여졌느니라(7절).

"그런즉 어떠하냐?티 운/Τί οὖν/What then"라는 수사학적 표현은 2b-6절에서 바울이 논증한 '남은 자' 사상에 대한 의미를 다시금 캐묻는 질문입니다. 하나님께서 구원받은 남은 자들을 남겨두셨다면 그 결과로 어떤 일이 일어나느냐는 질문이지요. 이스라엘 백성들 대다수가 찾던 것, 즉 율법을 열성적으로 지켜서 하나님의 의를 획득하려고 했던 것은 얻지 못했습니다. 오직 택하심을 받은 소수의 남은 자들만이 그 의를 선물로 얻었습니다.

하지만 그 남은 자에 속하지 않은 나머지 유대인들은 '우둔에포로테산/ἐπωρώθησαν/hardened'해졌습니다. 하나님의 말씀을 듣고서도 믿음으로 반응하지 못할 정도로 무감각해졌다는 것이지요. 완고하고 강퍅해졌다는 것입니다! 더글러스 무Douglas J. Moo, 1950~에 따르면 우둔함을 뜻하는 헬라어의 어근 '포로오/πωρόω'는 주로 의학용어로 쓰였다고 합니다. 예컨대 '신장결석'이나 '방광결석' 혹은 뼈에 석회석이 생기는 것과 같이 돌처럼 딱딱하게 굳어지는 신체적인 질병을 가리키기 위해 이 말을 사용했다고 합니다.

그렇다면 바울이 이 용어를 비유적으로 쓰는 것이 분명한데, 마음이 돌처럼 딱딱해지는 '영적인 완고함spiritual obduracy'을 강조합니다. 중요한 것은 헬라어 성경에 이 동사가 수동태로 쓰여 하나님께서 사람들의 마음을 강퍅케 하신 것으로 해석합니다. 다시 말해 복음에 마음 문을 꽁꽁 걸어 잠그고 강퍅한 태도를 보인 사람들을 그런 상태로 놔두셨다는 뉘앙스가 강합니다. 그러기에 강퍅케 함은 복음을 거부하는 고집스러운 마음에 대한 형벌로서 마음을 딱딱하게 만든다는 '법적 강퍅함judicial hardening'의 의미가 있습니다.

7절 말씀은 흥미롭게도 이스라엘 사람들을 삼등분합니다.

| 이스라엘 전체
Israel as a whole | '택하심을 입은 자the elect' |
| | 택하심에 들지 못한 나머지
'우둔한 사람들the hardened' |

물론 바울은 이스라엘 백성 전체가 율법 행위를 통해서 하나님의 의에 도달하려고 하다가 실패했다고 말하지 않습니다. 절대다수가 그 범주에 들지만, 엄격히 말해서 복음을 믿음으로써 구원을 선물로 얻은 '택하심을 얻은 자들'을 제외한 나머지 사람들, 즉 마음이 완고하고 우둔해진 사람들만이 그렇다고 볼 수 있습니다. 그러므로 바울은 복음을 믿어 의를 선물로 얻은, '택하심을 받은 유대인들'과 율법 행위에

의지해 의를 얻지 못한 '강퍅한 유대인들' 두 부류의 유대인들을 구분하고 있습니다.

우둔하고 못 보고 못 듣는 사람들

이제 바울은 8-10절에서 택하심을 받지 못한 나머지 사람들, 즉 마음이 강퍅한 사람들의 처지를 구약을 인용해서 생생하게 묘사합니다. 구약을 떠받치는 삼대 기둥이라고 할 수 있는 '율법서'와 '예언서', 그리고 '성문서' 세 곳에서 인용합니다.

먼저 바울은 신명기 29장 4절과 이사야 29장 10절을 융합해서 하나님께서 이스라엘을 적극적으로 강퍅케 하셨음을 확인합니다.

8절	기록된 바 하나님이 오늘까지 그들에게 혼미한 심령과 보지 못할 눈과 듣지 못할 귀를 주셨다 함과 같으니라.
신 29:4	그러나 깨닫는 마음과 보는 눈과 듣는 귀는 오늘 여호와께서 너희에게 주지 아니하셨느니라.
사 29:10	대저 여호와께서 깊이 잠들게 하는 영을 너희에게 부어 주사 너희의 눈을 감기셨음이니 그가 선지자들과 너희의 지도자인 선견자들을 덮으셨음이라.

바울은 신명기 29장 4절의 "하나님께서 주지 아니하셨다"는 부정 표현을 "하나님이 주셨다"는 긍정형으로 바꿨습니다. 다분히 하나님 쪽에서 사람들의 마음을 강퍅케 하신다는 사실을 강조하려는 목적이 있습니다. 그런가 하면 바울이 말하는 '혼미한 심령a sluggish spirit'은 이사야 29장 10절의 '잠들게 하는 영a spirit of deep sleep'에서 왔습니

다. '혼미한 심령'을 의미하는 헬라어 '카타뉙시스/κατάνυξις/stupor'는 신약에서 이곳에서만 출현하는 아주 드문 용어입니다. 무Moo에 따르면 아마도 이 말은 동사 '찌르다prick'의 의미가 있는 '카타뉫소/κατα-νύσσω'에서 유래했을 텐데, 감각이 마비가 될 정도로 찌른다는 뜻이 함축돼 있습니다.

그렇다면 혼미해지는 것은 사람의 지각을 마비시켜 하나님의 뜻을 깨닫지 못하는 '영적 불감증'을 의미할 것입니다. 복음이 전파돼 들었고 머리로 이해도 했지만 마음이 강퍅해져 복음을 노골적으로 거부하자 거기에 대한 응벌로서 마음의 눈을 어둡게 했다는 뜻입니다. 이와 같이 강퍅한 마음으로 복음을 거부한 나머지 택하심을 받지 못한 자들은 **영적으로 무감각해져서 하나님의 뜻을 보지도 못하고, 듣지도 못하는** 삼중고의 고통을 겪습니다.

마지막으로 바울은 70인역 시편 69편 22절과 23절을 인용합니다.

9-10절	또 다윗이 이르되 그들의 밥상이 올무와 덫과 거치는 것과 보응이 되게 하시옵고 그들의 눈은 흐려 보지 못하고 그들의 등은 항상 굽게 하옵소서 하였느니라.
시 69:22-23	그들의 밥상이 올무가 되게 하시며 그들의 평안이 덫이 되게 하소서 그들의 눈이 어두워 보지 못하게 하시며 그들의 허리가 항상 떨리게 하소서.

다윗이 원수들을 향해 하나님께 탄식했던 일종의 저주 기도를 인용합니다. 다윗을 괴롭히는 원수들의 밥상이 올무가 되고 덫이 되게 해달라는 울부짖음입니다. '밥상'과 '올무'와 '덫'이 무엇을 뜻하는지, 바울이 왜 이 구절을 하필이면 이 문맥에서 인용했는지를 살피는 것은 참으로 어렵습니다. '밥상'을 유대인들이 희생제물을 바쳤던 '제의

cult'를 암시한다고 생각하는 학자들이 있는가 하면, 바리새파 유대인들의 식탁교제를, 혹은 유대인들의 율법의존을 암시한다는 해석도 있습니다.

하지만 제 개인적 생각으로는 밥상이 올무가 되고 덫이 된다는 말은 "굴러 들어온 복을 제 발로 걷어찬다"는 의미가 있다고 봅니다. 그리스도의 복음이라는 풍성한 밥상의 복을 강퍅하고 혼미한 마음으로 걷어찬 나머지, 외려 자신을 나락에 빠뜨리는 함정이 되고 말았다는 것이지요.

또한 눈이 흐려 보지 못한다는 말은 하나님께서 복음을 전해주셨을 때 마음이 완고해져서 그 진리 보기를 거부했기 때문에 영적 장님이 됐다는 탄식일 것입니다. 그런가 하면 '허리가 굽어진다'는 말은 무거운 노역에 시달리는 노예들의 딱한 처지를 연상시키는데, 유대인들이 압제에서 해방시키는 복음을 거부함으로써 허리가 굽어질 것 같은 율법과 죄책감의 무거운 짐을 지게 될 것이라는 뜻일 것입니다.

다윗이 원수들의 강퍅함을 한탄하면서 그들의 비극적 운명을 읊었던 내용을 바울은 복음을 믿지 않는 이스라엘 사람들에게 적용했습니다. 이스라엘이 복음을 불순종하고 대적함으로써 하나님의 원수가 됐다는 사실을 드러낸 인용문들이지요.

중요한 것은 복음을 거부하는 강퍅한 사람들이 있음에도 불구하고, 하나님께서 택하신 남은 자들이 '지금 이 시기'(바울이 활동하던 시대)에도 있기에 하나님께서 결코 이스라엘 백성을 저버리신 것이 아니라는 희망의 현실입니다!

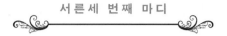

거룩한 시샘

Holy Jealousy

롬 11:11-36

유대인과 이방인 사이에서

앞에서 바울은 유대인이 궁극적으로 두 부류로 나뉘질 것을 전망했습니다. 복음을 믿어 구원받게 될 '남은 자들'과 복음을 거부해 그 남은 자 안에 들지 못할 '나머지 사람들'입니다. 특히 11장 8-10절은 구약의 삼대 장르인 율법서(신 29:4)와 성문서(시 69:22-23), 예언서(사 29:10)를 총망라해서 '남은 자'에서 제외될 '나머지' 유대인들의 비참한 운명을 내다봤습니다.

이들은 강퍅해져서 혼미한 심령을 갖게 됐고, 눈이 있어도 보지 못하고, 귀가 있어도 듣지 못하는 사람들입니다. 복음에 무감각한 영적 불감증에 빠졌다는 것이지요. 바울은 심지어 다윗이 원수들을 겨냥해서 했던 저주 기도까지 인용해가면서 이들의 비극적 미래를 예견했습니다. 생존을 위해 가장 행복한 밥상이 원수들을 사로잡는 올무와 덫이 되고, 걸려 넘어지고 보복을 받게 하라는 다윗의 격한 심정을 여과 없이 인용했습니다. 하물며 저들의 눈이 어두워지고, 등이 굽게 해달라는 탄원까지도 인용했습니다.

고독한 사투를 벌인 엘리야 선지자를 끌어들일 때부터 바울은 복음을 배척하는 절대다수의 유대인들 틈바구니에서 고독한 처지에 있는 자신과의 일체감을 엿볼 수 있게 했지만, 그럼에도 사랑의 사도인 그가 구원받지 못할 유대인들의 운명을 이처럼 악담에 가까운 말씀들을 인용해서 자신의 심정을 대변하려고 했던 것은 참으로 의외가 아닐 수 없습니다. 그만큼 표독하게 복음을 배척하는 동족 유대인들로부터 바울이 받은 증오와 질시, 박해, 심지어 살해의 위협이 심각하다는 사실을 은연중에 드러내는 대목이 아닐 수 없습니다.

"하나님께서 자기 백성 이스라엘을 버리신 것이 아닌가?"라고 바울이 11장 1절에서 제기한 물음의 대답은 "절대 아니"라는 것이었습니다. 영영 포기하신 것은 아니지만, 절대다수의 마음을 강퍅케 하셨습니다. 그리하여 복음을 수용한 소수의 남은 자들이 있는가 하면, 절대다수가 강퍅해진 나머지 남은 자 안에 들지 못하게 됐다는 것이 이스라엘의 현실이었습니다.

그렇다면 이제 참으로 중요한 질문은 남은 자에 들지 못한 나머지 절대다수 유대인들의 운명이 회복 불가능할 정도로 영구적이냐 하는 것입니다. 물론 '남은 자'와 '남은 자에서 제외될 나머지 유대인들'을 말할 때 이것은 어디까지 개별적 차원이 아닌, 거족적 차원에서 설명돼야 할 것입니다.

이런 물음에서 촉발된 바울의 관심은 단지 이스라엘에만 국한된 것이 아니라, 열방의 모든 민족까지 아우르는 포괄적 구속사 전망으로 이어집니다. 다시 말해 이스라엘이 복음을 거부해서 구원의 특혜가 잠시 이방인들에게로 넘어가게 됐지만, 이것으로 구속사가 완전히 종결되는 것이 아니라, 이스라엘이 걷어차서 이방인들이 어부지리로 얻게 된 구원의 복이 다시금 이스라엘로 돌아가게 될 것을 전망합니다. 다시 말해 구속사의 정점에 이르는 시기가 도래하면, 믿지 않는 유대인들의 강퍅한 마음이 녹아져 현재 극소수에 불과했던 유대인의 구원 수가 큰 폭으로 증가될 것으로 예견합니다. 이런 희망적 비전은 앞으로 살펴볼 11장 26절의 "온 이스라엘이 구원을 받으리라"는 확신으로 표현됩니다.

그렇다면 11장의 목적은 이스라엘의 복음 거부가 전면적인 것도 아니고, 최종적인 것도 아니라는 사실을 밝히는 데 있습니다. 복음을 거부하는 이스라엘의 걸려 넘어짐으로 구원의 복은 이방인들에게로 넘어갔습니다. 이제 이방인들의 구원은 이스라엘을 시기 나게 만들어 다시금 복음으로 돌아오게 만들 것입니다. 이처럼 바울은 구원의 복이 '이스라엘에서 이방인으로', '이방인에서 다시 이스라엘로', '이스라엘에서 다시 이방인으로' 돌아가는 희망 가득 찬 순환과정을 보여줍니다. 이것을 도표로 정리하면 다음과 같습니다.

11-12절	이스라엘의 넘어짐 → 이방인의 구원 → 이방인의 풍성함
15절	이스라엘의 버림받음 → 세상과의 화해 → 이스라엘의 받아주심
17-23절	참감람나무의 원가지 일부가 꺾임 → 돌감람나무가 참감람나무에 접붙임을 당함 → 꺾인 원가지가 본래의 참감람나무에 다시 접붙임을 당함

25-26절	이스라엘의 일부가 우둔(강퍅)하게 됨 → 이방인의 구원받은 수가 다 차게 됨 → 온 이스라엘이 구원받음
30-31절	이스라엘의 불순종 → 이방인들에게 긍휼 베풂 → 이스라엘의 회개와 긍휼 입음

본문은 크게 두 부분으로 나뉠 수 있습니다. 먼저 11-16절은 복음을 배척하는 이스라엘의 강퍅함마저도 온 인류를 구원하시는 하나님의 신비한 섭리와 계획 속에 있음을 보여줍니다. 그런 뒤 17-24절은 그 유명한 '참감람나무'와 '돌감람나무'의 비유를 써서 이방인 기독교인들이 유대인들이나 유대계 기독교인들에게 오만한 마음을 품어서 안 된다고 훈계합니다.

완전히 망하는가?

11장 1절에서와 마찬가지로 바울은 11절 전반부에서도 심각한 질문을 제기하는 것으로 말문을 엽니다.

그러므로 내가 말하노니 그들이 넘어지기까지 실족하였느냐.

여기에서 '실족프타이오/πταίω/stumbled'과 '넘어짐핍토/πίπτω/fall'을 구별할 필요가 있습니다. '실족'失足은 발을 헛디뎌 넘어진다는 뜻인데, 복음을 거부한 것을 의미합니다. 반면에 '넘어짐'은 완전히 쓰러져 일어날 수 없는, 영적 파산 상태를 의미합니다. 남은 자에서 배제될 유대인들은 하나님께서 그들을 강퍅케 하심으로써 그리스도라는 걸림돌을 정강이로 걷어차 실족했습니다.

이제 바울은 이런 실족이 완전히 넘어져 일어나기 어려울 정도로 회복 불능의 상태가 됐는가를 묻습니다. 남은 자에 들지 못할 절대다수의 유대인들은 영원히 그 상태에서 빠져나올 수 없게 됐느냐는 질문이지요. 당연히 바울의 대답은 "그럴 수 없다메 게노이토/μέ γένοιτο /by no means"는 강력한 부정입니다. 이처럼 바울 특유의 논증방식 그대로, 먼저 강력한 부정을 기대하는 수사학적 질문을 던지고 부정적 대답을 준 뒤에, 왜 그렇지 않은지를 설명합니다. 부연설명은 유대인들과 이방인들 사이를 오가면서 전개되는데, 먼저 유대인들의 일반적인 상황부터 설명합니다.

거룩한 시기심 때문에

그들[유대인들]이 넘어짐으로 구원이 이방인에게 이르러 이스라엘로 시기 나게 함이니라(11b절).

유대 민족 전체가 영원히 일어날 수 없을 정도로 넘어지지 않은 이유는 그들의 죄악과 실패가 이방인들이 구원받는 실마리가 됐기 때문입니다. '실족'(stumbling, 우리말 개역개정은 '넘어짐'으로 번역했는데, '넘어짐'과 '실족'이 서로 다른 뉘앙스로 쓰였다면 여기에서 '실족'이라 해야 옳다)은 헬라어로 '파라프토마티/παραπτώματι'이며 '범죄trespass'를 뜻하기도 합니다. 유대인들이 노골적으로 복음을 퇴짜 놓는 범죄를 저질렀기 때문에 복음의 문이 이방인들에게 열렸다는 것입니다. 이것은 엄연한 역사적 사실인데 바울은 이 사실을 신학적으로 해석합니다. 유대인들이 복음을 걷어차 이방인들 쪽으로 흘러들어가게 된 이유가 유대인들에게 '시기심이 발동하도록파라젤로사이/παραζηλῶσαι/make jealous' 하기 위함이라는 것이지요.

흔히 시기심은 건강치 못한 감정이며 윤리적으로도 옳지 못하다는 생각을 많이 합니다. 하지만 거룩하고 건전한 시기심도 있습니다. 예컨대 나에게는 없지만 상대방에게 있는 것을 시기할 때, 그 시기하는 내용이 선하고 거룩한 것일 때에는 자신의 분발을 촉진시키기 때문에 필요할 때도 있습니다. 아주 친한 친구가 자기보다 공부를 더 열심히 해서 성적이 좋아져서 이를 시샘한다면 본인도 더 성장할 수 있습니다. 샘을 내기 때문에 더 열심히 공부도 하게 되고, 결국 자신에게 더 유익한 결과를 초래할 수 있습니다. 신앙생활에서도 마찬가지입니다. 똑같이 집사로 출발했지만 동료가 더 열심히 충성해서 먼저 권사가 됐을 때 시샘을 내는 사람이 큰 일꾼이 될 수 있는 법이지요.

마찬가지로 유대인들도 본래 자신들이 누려야 할 복을 이방인들이 누리게 된 것을 보고 시기심이 솟구친다면 그리스도께로 돌아갈 수 있다는 것입니다. 이른바 '거룩한 시기심'을 자극하는 차원에서 이방인들이 대대적으로 구원을 받게 됐다는 해석이지요.

흥미롭게도 바울은 '실족'이나 '넘어짐'과 같은 경주 이미지를 써서 유대인들과 이방인들의 관계를 설명합니다. 예컨대 4명의 선수가 육상 계주경기를 벌인다고 가정해봅시다. 유대인 선수가 계속해서 앞서 달리다가 장애물에 걸려 넘어지고 말았습니다. 그러면 다음 선수가 샘이 나서 이방인 선수를 따라잡으려고 최선을 다할 것입니다. 이처럼 육상경기에서도 시샘이 긍정적인 시너지 효과를 발휘할 때가 적지 않은데, 하물며 영적인 구원 문제에 있어서도 당연히 유대인들이 일 착으로 골인해야 할 구원선救援線에 이방인들이 먼저 들어올 경우 유대인들이 시샘을 내서 더 분발할 것이라는 취지입니다. 바울은 12절에서 낮은 것에서 높은 것으로 옮아가는 '하물며 논법'(how much more)을 써서 거룩한 시기심이 가져오는 유익을 재차 강조합니다.

> 그들의 넘어짐이 세상의 풍성함이 되며 그들의 실패가 이방인의 풍성함이 되거든 하물며 그들의 충만함이리요.

먼저 유대인들의 넘어짐이 세상의 풍성함이 된다고 했습니다. 복음을 배척한 유대인의 과오가 세상의 '풍성함플루토스/πλοῦτος/riches', 즉 부요함이 된다는 것이지요. 유대인만이 구원받고 복을 누리게 될 것이 온 세상으로 확대돼 풍성해졌다는 뜻입니다. 같은 의미로 유대인들의 '실패헷테마/ἥττημα', 즉 '패배defeat'가 이방인의 풍성함이 됐습니다.

부정적 느낌으로 가득 찬 넘어짐(과오)과 실패(패배)까지도 이 세상에 부요함을 가져왔다면, 하물며 장차 유대인들이 복음을 믿어 구원받은 수가 '충만플레로마/πλήρωμα/fullness', 즉 가득 채워진다면, 이 세상은 훨씬 더 풍요롭게 될 것입니다. '충만'은 모든 유대인들이 구원받게 될 것이라는 수의 차원에서 양적 의미로 풀 수도 있겠지만, 이스라엘의 과오나 패배와 대조되는 질적 의미, 즉 이스라엘의 완전회복으로 해석하는 것이 더 나을 듯싶습니다.

바로 이 지점에서 바울은 잠시 이방인을 위한 사도로서 자신의 특수사역을 언급합니다.

내가 이방인인 너희에게 말하노라 내가 이방인의 사도인 만큼 내 직
분을 영광스럽게 여기노니 이는 혹 내 골육을 아무쪼록 시기하게 하
여 그들 중에서 얼마를 구원하려 함이라(13-14절).

여기에서 바울은 로마교회 안에 있는 이방계 신자들에게 말을 건
넵니다. 이스라엘이 장차 그리스도를 믿어 이 세상을 훨씬 더 풍요롭
게 만들 수 있다면, 그것은 어디까지나 압도적으로 수가 많은 이방인
들의 구원 때문입니다. 그러므로 바울은 이방인을 위한 사도로서의
자신의 직분이 얼마나 영광스러운 것인지를 당당히 밝힙니다.

하지만 하필이면 이 맥락에서 이방인을 위한 사도로서의 자신의
직분을 굳이 떠올리는 진짜 이유는 동족인 유대인들이 한 사람이라도
더 구원받기를 열망하기 때문입니다. 어쩌면 로마교회의 이방계 신자
들은 바울이 유대인임에도 불구하고 동족 선교는 포기하고 오로지 이
방 선교에만 몰두하고 있는 것으로 오해할 수 있었습니다. 이러한 억
측과 달리 영광스럽기 짝이 없는 이방 선교에 몰두하는 만큼이나, 아
니 그 이상으로 바울은 동족 선교에도 최선을 다하고 있음을 강조합
니다. 유대인 동족들이 복음을 거부해서 어쩔 수 없이 이방 선교 쪽으
로 발걸음을 돌렸지만, 자신의 본심은 유대인들을 샘나게 해서라도
몇 사람이라도 더 구원하려는 간절함에 있다는 것이지요. 15절은 왜
유대인들을 시기 나게 해서 그들 중에 일부라도 더 구원하려고 하는
지의 이유를 밝힙니다.

그들을 버리는 것이 세상의 화목이 되거든 그 받아들이는 것이 죽은
자 가운데서 살아나는 것이 아니면 무엇이리요.

> '하나님께서 유대인들을 버리시는 것' → '세상의 화해'를 이룬다면,
> '그들을 받아들이심'은 → '죽은 사람들 가운데 살아나는 삶을 주심'

'유대인들을 버리는 것'은 '유대인들이 그리스도를 버리는 것'(their rejection of the Christ)을 뜻하든지, 아니면 '하나님께서 유대인들을 버리심'(God's rejection of jews)을 의미하든지 둘 중에 하나입니다. 참으로 어려운 선택입니다! 15절 후반부에 짝을 이루는 '받아들이는 것헤 프로슬렘프시스/ἡ πρόσλημψις/acceptance'을 고려한다면, '버리심'과 '받아들이심'의 주체가 하나님이신 까닭에 하나님께서 복음을 부인하는 유대인들을 버리시는 것으로 해석할 수 있습니다. 그럼에도 하나님께서 유대인들을 버리신다는 것은 "온 이스라엘이 구원을 받는다"(26절)는 말씀과 배치되기에 곤혹스럽습니다. 이런 곤혹에서 벗어나기 위해서 두 가지 의미를 절충해, "유대인들이 스스로 복음을 거부함으로써 하나님께 버림당한다"고 풀이하면 좋지 않을까 싶습니다. 유대인들에게만 국한됐던 복음이 전세계로 확대된다면, 이것이야말로 하나님과 원수 관계에 놓여 있던 온 세상이 복음으로 화해하는 길이 될 것입니다.

정작 참으로 어려운 것은 하나님께서 유대인들을 받아주실 때 그들이 누리게 될 '죽은 자 가운데 살아나는 것조에 에크 네크론/ζωὴ ἐκ νεκρῶν/life from the dead'에 대한 해석입니다. 그냥 문자적으로 '부활'을 의미하는 것으로 풀어야 할지, 아니면 비유적으로 봐서 영적으로 죽어 있던 이스라엘이 깨어나 복음에 제대로 반응하는 것을 의미하는지 논란이 될 수 있습니다. 그리스도의 부활로 말미암은 생명의 삶을 의미한다고 보는 것이 전후 문맥에 더 어울릴 것 같습니다.

지금까지의 바울의 논리를 정리해본다면, 이스라엘의 '걸려 넘어짐'과 '버림받음' 때문에 이방인들이 하나님과 화해해서 구원받는 길이 활짝 열렸습니다. 하지만 이방인들이 구원의 복을 누리는 것을 시기한 나머지 유대인들이 다시금 복음으로 돌아온다면 그들도 부활의 새 생명을 누리게 될 것이 분명합니다.

'부분'과 '전체'의 관계에 대한 비유 둘

이제 바울은 16절에서 두 가지 짧은 속담 비유를 써서 이스라엘의 최종적 회복에 대한 희망을 표현합니다. 하나는 이스라엘의 제의에서 왔고, 다른 하나는 농사에서 왔습니다. 모두 '부분part'과 '전체whole'의 관계성에 대한 비유로서 작은 것이 전체에 영향을 미친다는 사실을 보여줍니다.

> 제사하는 처음 익은 곡식 가루가 거룩한즉 떡덩이도 그러하고 뿌리가 거룩한즉 가지도 그러하니라.

먼저 첫 번째 비유는 민수기 15장 20-21절을 근거로 해서 나온 일종의 속담입니다. 처음 거둬들인 곡식 가루로 만든 빵을 거제擧祭로 하나님께 드려서 거룩해진다면, 그 나머지 빵 반죽 전체도 거룩해진다는 논리입니다. 하나님께 바쳐진 만물의 한 부분이 거룩한 것이 되므로, 그 거룩한 부분이 유래한 전체 역시 거룩해질 수밖에 없다는 것이지요. 대표로 뽑아 세운 부분이 거룩하다면, 그 부분의 모체가 되는 전체도 거룩하다는 주장입니다.

이스라엘의 남은 자들이 거룩하다면, 남은 자에 들지 못하는 나머지 이스라엘 사람들 역시 거룩하다는 사실을 강조하기 위한 비유입니다. 그러기에 남은 자 유대인들만 거룩한 것이 아니고 나머지 유대인들 모두가 거룩하기에 유대 민족 전체를 폄하해서 안 되고 마땅히 존중해야 한다는 데 강조점이 있습니다.

농사에서 온 '뿌리'와 '가지'의 비유는 17-24절에서 감람나무 비유를 쓸 때 더욱더 자세히 확대 심화될 예정이지만, 그 논조는 동일합니다. 뿌리가 있어서 영양분을 나뭇가지에 공급해주기 때문에 뿌리 없는 가지는 상상하기 어렵습니다. 뿌리는 아브라함, 이삭, 야곱과 같은 이스라엘의 조상들을 의미할 텐데, 하나님께서 이들과 언약을 맺음으로 거룩해졌다면 이 성조聖祖들로부터 나온 이스라엘 후손들 역시 거룩하다는 뜻입니다.

그렇다면 이 두 가지 비유야말로 어떤 민족이나 공동체 집단에서 일부의 불신앙만 보고 전체를 함부로 속단하거나 정죄하는 것을 경고하는 말씀으로 봐야 할 것입니다. 유대인들 절대다수가 복음을 거부해서 걸려 넘어졌고, 과오와 실패로 인해 복음의 물결이 이방인들에게 흘러 들어갔다고 할지라도, 그 유대인들은 여전히 거룩한 백성이기에 복음 전파의 소중한 대상이라는 신념이 깔려있는 비유들입니다. 오랜 세월 전 세계에 독버섯처럼 기승을 부려온 '반反셈족주의anti-semitism', 즉 유대인 혐오주의에 경종을 울리는 말씀이 아닐 수 없습니다.

가지치기, 접붙임, 재再접붙임

'뿌리'와 '가지'의 관계에 착안해서 바울은 유대인들과 이방인들의 관계를 기가 막힌 비유를 하나 들어 논증해나갑니다.

> 또한 가지 얼마가 꺾이었는데 돌감람나무인 네가 그들 중에 접붙임이 되어 참감람나무 뿌리의 진액을 함께 받는 자가 되었은즉 그 가지들을 향해 자랑하지 말라 자랑할지라도 네가 뿌리를 보전하는 것이 아니요 뿌리가 너를 보전하는 것이니라(17-18절).

바울은 로마교회의 이방계 신자들이 들으라는 듯이 이인칭 단수 주격 '그대'를 써서 친근감 있게 따끔한 훈계의 말씀을 풀어갑니다. 팔레스타인 땅에는 지금도 지중해의 해양성 기후 때문에 감람나무 농사를 대대적으로 짓습니다. 감람유올리브기름를 얻기 위해 나무를 기르는데 뿌리가 땅속 깊이 파고 들어가 나무들 가운데 수명이 제일 깁니다. 300~400년은 거뜬히 산다고 합니다. 이런 올리브 나무들 가운데 농부가 정성을 들여 재배하지 않는 제멋대로 자라는 야생 나무들이 있습니다. 성경에서 '돌감람나무wild olive tree'로 부르는 거칠고 열매를 맺지 못하는 나무지요. 이와 반대되는 주인이 정성을 다해 가꾸어서 이파리도 무성하고 열매도 풍성하게 맺는 '참감람나무'가 있습니다.

그런데 참감람나무 가지들 가운데 얼마가 열매를 맺지 못해 부실해지자 잘라냈습니다. 가지치기pruning를 한 것이지요. 그 자리에다가 돌감람나무, 즉 제멋대로 자라난 야생 올리브나무 가지를 접붙였다는 것입니다.

원예학에서는 일반적으로 접붙이기를 시도할 때에 열매를 잘 맺는 건강한 나무의 가지를 잘라서 부실한 나무에 접붙이기를 하는 것이 상례입니다. 이렇게 건강한 가지가 부실한 나무에 접붙여서 전체에는 영향을 미치지 못할지라도, 그 접붙인 가지만이라도 열매를 맺도록 유도합니다.

그럼에도 바울은 접붙이기를 정반대로 말합니다. 야생 올리브 나뭇가지를 꺾어서 경작한 나무에 접붙였다는 것이지요. 그래서 혹자는 바울이 도회지 출신이라서 접붙이기의 초보도 모르는 무식꾼이라고 혹평을 합니다. 하지만 바울이 초보적 농경 지식을 몰랐을 리 만무합니다. 어떤 이는 24절의 '본성을 거슬러파라 푸신/παρὰ φύσιν/against nature'라는 표현에 주목합니다. 나쁜 나뭇가지를 좋은 나무에 접붙이는 것이 접붙이기의 본성에 위배되는 것을 바울도 알고 있었다고 풀이할 수 있는 근거가 됩니다. 그러므로 바울의 관심은 원예학적으로 정통 접붙이기 방법에 초점을 둔 것이 아니라, 순전히 신학적 교훈을 얻고자 하는 의도로 이 비유를 임의로 사용했다는 것이지요.

그러나 고대 근동지방에서는 아주 예외이긴 하지만 좋은 올리브 나무라고 할지라도 어느 줄기 가지가 부실해질 경우에 순전히 새로운 생명력을 불러일으킬 목적 하나로 야생 올리브나무 가지를 그 나무에 접붙이는 경우도 있었다고 합니다. 만일 이런 접붙이기의 특례도 있었다고 한다면, 바울은 아주 터무니없는 말을 하는 것이 아니라, 외려 참감람나무와 같은 유대인들이 열매를 맺지 못하자 일종의 충격요법으로 자극을 주어서라도 화들짝 정신을 차려 생명력을 불러일으키고자 돌감람나무와 같은 이방인들을 유대인들에게 접붙였다는 식으로, 매우 의도적으로 비유를 엮어냈다고 볼 수 있습니다.

만일 바울이 이처럼 분명한 의도를 품고 이 비유를 들었다고 한다면, 24절의 '본성을 거스른다'는 표현도 접붙이기의 본성을 거스르는 것을 말하는 것이 아니라, 돌감람나무의 소속belonging이 본래 야생 올리브 나무여야 마땅하지만 그 본성을 거슬러 참올리브 나무에 접목된 상태를 강조하는 부사구로도 볼 수 있을 것입니다.

바울이 이 비유를 쓸 때 강조하는 "가지의 얼마가 꺾이었다"(some of the branches were broken off)와 "접붙였다grafted in"는 표현에 주목하면서 뜻풀이를 시도하면 다음과 같습니다.

참감람나무 = 이스라엘	
돌감람나무 = 이방인	
돌감람나무 가지들 = 이방인 출신 그리스도인들	
참감람나무 줄기에서 잘려 나간 가지들 = 그리스도를 믿지 않는 유대인들	

바울의 요점은 이렇습니다. 본래 하나님이 친히 선택해주신 유대인들은 이스라엘이라는 참감람나무에 붙어 있었지만 복음을 믿지 않아 부실해진 나머지 '가지치기를 당한 가지들'(불신자 유대인들)이 있어서, 그 빈자리를 메우고자 본래 돌감람나무와 같이 볼품없는 '곁가지들'(이방계 기독교인들)이 참감람나무에 접붙여져서 그 나무뿌리에서 올라오는 진액을 함께 받아 생명을 유지하게 됐으므로 이방인 신자들이 자만해서 안 된다는 것입니다. 뿌리가 가지를 지탱하는 법이지, 가지가 뿌리를 지탱하는 것이 아니듯이 이방 신자들의 구원은 어디까지나 이스라엘의 뿌리에서부터 온 것임을 잊지 말라는 것이지요. 접붙임을 당해서 더부살이하는 주제에 주인 행세를 하지 말라는 경고지요!

이방계 교인들의 교만 경계

그러면 네 말이 가지들이 꺾인 것은 나로 접붙임을 받게 하려 함이라
하리니 옳도다 그들은 믿지 아니하므로 꺾이고 너는 믿으므로 섰느니
라 높은 마음을 품지 말고 도리어 두려워하라 하나님이 원 가지들도
아끼지 아니하셨은즉 너도 아끼지 아니하시리라(19-21절).

본래 참가지들인 유대인 불신자들이 잘려나간 이유는 복음을 믿
지 않은 탓입니다. 하나님은 불신자 유대인들을 가지치기를 하시고
그 자리에 복음을 믿는 이방인 신자들을 접붙여 주셨습니다. 그러기
에 유대인 전체에게나 유대계 신자들에게 우월감을 가져서 안 되고,
도리어 두려워해야 합니다. 왜냐하면 본래의 가지들인 유대인들조
차도 아끼지 않고 제거하신 하나님께서 하물며 접붙인 가지인 이방
인 신자들을 손보시는 것은 너무나 쉽기 때문입니다. 그러기에 접붙
임을 당한 이방계 그리스도인들은 다음과 같은 태도를 가져야 마땅
합니다.

그러므로 하나님의 인자하심과 준엄하심을 보라 넘어지는 자들에게
는 준엄하심이 있으니 너희가 만일 하나님의 인자하심에 머물러 있으
면 그 인자가 너희에게 있으리라 그렇지 않으면 너도 찍히는바 되리
라(22절).

참감람나무에 붙어 있던 일부 가지들이 잘려나갔습니다. 그 자리
에 야생 돌감람나무 가지가 접붙여졌습니다. 잘려나간 것도, 접붙임

을 당한 것도 오로지 복음에 대한 믿음 때문입니다. 그러기에 잘려나간 가지들에게는 믿음의 회복이 필요하고, 접붙임을 당한 가지들에게는 믿음의 견고한 유지가 필요합니다!

바울은 잘려나간 가지들과 관련해서는 '하나님의 준엄하심아포토미안 테우/ἀποτομίαν θεοῦ/severity of God'을 강조하고, 접붙임을 당한 가지들과 연계해서는 '하나님의 인자하심크레스토테타 테우/χρηστότητα θεοῦ/kindness of God'을 나란히 부각시킵니다. 믿지 않는 유대인들에게는 준엄한 심판으로, 믿는 이방인들에게는 자비로 역사하신 하나님께서 만일 이방인들이 계속해서 하나님의 인자 안에 머물러 있다면 인자를 베푸시겠지만 그렇지 않을 경우 찍어내신다는 것이지요. 따라서 하나님의 진정한 자녀 됨의 표식은 하나의 인자하심에 계속 머물러 있는 것입니다.

유대계 교인들의 구원 희망

바울은 23-24절에서 하나님께서 이스라엘을 버리신 것이 아니라는 사실을 또 한 차례 강조합니다.

> 그들도 믿지 아니하는 데 머무르지 아니하면 접붙임을 받으리니 이는 그들을 접붙이실 능력이 하나님께 있음이라 네가 원 돌감람나무에서 찍힘을 받고 본성을 거슬러 좋은 감람나무에 접붙임을 받았으니 원 가지인 이 사람들이야 얼마나 더 자기 감람나무에 접붙이심을 받으랴.

이제 바울은 복음을 믿지 않아 참감람나무에서 잘려나간 유대인

가지들에 대해서 구원의 희망을 피력합니다. 영적으로 접붙일 수 있는 능력은 순전히 하나님께만 있기에 불신자 유대인들이 불신앙을 고집하지 않고 그리스도게로 돌아와 믿기만 한다면 얼마든지 다시 참감람나무에 접붙임을 당할 수 있다는 것이지요. 본래 돌감람나무 가지에 불과했던 이방인들도 참감람나무 가지에 접붙여서 살아났다면, 애당초 참감람나무 가지에 붙어 있던 유대인들이 제 나무에 다시 접붙임을 당하는 일은 훨씬 더 손쉽다는 것입니다. 생짜 이방인들의 구원보다 본디 선민인 이스라엘의 회복이 훨씬 더 손쉬운 과정이라는 것이지요!

결국 바울은 이방계 교인들에게는 겸손을 요구하고, 불신자 유대인들에게는 강력한 구원의 희망을 피력합니다. 이방계 신자들은 유대인들 전체나 유대계 신자들에게 쓸데없는 우월감을 가지고 뻐개어서안 됩니다. 유대교 시대가 종식되고 기독교 시대가 도래했다는 생각하나로 기독교의 뿌리인 유대교를 폄하해서 안 된다는 것이지요. 뿌리가 가지를 지탱하듯이, 접붙임을 당한 이방계 신자들을 떠받치는것도 이스라엘이라는 뿌리라는 사실을 잊지 말라는 것입니다. 이에비례해서 복음을 거부해서 일시적으로 가지치기를 당한 다수의 유대인들에게도 희망이 있습니다. 불신앙을 버리고 복음을 믿기만 하면'재再접붙이기'를 당해서 생명과 구원을 얻을 수 있습니다.

이스라엘 구원의 신비

25-36절은 9장 1절부터 다룬 이스라엘 문제의 절정이자 결론이

라고 할 수 있습니다. 먼저 바울은 로마 교인들을 비롯한 이방계 신자들이 스스로 지혜 있다고 생각하는 것을 차단하겠다고 선언합니다. 그것은 하나님이 인류를 구원하시는 순서에 대한 '신비뮈스테리온/μυστήριον/비밀'를 알려줌으로써 그렇게 하겠다는 것이지요. 여기에서 '신비' 혹은 '비밀'은 과거에는 감춰졌으나 현재에는 예수 그리스도를 통해서 밝히 드러난 구원 섭리를 의미합니다. 바울이 말씀하는 구원 신비의 요체는 무엇입니까?

> 형제들아 너희가 스스로 지혜 있다 하면서 이 신비를 너희가 모르기를 내가 원하지 아니하노니 이 신비는 이방인의 충만한 수가 들어오기까지 이스라엘의 더러는 우둔하게 된 것이라 그리하여 온 이스라엘이 구원을 받으리라(25-26a절).

이 신비를 도표로 정리하면 다음과 같습니다.

① 이스라엘 일부가 완고우둔/hardening해진 대로 있는 것은,
② '이방인들의 충만한 수the full number of the Gentiles'가 다 찰 때까지이다.
③ 그렇게 된 이유는 '온 이스라엘'을 구원받게 하려는 하나님의 뜻 때문이다.

①번 주장으로 보건대 이스라엘 전체가 아닌, 일부만이 완악해졌음을 알 수 있습니다. 본래 하나님께서 이스라엘부터 먼저 선택해서 구원하시려고 했지만, 이스라엘의 완고함 때문에 순서를 바꿔 이방인들이 먼저 그리스도 복음을 믿게 하신 뒤, 그 충만한 수가 찰 때까지 당분간 이스라엘의 일부를 그 완악한 상태로 놔두신다는 것입니다. 그러므로 ②번이 주장하는 시간은 영원무궁이 아니고 한시적입니다.

그런 뒤 결국 온 이스라엘이 구원을 받을 것이라고 했는데, '온 이스라엘'all Israel이 도대체 누구를 뜻하느냐는 것이 중요합니다.

온 이스라엘은 아브라함의 후손으로 태어난 이스라엘 민족 전체를 말하는 것이 아닙니다. 바울이 말하는 '온 이스라엘'은 하나님으로부터 부르심을 받고 택정함을 입은 사람들입니다(롬 9:6-13절 참조). 그러므로 민족이나 국가적으로 '이스라엘'이라는 이름으로 모인 모든 사람들이 이 '온 이스라엘'에 속해서 이 민족국가에 속한 사람들은 다 구원받는다는 뜻은 아닐 것입니다. 이것은 그다음에 나오는 기독론적 인용에서 더욱 확연해집니다.

> 기록된 바 구원자가 시온에서 오사 야곱에게서 경건하지 않은 것을 돌이키시겠고 내가 그들의 죄를 없이 할 때에 그들에게 이루어질 내 언약이 이것이라 함과 같으니라(26b-27절).

이와 비슷한 말씀이 이사야 27장 9절과 59장 20-21절에 있지만 정확히 일치하지 않습니다. 어쩌면 바울은 그 당시 구전으로 내려오던 구약을 인용했을지도 모릅니다. 하지만 요점은 분명합니다. '구원자Deliverer'가 시온, 즉 이스라엘에서 오셔서 야곱, 즉 이스라엘 민족 가운데 '경건치 못함ungodliness'을 제거해주시는데, 바로 이것이 그 구원자가 그들의 죄를 없애주실 때 맺게 될 '언약covenant'이라는 것입니다. 그리스도 예수를 믿는 '온 이스라엘 사람들'이 얻게 될 구원을 강조하는 인용문이지요.

불순종과 자비의 변증법

이제 28-32절은 '온 이스라엘'이 구원자이신 예수 그리스도를 통해 어떻게 구원을 받게 될 것인지에 대한 부연설명입니다. 그 초점은 이스라엘 가운데 일부가 한시적으로 완고하게 된 것에 대한 해석인데, 두 가지 관점으로 비교합니다.

28절	
① **복음의 관점**으로 보자면 (As regards the gospel)	이스라엘 사람들은(로마 교인들을 포함한) 이방인들이 잘 되라고 일시적으로 하나님의 원수가 됐지만,
② **선택의 관점**으로 보자면 (As regards election)	조상들 덕분에 하나님의 사랑을 받은 사람들이다.

구속사적 관점에서 이스라엘이 처한 운명을 기가 막히게 잘 정리한 말씀입니다. 그리스도의 복음으로 보자면, 당연히 이스라엘 사람들부터 먼저 구원받아야 마땅하지만 대다수 유대인들이 복음을 거부함으로써 하나님과 원수가 됐고, 구원이 이방인들에게로 넘어가 버렸습니다. 그럼에도 이스라엘의 족장들에게 하신 하나님의 약속이 여전히 유효하기 때문에 유대인들은 하나님의 사랑을 받은 민족인 것도 틀림없습니다. 바울은 29절에서 그 이유를 이스라엘의 조상들에게 주신 하나님의 약속이 철회될 수 없기 때문이라고 말씀합니다.

> 하나님께서 주시는 고마운 선물과 부르심은 철회되지 않기 때문입니다(for the gifts and the calling of God is irrevocable.).

이제 30-32절은 이스라엘의 '불순종'과 하나님의 '긍휼_{자비}'을 대비시킵니다.

30절	① 전에 순종하지 않던 (로마 교인들을 포함한) 이방인들이 → 이스라엘 사람들의 불순종 때문에 자비를 입게 됐다.
31절	② 지금 불순종하고 있는 이스라엘 사람들도 → 이방인들이 받은 그 자비를 보고 회개하여 → 마침내 자비하심을 입게 될 것이다.
32절	③ 하나님께서 모든 사람을 불순종의 상태에 가두신 것은 그들에게 자비를 베푸시려는 것이다.

바울은 이스라엘 민족 절대다수가 복음을 거부하고 있다는 현재 상황을 염두에 두고서는, 인간의 불신앙과 불순종까지도 하나님께서 베푸시는 긍휼의 도구가 될 수 있다는 역설을 강조합니다. 복음으로 인한 구원이 당연히 이스라엘에게 먼저 가야 하지만 이스라엘이 불순종함으로써 순서가 바뀌어 이방인들이 하나님의 자비를 입게 됐습니다. 이처럼 구원의 순서가 뒤집혀졌지만, 이스라엘 사람들이 이방인들의 구원을 보고서 회개하고 복음을 받아들인다면 그들 역시 구원을 얻게 될 것입니다. 이처럼 하나님의 구원계획은 인간의 불신앙과 불순종까지도 자비를 베푸시는 구원목적을 위해 선한 도구로 사용될 수 있다는 것이 바울의 요점입니다.

인간이 이해할 수 없는 하나님의 구원계획의 신비 때문에 바울은 9장부터 12장까지 성경에서 가장 길게 거론한 이스라엘의 구원 문제를 하나님에 대한 찬송으로 갈무리합니다.

① 하나님의 지식 (knowledge of God)	깊도다 하나님의 지식이여(33a절) → 누가 주의 마음을 알았느냐?(34a절, 사 40:13 인용)
② 하나님의 지혜	깊도다 하나님의 지혜여(33a절) → 누가 그의

(wisdom of God)	모사가 되었느냐?(34b절, 사 40:13 인용)
③ 하나님의 부유하심 (riches of God)	깊도다 하나님의 부유하심이여(33a절) → 누가 주께 먼저 드려서 갚으심을 받겠느냐?(35절, 욥 41:11 인용)

이 찬송에서 요점은 '하나님이 베푸시는 자비의 신비'입니다. "누가 주님의 마음을 알았습니까?"(Who has known the mind of God?)라는 34절의 질문처럼, 이스라엘의 불순종으로 말미암아 이방인이 구원을 받고, 이방인이 구원받는 것을 보고서는 거룩한 시샘 때문에 하나님이 택정하신 온 이스라엘이 구원을 받게 되는 신비는 인간의 이성으로 측량할 수 없는 신비입니다. 이스라엘의 구원 문제를 다루는 9-11장은 마침내 36절의 위대한 송영으로 끝납니다.

하나님은?	
① 만물의 기원	만물이 주에게서 나오고 엑스/ἐξ/from him
② 만물의 유지	주로 말미암고 디아/διὰ/through him
③ 만물의 목표	주에게로 돌아감이라 에이스/εἰς/to him

이스라엘의 불신앙과 불순종, 이로 인한 이방인의 구원, 유대인과 이방인의 최종적 구원신비는 측량할 수 없는 하나님의 지혜와 지식에 달려 있기에 인간이 할 수 있는 것은 세세무궁토록 하나님께 영광 돌리는 것밖에 없습니다.

그에게 영광이 세세에 있을지어다 아멘(아우토 헤 독사 에이스 투스 아이오니스 아멘/αὐτῷ ἡ δόξα εἰς τοὺς αἰῶνας ἀμήν/To him be the glory forever. Amen).

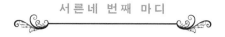

산 제물
A Living Sacrifice

롬 12:1-2

교리의 기초 위에 선 윤리의 집

바울 서신은 언제나 교리와 윤리를 함께 다룹니다. 프랑스 철학자 질 들뢰즈Gilles Deleuze, 1925~1995가 말한 것처럼, 이론과 실천은 두 다리와 같습니다. 절뚝거리지 않고 균형을 잡고 걸으려면 이론과 실천이 다 필요합니다. 이론 없는 실천은 '맹목blind'이고, 실천 없는 이론은 '공허empty'합니다. 기독교 신앙에서도 교리신학과 윤리 실천은 쌍둥이처럼 붙어 다녀야 합니다. 믿음과 행위는 부부 사이로 갈라질 수 없습니다.

그리스도를 믿어 하나님께서 값없이 주시는 은혜로 말미암아 의롭다고 인정을 받았다고 해서 우리가 금방 천사가 되는 것은 아닙니다. 하나님께서 대재판관으로 주재하시는 재판정에서 법률적으로 우리의 죄를 사면 받는다고 해서 우리의 속사람까지 갑자기 온전해지는 것은 아닙니다. 이신칭의는 어디까지나 마땅히 사형언도를 받고 죗값을 치러야 할 우리를 하나님께서 무죄방면 하시는 법률 선언일 뿐입니다. '진짜 그리스도인real Christian'이 되는 성화의 삶은 날마다의 구체적 삶에서 우리와 하나님과의 관계, 우리 자신과의 관계, 이웃과의 관계에서 부단한 성결 노력으로 죽을 때까지 지속해야 할 점진적 과정입니다.

바울은 로마서 1-11장까지 어떻게 죄인이 의롭게 될 수 있는지를 신학적으로 논증했습니다. 이제 로마서 12장 1절-15장 13절은 그리스도인이 이 세상에서 어떻게 살아야 하는가에 대한 윤리 실천 문제를 다룹니다. 그러기에 1-11장이 설계 도면의 기초라고 한다면, 12장 1절-15장 13절은 이 기초 위에 튼실한 집을 짓는 것과 마찬가지입니다. 교리라는 굳건한 토대 위에 바람이 불고 홍수가 나도 무너지지 않는 견고한 윤리의 집을 짓는 과정이지요.

동전에 양면이 있듯이 복음 역시 교리와 윤리 부분이라는 서로 뗄 수 없는 양면성이 있다면, 뜬금없이 신학에서 실천 문제로 갑자기 넘어가는 것이 아니라 복음의 직설법indicative에서 명령법imperative으로 넘어가는 과정이라고 볼 수 있습니다. 다시 말해 로마서 1-11장까지가 하나님께서 우리에게 주신 '의'를 치밀한 논리로 **서술**하는 데 관심이 있었다면, 12장 1절-15장 13절은 이신칭의라는 선물을 받은 우리가 하나님과 이웃에게 무엇을 어떻게 주어야만 하는가를 **명령**하는 지침으로 볼 수 있습니다.

예수 그리스도를 믿어서 의롭다고 인정을 받은 그리스도인은 구체적 관계성 안에서 그리스도인다운 성결의 삶을 살아가야 하기에 바울은 여러 차원의 관계성에 대해서 구체적으로 권고합니다. 바울의 권고는 크게 두 부분으로 대별됩니다.

먼저 12-13장은 그리스도인 모두의 삶과 관련된 일반 주제 일곱 가지를 다룹니다. 즉 우리와 하나님의 관계(12:1-2), 우리 자신과의 관계(12:3-8), 이웃과의 관계(12:9-16), 원수들과의 관계(12:17-21), 국가와의 관계(13:1-7), 율법과의 관계(13:8-10), 날과의 관계(13:11-14)에 대해서 권고합니다.

그런 뒤 14장 1절-15장 13절은 범위를 좁혀서 로마교회가 당면한 실제 문제, 즉 '강한 자들'이 '약한 자들'을 어떻게 섬기고 돌봐야 할 것인지를 권고합니다.

하나님과의 관계에 대한 권고

그리스도인의 윤리 실천 문제를 다룸에 있어서 로마서 12장 1-2절은 하나의 표제어라고 할 만큼 중요한 대전제와 기본원칙을 제시합니다. 앞으로 로마서에서 천명할 윤리 권고 전체를 요약한 말씀이라고 해도 과언이 아닙니다.

우리는 이 세상을 살면서 다양한 관계를 맺고 살아가는데, 이 모든 관계의 기초는 하나님과의 관계에 있기에 먼저 하나님과의 관계를 바로 맺을 때 다른 모든 관계가 바로 될 수 있습니다. 그렇다면 하나님과의 관계맺음의 핵심은 두 가지입니다. 우리 자신을 제물로 바치는 것과 이 세상에 순응하지 말고 변화되는 것입니다.

그러므로 형제들아 내가 하나님의 모든 자비하심으로 너희를 권하노
니(1a절).

'그러므로운/oὖν/therefore'라는 순접관계 접속사는 지금까지 1-11
장에서 전개해온 교리신학의 기초 위에서 결론을 내리는 말입니다.
이신칭의라는 신학 기초 위에서 바울은 로마에 있는 형제자매들에게
무엇인가를 권하겠다는 것이지요.

여기에서 '권하다' 혹은 '권고하다'는 헬라어로 '파라칼로/παρα-
καλῶ/appeal to/beseech'인데, '가까이 부르다', '초대하다', '권고하다',
'격려하다' 등의 여러 의미가 있습니다. '파라칼로' 의미의 기초는 인격
적 부름에 있기에, '요청request'과 '명령command'의 중간 정도의 의미
가 있습니다. 일방적으로 요청하거나 명령하기보다는 아버지가 아들
을 가까이 불러들여 친근하면서도 엄격하게 올바른 것을 타이르는 뉘
앙스가 있습니다. 그러기에 '파라칼로'에는 권위가 함축돼 있으면서
가까이 불러들여 격려하고 호소하는 의미가 강합니다.

이제 바울이 로마의 형제자매들에게 무엇인가를 권고할 때의 근
거는 '하나님의 자비하심'에 있습니다. 바울은 자신의 인간적 우월감
이나 공로의식이 아닌, '하나님의 자비하심에 힘입어'(by the mercies
of God) 이런 권고를 하게 된 것입니다. 죄인 된 우리를 너그러이 용
납해주신 하나님의 자비하심 덕분에 바울은 로마 교인들에게 윤리 권
고를 할 수 있게 된 것이지요.

우리가 이 세상에서 그리스도인답게 살아갈 수 있는 근거는 하나
님의 정죄와 심판에 대한 두려움 때문이 아니라 하나님이 베푸시는
자비에 대한 감사 때문입니다. 자비에 대한 감사 때문에 하나님께 순

종하는 것이 형벌에 대한 두려움 때문에 순종하는 것보다 훨씬 더 바람직합니다. 우리가 세상에서 의롭게 살 수 있는 근거는 언제나 먼저 다가오시는 하나님의 자비하심에 우리가 옳게 반응하는 것에 있습니다.

제물로 드려야 할 우리의 몸

그렇다면 바울이 하나님의 자비하심을 힘입어 우리에게 권고하는 내용은 무엇입니까? 두 가지입니다. '우리의 몸'을 하나님께 제물로 드리는 것과 '마음'을 새롭게 함으로 변화를 받는 것입니다.

> 너희 몸을 하나님이 기뻐하시는 거룩한 산 제물로 드리라 이는 너희가 드릴 영적 예배니라(1b절).

하나님의 자비하심에 감사한 마음을 품는다면, 당연히 우리가 해야 할 일은 하나님께 우리의 몸을 제물로 바치는 것입니다. 구약 시대의 유대인들은 죄를 씻거나 감사할 이유가 있을 때 양이나 소를 죽여서 희생제물로 바쳤습니다. 제단에 바쳐진 제물이 짐승의 몸이었듯이, 우리 역시 몸을 하나님께 거룩한 제물로 바쳐야 합니다.

이처럼 하나님의 자비에 반응하기 위해서 우리의 몸을 드려야 하는데, 여기서의 몸은 정신에 반하는 우리 인격의 일부분이 아니라 우리의 삶 전체를 의미하는 제유법적 표현입니다. ('提喩法/synecdoche' 은 사물의 한 부분으로 사물 전체를 나타내는 수사법을 말합니다. 예컨대 "사람은 빵으로만 살 수 없다"에서 '빵'은 '식량'을 나타내는 것과 같습니다.)

중요한 것은 구약 시대의 희생제물이 언제나 흠 없고 온전하고 향기로운 것이어야 했듯이(레 1:3, 9), 우리의 몸도 그런 자세로 하나님께 드려야 하기에 바울은 세 가지 형용사로 조건을 답니다. '살아있는 living', '거룩한holy', '하나님께서 기뻐하실'(acceptable to God) 제물로 드려야 합니다.

유대인들이 예루살렘 성전에서 바친 제물은 죽은 것이었으나, 그리스도인들이 바칠 몸은 자신의 살아있는 삶 전체이기에 '산 제물'입니다. 날마다의 살아가는 삶에서 온전한 희생 제사가 이루어져야 한다는 것이지요. 희생제물이 다른 짐승들로부터 거룩하게 가려낸 것이듯이 우리 역시 '거룩하게 성별된 제물'이어야 하며, '하나님께서 기뻐받으실', '산' 제물이 되어야 합니다.

우리의 몸을 '하나님이 기뻐 받으실, 거룩한, 산 제물'로 드린다는 말은 우리 몸의 기관들을 하나님의 전적인 처분에 둔다는 뜻입니다. 입은 하나님을 찬송하며 진리를 말하고, 귀는 하나님의 말씀을 듣고 선한 말을 듣고, 눈은 선하고 아름다운 것들을 보며, 손과 발은 복음을 전하며 선한 봉사의 도구로 사용돼야 합니다. 바울이 로마서 6장에서 말씀한 것처럼 우리의 지체를 '의의 병기'로(13절), '의에게 종으로'(19절) 내어주는 삶을 살아야 합니다.

바울은 이렇게 우리의 몸을 '하나님께서 기뻐 받으실, 거룩한, 산 제물'로 드리는 것이 '영적 예배'라고 말씀합니다. 여기에서 '영적'이라는 형용사는 헬라어로 '로기켄/λογικὴν'인데, '말씀'이나 '이성', '합리적 이치' 등을 뜻하는 '로고스/λόγος'에서 왔습니다. 따라서 '로기켄'은 크게 두 가지 의미로 풀이될 수 있습니다. 먼저 육적인 것에 반하는 '영적인spiritual' 혹은 '이성적인rational' 것으로 해석하거나, 아니면 논리적으로 이치에 맞고 진리라는 의미에서의 '합당한reasonable'으로 해석할 수 있습니다.

헬라 종교에는 수많은 거짓 신들을 예배하는 미신숭배가 넘쳐났기에, 만일 '로기켄'을 '합당한'으로 풀이할 경우 우리의 몸을 하나님께 드리는 것이야말로 이치와 진리에 맞는 올바른 예배라는 의미가 있습니다. 다시 말해 논리적이고 합리적으로 적절한proper 진리의 예배라는 사실이 부각됩니다.

반면에 '로기켄'을 육적인 것에 대조되는 정신적이고 영적인 것으로 풀이할 경우, 우리의 삶 전체를 하나님께서 기뻐 받으실, 거룩한, 산 제물로 바치는 것이야말로 영혼 없이 우리의 몸만 드리는 예배가 아니라 2절에서 말씀한 것처럼 마음을 새롭게 함으로 변화를 받아서 드리는 '영적 예배'라는 사실이 부각됩니다. 다시 말해 형식적으로 몸만 참석해서 드리는 예전으로서의 예배가 아니라, 우리의 정신과 영혼을 비롯한 삶 전체가 다 바쳐진 신령한 예배라는 것이지요.

중요한 것은 바울이 군이 "로기켄'이라는 형용사를 쓴 이유는 우리가 교회나 가정, 직장, 시장 등 장소나 어느 시간을 불문하고 우리의 삶 전체를 하나님께 드리는 예배야말로, 예루살렘 성전에서 죽은 짐승을 제물로 바치는 유대교 예배나 우상 잡신들에게 드리는 헬라인들의 이치에 맞지 않는 거짓 예배와 구별된다는 사실을 강조하기 위함입니다. 다시 말해 진리에 합당한 '진정한true' 예배라는 사실을 강조하고자 이 말을 골라서 쓴 것입니다. 무엇보다도 우리의 **몸** 전체를 제물로 바치는 행위야말로 영혼과 몸 전체를 드리는 진정으로 **영적** 예배에 다름 아니라는 역설적 진리를 강조하는 의미도 있을 것입니다.

순응에서 변혁으로

바울의 첫 번째 권고가 우리의 몸을 하나님께 제물로 바치라는 것이라고 한다면, 두 번째 권고는 세상에 순응하지 말고 세상을 변혁시키라는 권고입니다.

> 너희는 이 세대를 본받지 말고 오직 마음을 새롭게 함으로 변화를 받아 하나님의 선하시고 기뻐하시고 온전하신 뜻이 무엇인지 분별하도록 하라(2절).

하나님께서 기뻐하시는 거룩한 산 제물로 우리 자신을 하나님께 드리는 것이 진정으로 영적이고 합당한, 논리적으로 이치에 맞는 진리의 예배라고 한다면, 이런 예배를 드리는 사람은 당연히 세상 풍조에 휩쓸려 동화되거나 순응해서 안 됩니다.

인간은 필연적으로 무엇인가를 본받기 마련이라면 두 가지 선택이 있습니다. 세상을 본받는 것과 하나님의 뜻을 분별해서 하나님을 본받는 것입니다. 먼저 바울이 말하는 이 '세대'는 헬라어로 '아이오니/αἰῶνι'인데 '시대age'를 의미합니다. 죄와 죽음과 사탄이 지배하는 현세를 말하는 것이지요. 그러기에 '아이오니'는 어떤 공간 개념이 아니라 죄와 죽음과 사탄의 세력이 지배하는 '시대정신Zeitgeist', '시대 풍조'를 의미합니다.

그리스도인들은 이런 세상 풍조에 순응하며 살아서는 안 되고 하나님의 뜻을 분별하며 하나님을 본받는 삶을 살아가야 합니다. 바울은 이 하나님의 뜻을 세 가지 형용사로 정의합니다. '선하시고good',

'기뻐하시고acceptable', '온전하신perfect' 뜻입니다. 어떻게 살아가는 것이 선하고, 하나님 마음에 들며, 온전하게 사는 것인지에 대한 하나님의 뜻을 분별하라는 것이지요.

그렇다면 세상 풍조를 본받지 않고, 하나님의 선하시고 기뻐하시고 온전하신 뜻을 분별하는 삶은 어떻게 가능할까요? "오직 마음을 새롭게 함으로 변화를 받음으로써" 가능합니다. 말씀과 성령의 능력으로 영적 쇄신이 일어날 때 변화될 수 있는데, 이렇게 새 사람으로 변화된 사람만이 소극적으로 세상 풍조를 따르지 않고, 적극적으로 하나님의 선하시고 기뻐하시고 온전하신 뜻을 분별하며 살 수 있습니다.

여기에서 '변화를 받다be transformed'는 헬라어로 '메타모르푸스테/μεταμορφοῦσθε'인데, 올챙이가 개구리가 되고, 애벌레가 나비가 되듯이 내면의 성질이 변화된다는 의미가 있습니다. 마가복음이 예수님의 산상변모를 묘사할 때 이 말을 썼습니다(9:2). 하나님의 말씀과 성령의 능력으로 우리의 속사람이 새사람으로 완전히 변화되는 것을 의미하는 말이지요.

당연히 이런 근본적 변화, 철저한 변혁은 겉모습만 변한다고 해서 되는 것이 아니라, 우리의 마음이 새롭게 될 때에만 가능합니다. 고린도후서 5장 17절은 마음을 새롭게 함으로 변화를 받은 사람의 결과를 이렇게 선언합니다.

그런즉 누구든지 그리스도 안에 있으면 새로운 피조물이라 이전 것은 지나갔으니 보라 새 것이 되었도다.

'새로 지으심을 받은'(갈 6:15) '새 피조물new creation'이 된다는 것이지요! 이렇게 속사람이 변화되고 쇄신된 그리스도인은 자연스레 하나님의 선하시고, 기뻐하시고, 온전하신 뜻이 무엇인지를 분별하며 살게 됩니다.

결국 바울의 권고는 '영역 이동realm transfe'이라는 말로 요약됩니다. 죄와 죽음과 사탄의 세력이 지배하는 '옛 영역'에서, 한편으로 우리의 몸을 하나님께서 기뻐하실 거룩한 산 제물로 드림으로써 진정으로 영적인 진리의 예배를 드리고, 다른 한편으로 마음을 새롭게 함으로써 변화를 받아 하나님의 선하시고 기뻐하시고 온전하신 뜻을 분별하며 사는 '새 영역'으로 넘어오라는 권고입니다. 새 영역에는 하나님의 자비하심으로 말미암은 구원과 영생이 있습니다!

모든 관계의 기초가 되는 우리와 하나님과의 관계 맺음에 대한 바울의 권고를 도표로 요약하면 다음과 같습니다.

하나님과 우리의 관계에 대한 권고		
첫 번째 권고	우리의 몸을 하나님께서 기뻐 받으실, 거룩한, 산 제물로 드리라.	결과: 영적이며 합당한 예배가 된다.
두 번째 권고	하나님의 선하시고, 기뻐하시고, 온전하신 뜻을 분별하라.	방법: 소극적으로 시대 풍조를 본받지 않고, 적극적으로 마음을 새롭게 함으로 변화를 받음으로써.

분수에 맞게 사역하기

Doing Ministry Within One's Means

롬 12:3-8

냉정한 자기평가

바울 사도의 윤리 권고는 모든 그리스도인 누구에게나 적용되는 일반적 대원칙으로 시작됐습니다. 먼저 그리스도인이라면 누구나 다 **하나님 앞에서** 바르게 살 것을 권면했습니다. 우리의 몸을 하나님께서 기뻐 받으실, 거룩한, 산 제물로 바치라고 했습니다. 삶 전체를 하나님께 향기로운 제물로 드리라는 것이지요. 그다음에 마음을 새롭게 함으로 변화를 받아서 하나님의 선하시고, 기뻐하시고, 온전하신 뜻이 무엇인지를 분별하라고 했습니다.

삶 전체를 하나님께 산 제물로 드릴 뿐 아니라, 마음을 새롭게 해 변화가 돼 하나님의 뜻을 분별하며 사는 이들은 이제 **자신과의 관계에**

서도 획기적 변화가 일어납니다. 자신을 냉정하고 정확하게 평가할 줄 알게 되고, 자신의 정체성이나 은사에 대해서도 슬기롭고 객관적 인식을 하게 됩니다.

이처럼 로마서 12장 3-8절은 자신의 몸을 산 제물로 바치며 마음을 새롭게 함으로 변화를 받은 사람의 '사고방식mindset'이 어떠해야 하는가를 천명합니다. 다시 말해 정확하고 냉정하고 균형 잡힌 자화상self-image을 가져야만 한다는 사실을 역설합니다.

바울은 먼저 그리스도인의 냉정한 자기평가부터 촉구합니다.

내게 주신 은혜로 말미암아 너희 각 사람에게 말하노니 마땅히 생각할 그 이상의 생각을 품지 말고 오직 하나님께서 각 사람에게 나누어 주신 믿음의 분량대로 지혜롭게 생각하라(3절).

"내게 주신 은혜로 말미암아… 말하노니"라는 표현은 명령에 가까울 정도로 엄숙한 어조입니다. 바울이 로마 교인들에게 말하려고 하는 내용은 "바울에게 주신 은혜에 의해서"(by the grace given to Paul) 주어졌습니다. 12장 1절에서는 "하나님의 모든 자비하심에 힘입어" 권고한다고 했는데, 여기에서는 '자비오이크티르몬/οἰκτιρμῶν'가 '은혜카리토스/χάριτος'로 바뀌었습니다.

바울 자신의 인간적 권위나 어떤 도덕적 우월성 때문이 아니라, 하나님의 은혜를 힘입어서 이런 권고를 하게 됐다는 것이지요. 그러므로 이 권고 역시 바울의 개인 생각에서 우러나온 것이 아니라 바울을 은혜 가운데 사도로 불러 세워주신 하나님으로부터 온 것임을 분명히 합니다.

하나님의 은혜에 힘입어 바울이 로마 교인들 모두에게 주려는 메시지는 자신에 대해서 엄정하라는 것입니다. 자신에 대해서 마땅히 생각할 그 이상의 교만한 마음을 품지 말라는 충고지요. 사람은 누구나 다 자신의 있는 모습 그대로의 실상을 보기 어렵습니다. 자신의 실상 그 이상으로 과대평가를 하든지, 그 이하로 과소평가할 가능성이 있습니다. 그렇다면 우리 시대에 '자존감self-esteem'보다 더 중요한 문제는 없습니다. 부정적 자아상에 사로잡혀 함부로 자신을 깎아내리고 학대하는 사람들이 너무나 많기 때문입니다. 그렇다고 해서 자신을 분수 이상으로 높이는 지나친 자존감도 문제입니다.

오래전에 세계 어린이 수학 경시대회가 미국에서 열린 적이 있습니다. 시험은 두 갈래로 나눠 치러졌습니다. 학생들의 수학능력을 직접 평가하는 시험과 수학능력에 대한 학생들의 자존감을 측정하는 영역이었습니다. 놀랍게도 한국 학생들이 수학 경시대회에서 일등을 차지했고, 미국 학생들이 꼴등이었습니다. 하지만 수학에 대한 학생들의 자존감을 측정한 평가에서는 미국이 일등이었고, 한국이 꼴등이었습니다. 입시지옥에 사는 한국 학생들은 수학을 아주 잘 하지만, 늘 비교와 경쟁에 시달리다 보니 자신에 대한 자존감이 낮다는 말이고, 미국 학생들은 자신의 능력에 대한 자존감은 높지만 실제 실력은 떨어진다는 말입니다.

이런 이야기는 정확한 자기평가에 기초한 건전한 자존감이 얼마나 중요한가를 일깨워 줍니다. 정확하고 냉철한 자기평가가 선행될 때 우리는 분수 이상으로 자신을 높이 여기지 않게 되고, 반대로 자기 이하로 깎아내리지도 않게 될 것입니다.

'신앙의 척도'에 따른 자기평가

그렇다면 '냉정한 자기평가'(sober self-judgment)는 어떻게 가능할까요? 바울에 따르면 우리의 '신앙'과 '은사'에 주의를 기울임으로써 가능합니다.

실제 능력 그 이상으로도, 그 이하로도 생각하지 않고 꼭 자신의 본모습 그대로 생각하려면 어떻게 해야 합니까? 먼저 "오직 하나님께서 각 사람에게 나누어 주신 믿음의 분량대로 지혜롭게 생각해야"(3b절) 합니다.

여기에서 중요한 말이 '믿음의 분량대로'(according to the meas-ure of faith)입니다. '분량'은 헬라어로 '메트론/μέτρον'인데, 여기에서 길이 측정단위인 '미터meter'가 나왔습니다. '메트론'은 어떤 '양amount'보다, '기준criterion' 혹은 '척도yardstick'의 의미에 더 가깝습니다. 냉정하고 객관적 자기평가는 자신을 측정할 수 있는 냉정하고 객관적 기준 혹은 척도가 있을 때 가능합니다.

그러므로 만일 '메트론'을 우리 개역성경에서 번역한 대로 '믿음의 분량'으로 볼 경우, 하나님이 어떤 사람에게는 더 많은 믿음을 주시고 또 어떤 사람에게는 더 적은 믿음을 주신다고 해석해야 할 것입니다. 이 경우 우리가 받은 믿음의 양에 따라서 자신을 높게 여기거나 낮게 여겨야 한다고 풀이해야 할 것입니다.

하지만 하나님이 주신 '믿음 양'의 많고 적음에 따라서 자신을 높게 여기거나 낮게 여기라는 말은 로마서의 일관된 주장과 맞지 않습니다. "그리스도 예수를 믿을 때 값없이 베푸시는 하나님의 은혜로 의롭다 인정을 받는다"는 이신칭의는 여하한 인간의 공로나 자랑을 배격하기에 믿음의 분량에 따라 자신을 달리 평가하라는 해석은 이신칭의의 대원칙에 위배됩니다. 외려 '그리스도를 믿는 믿음'을 그리스도인 누구에게나 동일하게 주어진 하나님의 선물로 생각해서, 이 공동의 믿음이라는 기준에 의거해서 자신을 평가하라는 권고로 보는 것이 타당할 것입니다.

그렇다면 '메트론 피스테오스/μέτρον πίστεως'는 '믿음의 분량'이 아닌, '믿음의 기준' 혹은 '믿음의 척도'로 해석할 때 의미가 통합니다. 그리스도인이 자신을 평가할 때 사용할 기준은 신자 누구에게나 동일하게 주어진 '믿음'이라는 기준이어야 한다는 것이지요. 잠시 후에 바울이 다양한 은사를 논할 수 있는 근거도 다름 아닌 이 공동의 믿음에 있습니다. 믿음의 기준은 하나지만 이 믿음에서 흘러나오는 은사는 사람마다 다르게 주어졌다는 것이지요.

우리는 모두 구제불능의 죄인들이었지만, 그리스도를 믿어서 값없이 주시는 하나님의 은혜로 의롭다고 인정을 받고 구원을 얻었으므로, 이 믿음이라는 공동의 척도로 우리 자신을 측정한다면 그 누구도 자신 이상으로 높이 여길 수 없고 겸손할 수밖에 없습니다. '믿음의 척도'는 '복음의 척도'나 '예수 그리스도를 통해 주어진 은혜의 척도'로도 해석될 수 있기에, 우리는 믿음과 은혜로 '구원받은 죄인들saved sinners'일 뿐 누구도 자신의 배경이나 능력이나 지위, 신분을 자랑할 수 없다는 충고로 풀이할 수 있습니다.

인간의 행위나 공로의 척도, 혹은 세상 지위나 신분의 척도가 아니라 하나님께서 각자에게 나눠주신 **'믿음의 척도'**에 따라 자신을 생각하면 아무도 자기 자랑을 할 수 없다는 생각이 바울의 의식 저변에 깔려 있습니다.

우리의 행위나 공로 때문이 아닌, 그리스도에 대한 믿음으로 구원을 받았다는 생각이 있을 때에만 우리는 '구원받은 죄인들로서의 자신의 실상'을 정확하고 냉정하게 분별할 수 있기에 분수 이상의 교만한 생각을 품지 않게 될 것입니다.

'다양한 은사'에 따른 자기평가

복음과 그리스도에 대한 '믿음'이 자신을 냉철하게 평가하는 첫 번째 기준이라고 한다면, 두 번째 기준은 하나님께서 주신 다양한 '은사들'입니다. 사람들이 분수 이상으로 자신을 높게 여겨 타인을 폄하하고 공동체의 갈등과 분열을 재촉하는 이유는 이 두 가지 기준으로 자신을 측정하지 않기 때문입니다.

누구나 다 '행위'가 아니라 '믿음'으로 구원받았다는 사실을 망각할 때, 또한 그리스도인 각자가 받은 은사가 각각 다르다는 사실을 인정하지 않을 때, 분수 이상으로 자신을 과대평가해서 공동체의 평화와 일치를 깨게 한다는 것이지요. 바울은 냉정한 자기평가의 두 번째 기준이라고 할 '은사의 다양성'을 말하기 전에 먼저 '몸의 비유'부터 언급합니다.

우리가 한 몸에 많은 지체를 가졌으나 모든 지체가 같은 기능을 가진 것이 아니니 이와 같이 우리 많은 사람이 그리스도 안에서 한 몸이 되어 서로 지체가 되었느니라(4-5절).

'한 몸'과 '여러 지체들'의 비유는 고린도전서 12장에 잘 정리돼 있기에, 바울은 은사의 '다양성 안에서의 통일성'(unity in diversity)을 강조하고자 요점만 간략히 소개하고 있습니다.

'한 몸'은 그리스도의 교회이며, 이 몸에 붙은 '다양한 지체들'은 교인들입니다. 문제는 한 지체가 자신이 받은 은사를 분수 이상으로 높이 여겨 다른 은사를 받은 이들을 존중하지 않을 때 한 몸인 교회 공동체의 평화와 일치가 깨질 수 있다는 것입니다. 따라서 바울이 몸과 지체의 비유를 든 기본 동기와 목적은 은사의 다양성을 인정하지 않는 신자들을 책망하기 위함입니다.

몸에는 눈, 코, 귀, 입, 심장, 손과 발 등등 다양한 지체들이 있어서 각자의 기능을 원활하게 함으로써 전체 몸의 생명과 건강 유지에 기여합니다. 마찬가지로 그리스도인들 역시 제각기 서로 다른 은사들을 갖고 있지만 한 몸 된 그리스도 공동체(고전 12:27)를 살리고 유지하기 위해서 고유의 기능을 합니다.

입이 눈과 귀를 무시할 수 없고, 손이 발을 깎아내릴 수 없고, 서로에게 의존합니다. 손이 밥을 입에게 떠먹여 주는 수고를 하면서 왜 나만 고생하고 너는 받아 처먹기만 하냐고 따질 수 없습니다. 손의 수고는 곧 몸 전체뿐만 아니라 궁극적으로 손 자신의 건강과도 직결되기에 입만 좋게 하는 것이 아니라 자신을 살리는 행위입니다.

마찬가지로 한 몸인 그리스도 교회를 이루는 우리 역시 높고 낮음 없이 각각 해야 할 고유의 사명이 있고 상호 간에 긴밀히 의존해 있습니다. 눈이 아무리 중요해도 입과 코와 귀가 하는 기능이 있기 때문에 눈 자신도 건강할 수 있습니다. 마찬가지로 우리가 받은 은사가 각기 다르다고 할지라도 우리는 그리스도의 몸을 이루는 지체들로서 서로의 존재 없이는 존립할 수 없는 유기적 통일체입니다.

이처럼 은사를 주신 분이 하나님이시며, 각기 서로 다른 은사를 선물로 받았다고 할지라도 전체 몸과 서로를 건강하게 살리기 위해 필수 기능을 하기에 다른 은사들을 받은 사람들을 무시할 수 없다는 사실에서 자신의 실상을 정확히 바라봐야 한다는 것이 바울의 논지입니다.

우리에게 주신 은혜대로 받은 은사가 각각 다르니(6a절).

'은사恩賜'는 말 그대로 은혜의 선물인데, 헬라어 성경에는 복수로 '카리스마타/χαρίσματα/gifts'로 돼 있습니다. 그런데 이 '카리스마타'는 '카타 텐 카린/κατὰ τὴν χάριν', 즉 '은혜에 따라서'(according to the grace) 하나님께서 주신 선물입니다. 은사는 하나님께서 값없이 주신 선물이라는 사실이 중요합니다. 우리는 은사의 '시혜자giver'가 아니라, '수혜자receiver'일 뿐인 것이지요. 은사는 우리가 잘났거나 노력한 대가로 획득하는 것이 아니고, 하나님이 거저 주신 선물이기에 겸손히 하나님께 감사해야 합니다.

은사가 하나님으로부터 온 선물이라는 사실과 사람마다 각기 다른 은사를 받았다는 사실은 우리 자신을 정확하게 판단하는 또 하나의 기준입니다. 은사를 주신 분이 하나님이시기에 우리가 올바르게 쓰지 않을 경우 거둬 가실 수도 있습니다. 더군다나 사람마다 받은 은사가 각기 다르기에 다른 은사를 가진 이들을 폄하하거나 무조건 우러러 볼 수 없습니다. 자기가 받은 은사가 최고라고 자랑하는 것이야말로 위험한 일입니다. 그러므로 우리는 하나님께서 주시지 않은 은사들을 팔방미인처럼 홀로 다 독점하려고 욕심을 부릴 수 없습니다. 은사는 하나님께서 은혜에 따라 주신 선물이며, 다양한 은사들이 합력해서 한 몸 된 교회를 유지하기에 우리는 분수 이상으로 자신을 높일 수 없으며 타인을 인정하고 존중해야 마땅합니다.

다양한 은사의 올바른 활용

이제 바울은 은사의 다양성과 이것의 적극적 활용을 강조하고자 대표적인 은사 일곱 가지를 소개합니다. '7'이 완전수이기에 바울은 하나님이 주신 은사 전체를 염두에 두고 샘플 케이스를 열거합니다.

혹 예언이면 믿음의 분수대로, 혹 섬기는 일이면 섬기는 일로, 혹 가르치는 자면 가르치는 일로, 혹 위로하는 자면 위로하는 일로, 구제하는 자는 성실함으로, 다스리는 자는 부지런함으로, 긍휼을 베푸는 자는 즐거움으로 할 것이니라(6b-8절).

먼저 '예언prophecy'의 은사는 구약 시대의 예언자들처럼 하나님의 계시를 신탁 받아 앞날에 일어날 일을 미리 말하는 것이라기보다는, 하나님이 주시는 계시의 말씀과 특히 성경 말씀을 바로 해석하고 선포하는 은사를 의미합니다.

구약의 예언자들이 공동체의 유익을 위해서 하나님께서 계시해주신 말씀을 하나님을 대신해서 바로 해석하고 바로 선포하는 일에 주력했듯이, 신약 시대에 예언 은사를 맡은 사람도 우선 하나님이 주시는 계시 말씀, 특히 성경 말씀을 진리 그대로 해석하고 선포하는 일에 집중해야 합니다.

이렇게 예언의 은사를 하나님의 말씀에 대한 해석과 선포의 시각에서 풀이하는 것은 뒤에 붙은 '믿음의 분수대로'(in proportion to faith)라는 조건부로 더 분명해집니다. '분수'는 헬라어로 '아날로기아 /ἀναλογία/analogy'인데, 본래 수학이나 논리학에 사용된 용어로서 무엇인가를 비교할 때 정확하게 상응하는 '비율ratio'이나 '정도proportion' 혹은 올바른 '관계relationship'를 의미합니다.

그러므로 '아날로기아' 역시 앞에서 나온 '메트론'처럼 '분량'을 의미하기보다는 '기준'이나 '척도'를 의미한다고 봐야 옳습니다. 다시 말해 예언 사역을 할 때 자신의 기분이나 감정에 따라 주관적으로 말을 해서는 안 되고, 하나님이 주신 '믿음의 기준'에 따라서 해야 합니다.

여기에서 '믿음'은 우리가 믿는 '믿음의 행위'가 아닌, 우리가 믿는 '믿음의 내용'을 의미하기에, 이처럼 믿음의 객관적 진리 의미를 부각시켜서 '정통신학'이나 '표준교리'의 기준으로 계시 말씀을 해석하고 선포해야 한다고 풀어도 무방할 것입니다. 다시 말해 예언의 은사를 받은 이는 "그리스도를 바로 믿는 믿음에 상응해서" 말해야 한다는 것이지요.

두 번째는 '섬기는' 은사, 즉 '디아코니아/διακονία/ministry'의 은사입니다. '디아코니아'의 어근 '디아크/διακ'는 본래 '식탁 시중을 들다'(waiting at table)는 의미가 있습니다. 다시 말해 "낮은 처지에서 섬기다"는 의미가 숨어 있습니다. 바울은 섬기는 은사를 가진 이는 이 은사의 성질에 맞게 쓰라고 권면합니다.

세 번째는 '가르치는' 은사 혹은 '교사teacher'의 은사, 즉 '디다스코/

διδάσκω'의 은사입니다. 예언이 계시의 말씀을 해석하고 선포하는 사역이라면, 가르침은 교회에 전수된 진리의 복음을 전달하는 데 초점이 있습니다. 가르치는 은사를 가진 이는 남을 가르치기 전에 힘써 배워야 하며, 이 가르침의 은사를 활용해서 열심히 가르쳐야 합니다.

네 번째는 '위로하는' 은사 혹은 '권면자exhorter'의 은사, 즉 '파라칼룬/παρακαλῶν'의 은사입니다. 루터에 의하면 가르침이 무지한 사람을 위한 것이라면, 권면은 이미 알고 있는 사람을 위한 것이라는 차이가 있습니다. 그러기에 루터는 교사가 기초를 놓고, 권면자는 이 기초 위에 집을 짓는 사람에 비유했습니다.

다섯 번째는 '구제하는' 은사 혹은 '나눠주는giver' 은사입니다. 흥미롭게도 이 다섯 번째 나눔의 은사부터 일곱 번째 은사까지에는 더 구체적인 조건이 붙습니다. 교회의 자원이든 개인의 자원이든 간에 이웃에게 잘 나눠주는 은사를 가진 이는 '성실함으로' 그리하라는 것입니다. 새번역은 '순수한 마음으로'로 번역했고, 영어 성경 NRSV는 '후함으로'(in generosity)로 번역했는데, 원어 '하플로테티/ἁπλότητι'에는 '순수함simplicity'과 '후함generosity'의 의미가 다 있기에 어느 쪽으로 해석해도 좋을 것입니다.

루터는 나눔의 은사가 남용될 가능성 두 가지를 지적했습니다. 답례와 보상을 기대하고 나눠주는 경우와 상사가 부하에게 혹은 동일 계급에 있는 자가 나눔을 베풀 때 으쓱거리거나 헛된 영광을 구할 수 있는 폐단입니다. 그러기에 나눠주는 사람은 보답이나 영광을 기대하지 말고 순수하고 후한 정신으로 해야 합니다.

여섯 번째 은사는 '다스리는' 은사 혹은 '지도자leader'의 은사입니다. 헬라어 '프로이스타메노스/προϊστάμενος'에는 '주재하다preside',

'통솔하다govern'의 의미가 있기에 가정이나 교회, 국가기관에서 지도력을 행사하는 이들을 염두에 뒀을 것입니다. 지도하는 사람은 '부지런함으로in diligence', '열성으로in eagerness' 해야 합니다. 게으름이나 허영심으로 해서는 안 된다는 것이지요(겔 34:2-4 참조).

마지막 일곱 번째는 '긍휼을 베푸는the compassionate' 은사 혹은 '자선을 베푸는showing mercy' 은사입니다. 가난한 이나 병든 이, 감옥에 갇힌 이, 장애인이나 노약자를 돌보고 섬기는 은사를 말합니다. 이런 은사를 받은 사람은 '즐거움으로in cheerfulness' 해야 합니다. 뚱한 표정으로 억지로 해서 안 됩니다.

> 각각 그 마음에 정한 대로 할 것이요 인색함으로나 억지로 하지 말지니 하나님은 즐겨 내는 자를 사랑하시느니라(고후 9:7).

일곱 가지 은사를 주제에 따라서 세 범주로 대별할 수 있습니다.

말하는 은사	① 예언 ② 가르침 ③ 위로 혹은 권면
지도하는 은사	④ 다스림 혹은 지도함
섬기는 은사	⑤ 섬김 ⑥ 구제함 혹은 나누어줌 ⑦ 긍휼 혹은 자선을 베풂

바울이 일곱 가지 은사를 열거하면서 강조하는 요점은 받은 은사를 그리스도의 몸과 이 몸을 이루는 지체들의 '공동선common good'을 위해서 적극적으로 활용하라는 데 있습니다.

다시 말해 예언의 은사를 가진 사람은 믿음의 기준에 따라 열심히 하나님의 계시 말씀을 해석하고 선포해야 합니다. 섬기는 은사를 가졌으면 열심히 섬겨야 합니다. 가르치는 은사를 가졌으면 힘써 가르쳐야 합니다. 권면하는 은사가 있는 사람은 힘써 권면하고, 구제의 은사를 받은 사람은 칭찬받을 생각은 접고 순수한 마음으로 구제에 힘써야 합니다. 지도력의 은사를 가진 사람은 열성적으로 지도해야 합니다. 자선을 베푸는 사람은 억지로 하지 말고 기쁜 마음으로 해야 합니다.

인간은 기본적으로 죄의 본성 때문에 자신이 가진 것에 만족하지 않는 경향이 있습니다. 어떤 일에 은사가 있고 자격을 갖춘 이들은 이 은사를 묵혀 둘 수 있고, 어떤 일에 은사도 없고 자격도 못 갖춘 이는 거꾸로 그 일을 하고자 안간힘을 쓸 때가 있습니다. 그러므로 자신이 하나님께 받은 은사를 잘 분별해서 은사의 성질에 맞게 적극 활용하는 것은 공동체의 안녕과 발전을 위해서 얼마나 중요한지 모릅니다.

아무도 자랑할 수 없나니

본문의 초점이 그리스도인의 냉정하고 객관적 자기평가에 있다면, 그리스도인은 자신을 분수 이상이나 이하로 생각해서 안 됩니다. 과대평가를 하거나 과소평가를 해서 안 됩니다. 먼저 하나님께서 주신 '믿음의 척도'에 따라, 즉 아무 자격도 공로도 없는 우리를 구원해주신 하나님의 '은혜의 척도'에 따라 늘 겸손해야 합니다.

이렇게 '믿음의 척도', 즉 '복음과 그리스도의 척도'에 따라 우리가 하나님의 은혜 때문에 '구원받은 죄인들'이라는 사실을 자각할 때, 교회 안에서 다른 은사들을 가진 이들과 반목하거나 경쟁하지 않고 서로 존중하고 화목할 수 있습니다.

그다음에 자신이 받은 은사를 정확하게 파악해서 그리스도의 몸 된 교회가 생명과 건강을 유지하도록 자기 몫을 열심히 감당하는 것도 냉정한 자기평가를 위해서 긴요합니다. 무엇보다도 은사를 주신 분은 하나님이시기에 아무도 선물로 받은 은사를 자랑하거나 다른 은사를 가진 사람들에게 우월감이나 열등감을 느낄 필요가 없습니다. 그리스도인 모두가 그리스도의 몸을 위해서, 교인들 상호 간의 안녕과 행복을 위해서 각기 해야 할 고유의 기능과 사명이 있을 뿐입니다. 결국 어느 누구도 다양한 은사들을 홀로 독점할 수 없고, 다른 은사를 가진 이들에 대해서 우월감이나 열등감을 가질 필요가 없다는 데 바울 사도의 강조점이 있습니다.

사랑에는 거짓이 없나니
Love Without Hypocrisy

롬 12:9-16

느슨한 '윤리 권고' 묶음?

자신의 몸을 하나님께서 기뻐 받으실, 거룩한, 산 제물로 바치고, 마음을 새롭게 함으로 변화를 받아서 하나님의 선하시고, 기뻐하시고, 온전하신 뜻이 무엇인지를 분별하는 그리스도인은 자신을 냉정하게 잘 평가해서 분수 이상의 생각을 품지 않습니다. 행위나 신분의 척도가 아닌 믿음과 은혜의 척도로 자신을 측정하기에 겸손한 마음을 품게 됩니다. 또한 은사의 다양성이라는 척도로 자신과 동료 교인들을 바라보아서 자신의 은사를 자랑하지 않고 이웃의 은사들을 존중할 수 있기에 교회 공동체의 일치와 평화를 깨지 않습니다.

이제 바울은 12장 9-21절에서 이웃과의 관계에서 우리가 행할 바를 일러줍니다. 일종의 '그리스도인 생활규범'을 제시합니다. 하나님과의 관계가 바로 된 그리스도인은 자신과의 관계와 이웃과의 관계도 자연스레 올바르게 됩니다.

이웃과의 일반 관계에 대한 12장 9-16절과 특히 원수를 어떻게 대해야 하는지를 말씀한 17-21절은 얼핏 논리적으로 서로 연관성이 없는 윤리 경구들을 느슨하게 모아놓은 것처럼 보입니다. 먼저 문체부터가 자세한 부연설명 없이 일련의 짧고 날카로운 명령들을 스타카토staccato 식으로 쏟아놓습니다. 구조나 내용에서도 기승전결이 뚜렷하지 않고 바울의 마음속에 떠오르는 생각들을 무작위로 나열하는 듯이 보입니다.

진정한 사랑은?

그렇다면 9절이야말로 향후 바울이 권고할 윤리지침의 핵심이자 주제라고 할 수 있습니다.

사랑에는 거짓이 없나니 악을 미워하고 선에 속하라.

바울이 고린도전서 13장에서 사랑을 논한 것은 너무나 유명한데, 여기에서도 아주 간결하게 사랑을 기술합니다. "사랑에는 거짓이 없다"고 했지만, 정작 헬라어 성경에는 동사가 없습니다. "헤 아가페 아뉘포크리토스/ἡ ἀγάπη ἀνυπόκριτος." 직역하면 "거짓 없는 사랑sincere love" 혹은 "진정한 사랑genuine love"으로 돼 있습니다. 얼핏 사랑의 속성을 기술하는 것처럼 보이지만 바로 뒤에 "악을 미워하고", "선에 속하라"는 명령법이 잇따르기에 명령형으로 번역해도 무방할 것입니다. 다시 말해 바울의 의도는 사랑의 속성을 기술하는 데 있는 것이 아니라 사랑의 행동을 촉구하는 데 있기에, "거짓 없는 진정한 사랑을 하라"고 의역할 수 있습니다.

'거짓 없는'의 헬라어 '아뉘포크리토스/ἀνυπόκριτος'는 '부정'을 뜻하는 접두어 '안/ἀν'과 '위선'을 뜻하는 '휘포크리테스/ὑποκριτής'가 결합된 형용사이기에 '위선이 없는without hypocrisy' 혹은 '가식이 없는unassumed'의 원뜻이 있습니다.

'위선'을 뜻하는 '휘포크리테스'는 본래 '연극배우play-actor'를 말합니다. 배우는 각본에 따라 마음에도 없는 사랑을 할 수 있기에 위선적일 수 있습니다. 가룻 유다가 예수님을 십자가에 넘겨주고자 입을 맞춘 행위(막 14:45)야말로 거짓 사랑의 전형입니다.

따라서 진정한 사랑은 모든 위선을 벗어던지고 순직한 마음에서 우러나와야 합니다. 하나님께서 예수 그리스도를 통해서 우리를 죄와 죽음에서 건져주신 사랑이야말로 거짓 없는 사랑의 원형일 것입니다. 거짓 없는 진정한 사랑을 촉구하는 것이 바울의 목적이라고 한다면 이후에 전개될 모든 윤리 권고는 이 진정한 사랑이 구체적으로 무엇인가를 설명하는 것에 다름 아닐 것입니다.

이처럼 사랑의 '거짓 없음sincerity'을 강조한 바울은 갑자기 강한 어조로 무엇을 미워하라고 명령합니다. '미워하라'의 헬라어 분사 '아포스투군데스/ἀποστυγοῦντες'는 '극단적으로 혐오하라'(abhor, hate exceedingly)의 의미가 있습니다. 바울이 "사랑하라"는 말을 하다가 순식간에 "미워하라"고 명령하는 것은 어딘가 어색해보이지만, 사랑에 빠지다 보면 선악을 분별하지 못할 정도로 눈이 멀 수 있기에 이 명령은 다분히 의도적입니다.

진정한 사랑은 무엇보다도 악을 강력하게 혐오해야 한다는 것이지요. 사랑을 맹목 감정으로 오해한 나머지 악에 동조할 수도 있기에 바울은 악을 혐오하는 것이야말로 진정한 사랑을 가리는 시금석임을 확신한 것 같습니다.

고린도전서 13장 6절이 사랑은 "불의를 기뻐하지 않고 진리와 함께 기뻐한다"고 말씀한 것처럼, 진정한 사랑에는 정의와 불의, 선과 악에 대한 분별력이 필요하며 언제나 불의와 악을 미워할 수밖에 없다는 것이 바울의 확신입니다.

진정한 사랑을 촉구하면서 먼저 악을 미워하라고 부정형 명령을 하다가 다시 "선에 속하라"고 긍정형 명령을 합니다. '미워하라'는 헬라어만큼이나 '속하라belong to' 혹은 '굳게 잡으라hold fast to' 혹은 '매달리다cling to'의 뜻을 가진 '콜로메노이/κολλώμενοι'라는 단어에도 강력 접착제가 달라붙듯이 '서로 굳게 결합한다'는 의미가 있습니다. 신랑 신부가 한 몸으로 친밀하게 연합하듯이 선에 강력하게 붙들리라는 것이지요.

진정한 사랑은 선악에 대해 무감각한 맹목 감정이 아니라, 악은 강력하게 물리치고 선은 강력하게 붙드는 지혜로운 분별력을 포함합니다. 사랑은 언제나 생명과 진리에 적대적인 것에는 적대적이고, 생명과 진리에 우호적인 것에는 우호적입니다.

그러기에 사랑은 언제나 "네" 혹은 "아멘"만 외치는 것이 아니라, 생명과 진리와 정의에 위배될 경우 "아니오!"라고 외칠 수 있어야 합니다. 다시 말해 악을 사랑하고 선을 저버리면 진정한 사랑이 아니라

는 것이지요. 진정한 사랑은 무엇인가를 올바르게 미워하고 무엇인가
를 올바르게 사랑하는 것입니다.

형제사랑에 헌신하라

10절은 그리스도인들 상호관계에서 필요한 두 가지 미덕을 권고
합니다.

형제를 사랑하여 서로 우애하고 존경하기를 서로 먼저 하며.

여기에서 '형제사랑필라델피아/φιλαδελφία/brotherly love'은 가족들
간의 피붙이 사랑을 말합니다. 바울은 끈끈한 피붙이 사랑 '필라델피
아'를 그리스도인들 상호 간에 '필로스토르고이/φιλόστορ-γοι', 즉 피
붙이에게 절로 이끌려 '뜨겁게 사랑하듯이' 사랑하라고 권면합니다.
교회야말로 피붙이 사랑이 중심을 이루는 가정을 확대해놓은 곳이기
에 '필라델피아'가 자연스레 일어나야 합니다.
    "존경하기를 서로 먼저 하라"는 권고는 경쟁을 부추기는 듯한 인상
을 줍니다. 달리기 선수가 상을 얻으려고 먼저 분투하듯이 쌍방 간의
존경도 "형님 먼저, 아우 먼저" 하듯이 **먼저** 상대방을 공경하라는 것이
지요.

성령의 열심으로 주를 섬기라

11절은 열심을 독려합니다.

부지런하여 게으르지 말고 열심을 품고 주를 섬기라.

'죽음에 이르는 일곱 가지 죄七罪宗' 가운데 네 번째가 '나태'의 죄입니다. 나태는 설거지할 그릇들을 산더미처럼 싱크대에 처박아 놓고 빈둥빈둥 소파에 누워 종일 텔레비전만 시청하는 식의 게으름이 아닙니다. 나태는 그 자체가 '영적 우울증'입니다. 오랜 수도생활이 계속돼도 뚜렷한 진전이 없게 되자 영적으로 무기력해지고 침체되는 것이 나태입니다. 그러므로 나태는 몸만 굼뜨게 되는 것에 그치지 않고, 삶 전체가 의욕과 활력을 잃어 낙심하고 우울해지는 영혼의 질병입니다.

이처럼 게으름은 영적으로 활기를 잃은 까닭에 생기는 것이기에 바울은 게으름에 대한 처방으로 '열심을 품으라'고 권고합니다. 새번역은 더 정확하게 '성령으로 뜨거워진 마음을 가지라'(be ardent in Spirit)고 번역했습니다.

게으름을 떨치고 열심을 품기 위해서 우리는 성령 충만을 받아 마음이 뜨거워져야 합니다. 펄펄 물이 끓는 냄비나 솥처럼 성령의 능력으로 뜨거운 열정을 품어야 합니다. 바울은 뜨거운 열정이 방향을 잘못 잡을 경우 맹목적 광신주의로 흐를 수 있기에 "열심을 품고 **주를 섬기라**"며 이 열정이 주님을 옳게 섬기는 목적으로 가야만 한다는 사실을 분명히 합니다.

세쌍둥이: 소망 → 인내 → 기도

12절은 바울 서신에 이따금씩 등장하는 '세쌍둥이triplet' 표현을 씁니다.

소망 중에 즐거워하며 환난 중에 참으며 기도에 항상 힘쓰며.

바울은 이미 로마서 5장 3-4절에서 '환난' → '인내' → '연단' → '소망'의 연쇄작용을 설파한 적이 있습니다. 그리스도인들이 즐거워할 수 있는 근거는 그리스도의 오심에 대한 소망이 있기 때문입니다. 미래의 소망이 있는 사람은 오늘이 아무리 고달파도 즐거워할 수 있습니다.

하지만 소망은 곧바로 이뤄지지 않고 때때로 숱한 시련과 걸림돌을 만나게 됩니다. 요셉은 소망을 이루기까지 상당한 시련과 역경을 겪어야만 했고, 꽤 오랜 시간을 기다려야만 했습니다. 그러기에 소망 중에 즐거워하는 것은 필연적으로 환난 중에 참는 인내를 수반합니다.

이처럼 '소망'은 필연적으로 '인내'의 미덕을 요구하는데, 소망 중에 즐거워하고 환난 중에 참는 것은 꾸준히 기도에 힘쓰지 않고서는 이뤄질 수 없기에 '소망'과 '인내'와 '기도'는 세쌍둥이처럼 붙어 다녀야 합니다.

안으로 '관후'와 밖으로 '환대'로

13절은 그리스도인들의 '관후generosity'와 '환대hospitality'를 촉구합니다.

성도들의 쓸 것을 공급하며 손 대접하기를 힘쓰라.

먼저 교회 안에 있는 성도들이 물질적으로 궁핍한 것을 보거든 음식이나 옷가지를 나눠주라고 권면합니다. 교회 내부의 성도들을 도우라는 권고를 한 뒤에 바울은 교회 바깥의 손님 대접하기를 힘쓰라고 명령합니다. 내부사역은 언제나 외부사역과 균형을 이뤄야 합니다.

바울이 활동하던 시대에는 여관이나 호텔이 거의 없었을 것입니다. 있더라도 가뭄에 콩 나듯 아주 먼 거리에 뜨문뜨문 떨어져 있었을 것입니다. 그러므로 먼 거리를 여행하는 일은 목숨을 걸 만큼 위중했습니다. 그리스도인들은 이런 여행객들에게 숙식을 제공함으로써 낯선 나그네들을 환대하는 일에 모범을 보여야 했습니다.

바울은 각종 위험에 노출된 나그네들을 자기 집으로 초대해서 환대할 것을 권할 때 '디오콘테스/διώκοντες/pursuing', 즉 '추구하라'는 강한 의미의 동사를 씁니다. 단지 나그네를 환대하라고 말하지 않고, 나그네를 적극 수소문해서 찾아내 대접하라는 것이지요.

박해하는 자를 축복하라

14절은 누가복음 6장 28절의 예수님 말씀을 연상시킵니다.

롬 12:14	너희를 박해하는 자를 축복하라 축복하고 저주하지 말라.
눅 6:28	너희를 저주하는 자를 위하여 축복하며 너희를 모욕하는 자를 위하여 기도하라.

우리를 박해하는 자를 축복하고 저주하지 않는 것이야말로 악을 미워하고 선을 붙드는 진정한 사랑의 표현입니다. 자기를 박해하는 자를 저주하고 보복하고 싶은 것은 인지상정입니다. 설령 직접 보복을 하지 않더라도 마음속으로 원수를 미워한 나머지 온갖 나쁜 일이 일어났으면 좋겠다고 저주하는 것은 아주 흔합니다.

나에게 해를 끼친 원수에게 나쁜 일이 닥치기를 은근히 바라고 실제로 나쁜 일이 일어났을 때 고소해하는 것은 인간의 기본 심리입니다. 그런데 바울은 이런 마음속의 못된 소원까지 원천적으로 차단합니다. 마음으로 저주가 아닌, 축복을 빌라는 것이지요.

축복은 하나님으로부터 오는 선물이기에 박해하는 자를 축복하라는 것은 하나님께 기도하라는 당부에 다름 아닙니다. 나를 힘들게 하는 사람에게 나쁜 일이 일어나기를 바라지 말고 좋은 일이 일어나기를 기도하라는 것이지요. 그리스도인은 '저주언어'를 '축복언어'로 바꿀 줄 아는 사람입니다.

동고동락의 공감

15절은 공감의 미덕을 강조합니다.

즐거워하는 자들과 함께 즐거워하고 우는 자들과 함께 울라.

진정한 사랑은 타인의 기쁨과 슬픔에 눈과 귀와 입을 닫지 않습니다. 무관심하거나 냉담하거나 냉소하지 않습니다. 타인의 기쁨과 슬픔에 민감할 뿐 아니라 어떤 감정이든 이웃의 감정을 그대로 느끼고 나누기를 원합니다. 가까운 친구의 행복은 시기하고 불행은 즐기는 이들이 있습니다. 진정한 그리스도인은 친구의 행복을 함께 기뻐하고 불행을 함께 슬퍼하는 공감의 사람입니다.

일치와 화목

16절은 일치와 화목을 독려합니다.

서로 마음을 같이하며 높은 데 마음을 두지 말고 도리어 낮은 데 처하며 스스로 지혜 있는 체하지 말라.

그리스도인들이 서로 화목하게 지내려면 공동의 사고방식이 필요합니다. 서로 한 마음이 돼야 합니다. 사회적, 경제적, 인종적 지위와 신분이 어떠하든지 간에 모든 사람을 하나님의 형상대로 지음 받은 동등한 동료로서 대해야 합니다.

그리스도인들의 일치와 화목을 가로막는 최고의 장벽은 교만입니다. 그러므로 바울은 무엇보다 겸손을 요구하되 세 가지를 강조합니다. 먼저 높은 데 마음을 두지 말라고 했습니다. 높은 데 마음을 두다 보면 낮은 것을 경시하게 될 뿐 아니라 자기 뜻대로 높아지지 않을 경우 성을 내거나 불평할 수 있습니다. 그 대신에 비천한 사람들과 어울려야 합니다. 예수님은 여덟 차례의 식탁 교제 대부분을 그 시대에 손가락질당하던 비천한 이들과 함께 나눴습니다. 높은 사람보다 비천한 사람을 더 귀하게 여기는 정신이야말로 예수님과 바울의 정신입니다. 그렇다면 높은 데 마음을 두지 않고 낮은 데 처하며 비천한 사람들과 사귈 수 있는 비결은 스스로 지혜 있는 체하지 않는 데 있습니다.

마음을 같이하여 같은 사랑을 가지고 뜻을 합하며 한마음을 품어 아무 일에든지 다툼이나 허영으로 하지 말고 오직 겸손한 마음으로 각각 자기보다 남을 낫게 여기고 각각 자기 일을 돌볼뿐더러 또한 각각 다른 사람들의 일을 돌보아 나의 기쁨을 충만하게 하라(빌 2:2-4).

선으로 악을 이기라!

Overcome Evil With Good!

롬 12:17-21

거짓 없는 사랑은 원수사랑에서

바울은 로마서 12장 9절에서 사랑의 근본 속성을 언급하면서 삶의 구체적 영역에서 이 사랑을 실천할 것을 촉구했습니다. 그 사랑이란 먼저 거짓이 없습니다. 가식과 위선이 없습니다. 게다가 이런 진정한 사랑은 눈먼 맹목 감정이 아니라 지혜로운 분별력을 포함하기에 악을 미워하고 선을 붙들 수밖에 없습니다. 그렇다면 9절 이하의 말씀은 이 진정한 사랑이 삶의 구석구석에서 어떻게 체현돼야만 하는가를 권고한 것에 다름 아닙니다.

10-16절까지가 주로 교회 내부의 신자들 상호 간에 나눠야 할 사랑의 실천을 권고했다면, 17-21절은 그리스도인들이 교회 외부의 비

신자들과 어떤 관계를 맺어야 하는가를 권고한 말씀입니다.

세상 모든 사람들과의 관계 중에서도 특히 우리를 괴롭히는 원수들을 대하는 태도에서 진정한 사랑이 가장 극명하게 드러납니다. 악을 악으로 갚는 것은 진정한 사랑이 아닙니다. 원수에게 앙갚음을 하는 것도 진정한 사랑이 아닙니다. 세상 사람들은 악을 악으로 갚고, 원수에게 과도한 보복을 하려고 혈안이 돼 있을지라도, 그리스도인들은 선으로 악을 이기고 원수 갚는 일을 하나님께 내맡김으로써 세상 사람들과는 구별된다는 사실을 보여줘야 합니다.

본문에서 바울이 가르치는 원수사랑은 산상수훈을 비롯한 4복음서 곳곳에서 강조된 예수님의 가르침과 직결됩니다. 예수님이나 바울 사도는 사역하는 곳곳마다 원수들의 방해와 박해에 직면했습니다. 결국 예수님은 원수들의 손에 넘겨져 십자가에 처형됐고, 바울은 참수형을 당했습니다. 예수님과 바울은 원수들의 증오와 폭력으로 순교를 당했지만 끝까지 원수사랑을 포기하지 않았습니다.

선으로 악을 제압하라

바울이 강조한 원수사랑의 정신은 17절과 21절에 요약됐습니다. 둘 가운데 낀 18-20절은 이 요점을 좀 더 확대해놓은 권고라고 할 수 있습니다.

아무에게도 악을 악으로 갚지 말고 모든 사람 앞에서 선한 일을 도모하라(17절).

다른 윤리 권고와 마찬가지로 이 말씀도 부정형과 긍정형 명령으로 짝을 이룹니다.

부정형 명령		긍정형 명령	
"아무에게도" (anyone)	"악을 악으로 갚지 말라" (Do not repay evil for evil)	"모든 사람 앞에서" (in the sight of all)	"선한 일을 도모하라" (take thought for what is noble)

'아무에게도'와 '모든 사람 앞에서'라는 말은 교회 안에 있는 신자들뿐만 아니라 교회 밖에 있는 세상 사람들 모두를 포괄한다는 윤리의 보편성을 보여줍니다. 그리스도인들은 신자들과 비신자들을 불문하고 악을 악으로 되갚아서는 안 됩니다. 생각이나 말이나 행동으로 악을 악으로 보복해서 안 됩니다.

악을 악으로 되갚는 것은 또 다른 악을 양산해내는 첫 걸음이기에 끊임없는 보복의 악순환으로 이어질 수밖에 없습니다. 그러므로 악의 양산과 보복의 악순환을 차단하려면 악을 악으로 갚는 일, 즉 원수 갚는 일을 포기해야 합니다.

바울은 악을 수동적으로 참아내는 것으로 그칠 것이 아니라 능동적으로 선을 행하라고 명령합니다. 모든 사람이 보기에 선하다고 생각하는 일을 기꺼이 실천하라는 것이지요. 선을 행하지 않고 악을 삼가는 것은 소극적입니다. 마치 자신이 쓰레기를 버리지 않았다는 사실에 만족하면서 남이 버린 쓰레기는 줍지 않으려는 태도와 같습니다.

악에게 지지 말고 선으로 악을 이기라(21절).

이 말씀이야말로 12장의 윤리 권고 전체의 요약이자 거짓 없는 사랑의 절정이라고 할 수 있습니다. 여기에서도 부정형과 긍정형 명령이 짝을 이룹니다.

부정형 명령	긍정형 명령
악에게 지지 말고 (Do not be overcome by evil)	선으로 악을 이기라 (but overcome evil with good)

우리말로는 '지다'와 '이기다'로 번역됐지만, 헬라어로는 부정형 '메 니코/μὴ νικῶ/not overcome'와 긍정형 '니카/νίκα/overcome'로 돼 있습니다. '니카/νίκα'는 군사 용어이기에 '정복하다conquer' 혹은 '제압하다overpower'로도 번역될 수 있습니다. (승리를 뜻하는 이 말에서 그리스 신화의 승리와 정복의 여신 '니케/Νίκη'가 나왔고, 유명한 스포츠업체의 로고 'Nike'가 됐습니다.) 악과의 전쟁에서 패배당하지 말고, 선으로 악을 제압해서 승리를 거두라는 것이지요.

선으로 악을 이기려면?

화목하라

악에게 패배당하지 않고 선으로 악을 이기려면 어떻게 해야 할까요? 18-20절에 구체적 방법이 제시됐습니다.

악에게 지지 않고 선으로 악을 이기려면, 먼저 모든 사람과 더불어 화목해야 합니다. 예수님은 마태복음 5장 9절에서 "화평케 하는 자가 복이 있는데 하나님의 자녀가 되는 복을 얻을 것"이라고 말씀하셨습니다. 예수 정신을 충실하게 계승한 바울 역시 그리스도인들로 하여금 모든 사람들과 화목할 것을 권면합니다.

이웃과 화목하게 지내는 것은 악을 행하는 사람들을 외면하고 도피하는 것이 아닙니다. 설령 나에게 해악을 끼치는 원수에게 똑같은 해악을 끼쳐서 앙갚음을 하지 않겠다고 다짐할지라도, 의도적으로 원수를 피하려고 할 때가 있습니다. 아예 일체의 접촉을 끊으려고 하거나, 어쩌다가 만나더라도 인사나 말을 건네려고 하지 않을 때가 있습니다. 이런 식의 도피는 또 다른 형태의 앙갚음이 될 수 있기에 바울은 이런 소극적 처신으로 화평을 도모하라고 권하지 않습니다. 적극적으로 화목을 추구할 것을 권고합니다.

나에게 해를 끼친 원수라고 할지라도 그를 저주하지 말고 축복하며(14절), 그의 안녕과 행복을 위해 기꺼이 애쓰라는 것이지요. 심지어 나와 평화롭게 지낼 의도가 없는 사람일지라도 그렇게 해야 합니다. 이런 이유로 바울은 "모든 사람과 더불어메타 판톤/μετὰ πάντων/with all" 화평을 도모하라고 말씀합니다. 당연히 이 '모든 사람'에는 화평을 거부하는 고집 사나운 원수까지 포함됩니다. 바울은 화목의 보편성과 필연성을 강조하고자 아예 이중의 단서까지 답니다.

할 수 있거든(개역개정) = 할 수 있는 대로(새번역) = If it is possible(NRSV)
너희로서는(개역개정) = 여러분 쪽에서(새번역) = so far as it depends on you(NRSV)

바울은 이 세상이 화목을 추구하기에 녹록지 않다는 냉엄한 현실을 너무나 잘 알았기에 굳이 이런 이중 조건을 붙인 것입니다. 내 쪽에서는 평화롭게 지내고자 안간힘을 다 쓰지만 상대편은 마음 문을 굳게 잠그고 여전히 원수처럼 지내고자 할 때가 있기 때문에, "할 수 있거든", 즉 "가능한 최대한으로", 상대편이 어떤 태도를 보인다고 할지라도 "내 쪽에서 먼저 손을 내밀어" 적극적으로 화평을 추구하라는 것이지요.

원수 갚는 일은 하나님께

19-20절은 악을 악으로 갚아서 악에게 지지 않고 도리어 선을 행함으로써 악을 이기는 또 다른 구체적 방법을 적시합니다.

> 내 사랑하는 자들아 너희가 친히 원수를 갚지 말고 하나님의 진노하심에 맡기라 기록되었으되 원수 갚는 것이 내게 있으니 내가 갚으리라고 주께서 말씀하시니라(19절).

한 마디로 우리 스스로 원수를 갚으려고 하지 말고 하나님께 맡기라는 권고입니다. 이상하게도 이 말씀을 줄 때 바울은 "내 사랑하는 자들아아가페토이/ἀγαπητοί/beloved"라는 애정 어린 표현을 씁니다. 왜 그럴까요?

바울 자신도 현실적으로 자기를 괴롭히는 원수에게 복수하지 않고 용서하는 일이 너무나 힘들다는 사실을 익히 알고 있었기에 이 곤란한 주문을 할 때 로마 교인들을 "내 사랑하는 자들아" 하고 먼저 다정하게 다독이는 것이 아닐까요? 아니면 칼뱅의 말처럼 원수를 갚고자 날뛰는 격정에 한번 사로잡힌 자들은 쉽게 억제시킬 수 없기에, 그런 맹폭한 이들을 제지시키려는 듯이 이 말을 썼을 수도 있습니다.

어쨌거나 누구나 다 자신이 당한 만큼 보복하려는 인간의 거역할 수 없는 본성을 잘 알고 있었기에 바울은 "내 사랑하는 자들아" 하고 호명하면서 잠시 숨을 고른 뒤, 이 실천하기 어려운 일을 다정하게 권하는 것으로 볼 수 있습니다. 19절 역시 부정형과 긍정형 권고가 짝을 이룹니다.

부정형 명령	긍정형 명령
너희가 친히 원수를 갚지 말고 (Never avenge your-selves).	[원수 갚는 일을] 하나님의 진노하심에 맡기라(but leave room for the wrath of God).

바울은 신명기 32장 35절 말씀을 인용함으로써 원수 갚는 것을 본인이 직접 하지 말고 하나님의 진노에 맡기라는 성서적 근거를 찾습니다.

롬 12:19b	기록되었으되 원수 갚는 것이 내게 있으니 내가 갚으리라고 주께서 말씀하시니라.
신 32:35	그들이 실족할 그때에 내가 보복하리라 그들의 환난 날이 가까우니 그들에게 닥칠 그 일이 속히 오리로다.

악을 묵묵히 참아내다 보면 평생 지울 수 없는 상처를 입을 수 있습니다. 원수는 더욱더 기세가 등등해서 또 다른 악들을 연속으로 저지를 수도 있습니다. 피해자가 보복을 포기할 때 이런 내상을 입을 수 있고, 정작 가해자는 자신의 악행에 대한 사과나 반성, 회개 없이 더욱 기세등등해서 또 다른 악행을 계속 저지를 수 있는 현실을 바울은 너무나 잘 알고 있음에도 왜 이런 권면을 하는 걸까요?

그것은 죄성으로 인한 인간의 연약함과 한계성을 직시했기 때문일 것입니다. 원수에게 벌을 주는 것은 도저히 죄로 가득 찬 인간이 할 영역이 아니라는 것이지요. 인간은 속속들이 죄성으로 물들어 있기에 원수 갚는 일을 스스로 추진하려고 할 경우에 자신도 모르게 여러 가지 과오에 빠질 수 있습니다.

상황의 전모를 정확히 알 수 없음은 물론이고, 자신이 당한 만큼 정밀하고 공정하게 보복하는 일은 거의 불가능합니다. 여러 가지 개인적 악감정에다가 갖가지 편견과 불공정한 심성 때문에 정확무오한 보복과 심판을 가하기에는 역부족입니다. 그러므로 사태를 가장 정확하게 꿰뚫어보시며 가장 공의롭게 심판하실 수 있는 하나님께 원수 보복의 여지room를 맡겨드려야 합니다.

최근에 전직 사법부 수장인 대법원장이 구속되는 초유의 사태를 놓고 볼 때에도 인간의 심판이 얼마나 취약한가를 절실히 깨닫게 됩니다. 그러므로 보복 그 자체가 잘못된 것이 아니라 인간이 공정한 보복과 심판을 도저히 할 수 없다는 비극적 현실이 문제입니다.

보복과 심판은 뿌리 깊은 죄성으로 인해 한 쪽으로 치우친 인간이 해야 할 영역이 아니라 전적으로 공정하신 하나님께 맡겨야 할 사안입니다. 하나님께서 하실 몫을 우리가 차지해서 하려다가는 정작 우리 영혼이 견디지 못하고 스스로 무너질 수 있습니다. 가장 공정하시고 공의로우신 하나님께 재판장 자리를 내어드릴 때 우리는 자유와 평강을 얻을 수 있습니다.

원수에게 선을 베풀라

이제 바울은 원수에 대한 보복금지뿐만 아니라 심판을 하나님께 유보하라는 권고로 그치지 않고, 잠언서 25장 21-22절을 인용해서 원수를 적극 선대할 것을 촉구합니다.

롬 12:20a	네 원수가 주리거든 먹이고 목마르거든 마시게 하라. 그리함으로 네가 숯불을 그 머리에 쌓아 놓으리라.
잠 25:21-22	네 원수가 배고파하거든 음식을 먹이고 목말라하거든 물을 마시게 하라. 그리 하는 것은 핀 숯을 그의 머리에 놓는 것과 일반이요 여호와께서 네게 갚아 주시리라.

원수를 피하고 그 어떤 선행도 베풀지 않는 것은 또 다른 형태의 간접 복수가 될 수 있기에 그리스도인이 취해야 할 태도가 아닙니다. 따라서 그냥 소극적으로 원수 갚는 것을 포기하는 것으로 그칠 것이 아니라, 원수의 안녕과 행복을 위해 적극적으로 선을 실천하는 것이 훨씬 더 효과적으로 악을 제어하는 방법이 됩니다.

원수가 굶주릴 때 먹을 것을 주고 갈증을 느낄 때 마실 음료수를 주라는 것은 원수에게 모든 종류의 친절하고 예의 바른 사랑을 적극 실천하라는 권고입니다. 여기에서 가장 흥미로운 구절이 있습니다.

그리 함으로 네가 숯불을 그 머리에 쌓아 놓으리라(for by doing this

you will heap burning coals on their heads).

원수에게 보복을 하지 않고 도리어 친절과 선행을 베푸는 것이 원수의 머리 위에 숯불을 쌓는 셈이 될 것이라는 비유 말씀인데 해석은 분분합니다.

먼저 뜨겁게 단 숯불을 '수치심shame'으로 해석해서 원수 자신이 가혹한 보복을 당할 줄 알았는데, 외려 용서와 사랑을 받게 되자 수치심을 느껴 화끈거리게 될 것이라고 풀이할 수 있습니다. 이것은 최근 고대 이집트에서 '참회의식Bußritus'의 일환으로써 죄인이 공중 앞에서 참회의 표시로 불타는 숯불을 담은 대야를 머리에 얹는 의식이 있었다는 역사적 사실이 드러남으로써 더욱더 설득력을 얻게 됐습니다. 이처럼 '불타는 숯불'을 '수치심으로 불타는 격통'(the burning pangs of shame)으로 해석해서 피해자의 용서와 사랑으로 말미암아 가해자의 양심이 수치와 회한으로 뜨끔거리게 된다는 해석이 있습니다.

그런가 하면 '숯불'을 '하나님의 진노' 혹은 '파멸'로 풀이해서 피해자의 용서와 선대를 받았지만 가해자가 여전히 회개하지 않을 경우, 불타는 숯불을 머리에 얹듯이 더 큰 진노와 파멸을 자신의 머리에 쌓아 놓는 꼴이 될 것이라는 해석도 있습니다. 원수를 선대했음에도 여전히 뉘우치지 않는다면 피해자의 친절이 그 원수에게 진노의 심판과 파멸을 갑절로 배가시키는 셈이 된다는 것이지요.

원수에게 보복하지 않고 거꾸로 친절을 베풀 경우 수치심을 느껴 회개하거나, 아니면 여전히 완악한 마음이 변치 않을 수도 있기에 이 두 해석은 모두 그럴 듯합니다. 피해자의 친절로 말미암아 가해자의 머리에 쌓은 숯불처럼 양심이 화끈거려 수치심을 느낄 수도 있고, 여전히 회개하지 않아서 숯불을 머리에 이듯이 또 다른 파멸을 자초할 수도 있습니다.

어떤 해석이든지 간에 지금까지 바울의 논조로 볼 때 원수를 사랑하고 보복을 포기하라고 권면한 목적은 원수에게 수치심을 조장하거나 더 큰 파멸에 경종을 울리기 위함이라기보다는 원수에게도 조건 없는 사랑, 즉 거짓 없는 사랑을 보이라는 교훈에 있습니다.

악과 싸워서 이기는 길

악을 악으로 갚는 것은 악과의 전쟁에서 지는 것입니다. 악을 악으로 갚으면 원수가 이깁니다. 우주에 도사린 악(the evil, 신학자 폴 틸리히에 의하면 '魔性的인 것'/'the demonic')의 세력은 영적 실체이며, 악을 저지르는 사람과는 구별돼야 합니다. 악행자를 제거한다고 해서 악 그 자체가 완전히 섬멸되는 것은 아닙니다. 악을 제거한다는 명목으로 악행자를 제거하려고 할 때, 외려 악이라는 근원적 힘에 볼모로 잡힐 수 있습니다. 악을 악으로 갚으려고 하다가는 우리 역시 또 다른 악행자로 전락할 수 있습니다.

증오와 폭력을 똑같은 증오와 폭력으로 되갚지 않고 용서와 사랑으로 대응할 때 우리는 자신도 모르게 빠져들 수 있는 악의 증식과 확산을 차단할 수 있습니다. 악을 악으로 갚고자 할 때 또 다른 악이 파생되고 배가돼 보복의 악순환은 끝이 없게 될 것입니다. 그러므로 악을 악으로 갚고 우리 힘으로 원수를 보복하려는 행위는 첫 번째 악에다가 또 다른 악을 덧붙인 나머지 결국 언제 끝날 줄 모르는 악의 증식과 확산에 기여하는 꼴이 되고 말 것입니다.

오직 선으로 악을 되갚아줄 경우에만 악의 수는 줄어들고 선의 수는 늘어날 것입니다. 예수님이 걸어가신 십자가의 길이야말로 악을 악으로 되갚지 않고 선으로 악을 이긴 승리의 길이기에 우리 역시 그 길을 따라가야 마땅할 것입니다.

서른여덟 번째 마디

복종과 저항
Submission and Resistance

롬 13:1-2

활보하는 범법자들은 누가?

본문은 '교회'와 '국가'의 관계, 즉 '종교'와 '정치'의 관계를 논할 때마다 자주 인용됩니다. 무엇보다도 모든 권세는 하나님께로부터 오기에 권세를 거역하는 사람은 곧 하나님을 거역하는 것이라는 주장 때문에 신학적으로나 정치적으로 가장 많은 오해와 악용을 불러온 구절로도 유명합니다.

예컨대 아돌프 히틀러의 나치Nazi 정권이나 무솔리니의 파쇼Fascio 정권도 하나님이 주신 권세들이며, 나치나 파쇼에 저항하는 것이 곧 하나님께 저항하는 것인가 하는 물음이 대두됩니다. 실제로 지난 2천 년 동안 대중을 폭압으로 다스린 전체주의와 군사독재 정권이

202 | 제7부_ 이웃과 세상을 향한 그리스도인의 윤리

자신의 권력을 정당화하고 민중의 저항을 무마하기 위해서 자주 끌어들인 성구가 로마서 13장 1-7절입니다. 그러므로 과연 바울이 어떤 의도로 이토록 논란거리가 된 주장을 했는지 살펴보지 않을 수 없습니다.

12장 9-21절이 엉성하게 연결된 일련의 윤리 권고문이라고 한다면, 13장 1-7절은 '공권력에 대한 복종'이라는 일관된 주제를 바울 특유의 논리적 정밀성을 바탕으로 논증한 말씀입니다.

바울은 바로 앞에서 원수 갚는 일을 사람이 하지 말고 하나님께 맡기라고 했습니다. 문제는 우리가 정당한 보복을 포기할 경우 잘못을 저지른 범법자들이 제대로 된 징벌을 받지 않은 채 마구 거리를 활보할 수 있다는 현실에 있습니다. 원수에 대한 최종 심판은 하나님께 맡기더라도 인간 편에서 어느 정도 정의와 질서를 바로잡지 않을 때에는 세상이 뒤죽박죽 혼란스러워 선교 자체가 불가능해질 수도 있습니다.

이런 이유로 바울은 지상에 합법적으로 세워진 국가와 정부의 공권력이 하나님을 대신해 세상의 정의와 질서를 바로잡아 준다고 믿었습니다. 그리스도인이 천국 시민이 됐다고 해서 지상 시민으로서의 대(對) 국가적 책임과 의무까지 저버려서는 안 되기에 바울은 교회가 국가 공권력에 어떤 태도를 견지해야 하는가를 가르칠 필요를 느꼈던 것입니다.

우열관계에서 발생하는 '권위'

먼저 바울은 그리스도인들을 포함한 모든 사람들에게 공권력에 순복할 것을 당부합니다.

각 사람은 위에 있는 권세들에게 복종하라(1a절).

여기 '각 사람'은 그리스도인을 포함한 '모든 사람every person'을 말합니다. 바울은 시간과 장소를 초월해 세계만방에 흩어져 사는 만민에게 "권세들에게 복종하라"고 보편명령을 내립니다.

그렇다면 '권세들'은 정확히 무엇을 말할까요? 헬라어 '엑수시아이스/ἐξουσίαις'는 '엑수시아/ἐξουσία'의 복수로 '권위들authorities'을 의미합니다. '권위들' 혹은 '권력들'로 풀이될 수 있지만, 우리말 성경처럼 '권세들'로 번역해도 무방할 것입니다. 영영사전은 'authority권위'를 크게 두 가지 의미로 정의합니다.

Authority권위
① the right to command and control other people(다른 사람들을 명령하거나 통제할 수 있는 권리).
② people who have the power to make decisions and to make sure that laws are obeyed(결정을 내릴 수 있고, 법이 지켜지는지를 확인하는 권력을 가진 사람들).

이처럼 '권위'는 추상적 의미로 다른 사람들을 통솔하는 **힘**이나 **권리**를 의미할 수도 있고, 실질적으로 이 권위를 행사하는 **사람들**을 지칭할 수도 있습니다. 그렇다면 권위는 언제나 '우열superior-inferior'

혹은 '상하upper-lower' 관계에서 발생합니다. 예컨대 한 회사에서 부장의 위치에 있는 사람은 밑에 있는 부하직원들에게 권위를 행사할 수 있습니다. 부장은 과장에게 명령을 내릴 수 있는 합법적 권위를 부여받았기에 과장은 부장의 명령에 순종해야 할 의무가 있습니다.

권위에는 '합법적 권위de jure authority'와 '실질적 권위de facto authority'가 있습니다. 가령 어떤 교사가 교육청의 발령을 받아 한 학교에서 근무를 시작할 경우 학생들에게 합법적 권위를 행사할 수 있습니다. 교사가 학생들에게 과제를 해오라고 명령하거나 시험을 치르라고 지시할 경우 학생들은 교사가 교육부로부터 부여받은 합법적 권위 때문에 순종하지 않을 수 없습니다.

그러나 합법적으로 권위를 부여받았다고 해서 실질적 권위까지 저절로 발생하는 것은 아닙니다. 예컨대 선생이 제자보다 지식이나 가르치는 능력이 현격하게 떨어진다면, 게다가 인격이나 도덕성마저 제자에 미치지 못한다면, 실질적 권위는 땅바닥에 떨어지게 됩니다. 교사가 학생보다 실력이나 인격이나 도덕성 모든 분야에서 월등하지 않을 경우, 아무리 합법적 권위를 부여받았다고 해도 학생이 해당 교사를 인격적으로 존경하거나 명령에 순종하는 일이 현저히 줄어들 수 있다는 것이지요.

이처럼 권위 문제를 말할 때 중요한 것은 합법적으로든지, 아니면 실질적으로든지 간에 우열관계 때문에 명령하는 쪽과 순종하는 쪽 사이의 위계질서 안에서 권위 관계가 발생한다는 사실입니다.

몸이 아파 병원에 간 환자는 의사가 적어도 특정 의학 전문분야의 지식이나 치료와 처방에 관한 한 환자보다 우월한 권위자이기에 의사의 말에 순종할 수밖에 없습니다. 자동차가 고장 나서 정비공장에 고

치러 간 사람도 정비사가 적어도 자동차에 관한 한 지식이나 기술에 있어서 월등한 권위자이기에 그의 말에 순종하게 됩니다.

'합법적 권위'의 경우 상사가 법적으로 부하직원보다 높은 위치에 임명을 받았기에 부하는 상사의 지시나 명령에 순종할 수밖에 없습니다. 하지만 아무리 합법적 상사로 임명을 받았다고 할지라도 지식이나 업무능력, 인격이나 도덕성이 부하들보다 월등하지 못할 경우, 부하 쪽에서 상사를 인격적으로 **존경**하거나 명령에 **순종**할 마음이 사라지기에 '실질적 권위'가 약화됩니다.

합법적 권위든, 실질적 권위든지 간에 이처럼 지식이나 실력이나 인격, 도덕성 제반 영역에서 높은 위치에 있는 자가 낮은 위치에 있는 자에게 권위를 행사할 수 있다는 사실에서 권위는 철저히 위계질서hierarchy 안에서 발생한다는 사실이 중요합니다.

우열과 상하관계에 기초한 위계질서의 파리미드를 놓고 볼 때 일국의 군주는 권위의 최정점에 서 있습니다. 그러기에 바울이 말하는 '권세들'은 로마 황제를 비롯해 국민을 통치할 수 있는 합법적 공권력을 가진 모든 위정자들을 지칭한다고 볼 수 있습니다. 이처럼 권력 사다리의 위에 있는 사람들이 아랫사람들에게 명령을 내리거나 통제할 권세를 부여받기에 바울이 '권세들'을 말할 때, '위에 있는휘페렉쿠사이스/ὑπερεχούσαις/to superior/governing'이라는 비교급 부사구를 덧붙인 것은 당연합니다. 우리말 성경은 '위에 있는 권세들'로 번역했는데, 바울의 의도는 공권력, 즉 합법적 권세를 소유하거나 행사할 수 있는 최고의 '통치권자들rulers'을 지칭하고자 '엑수시아스 휘페렉쿠사이스/ἐξουσίαις ὑπερεχούσαις'라는 말을 사용한 것입니다.

모든 권세는 하나님으로부터 오나니

바울은 로마 황제와 같은 최고의 권세를 가진 통치권자들에게 모든 사람이 순복해야 한다고 가르칩니다. 우리말 '복종하다'의 그리스어 '휘포탓세스토/ὑποτασσέσθω'는 단순히 '순종하라obey'는 뜻 그 이상의 '순복하라submit/subject to'는 의미가 있습니다. 자신보다 높은 위치에 있는 통치자들의 권세를 인정하고, 신하가 임금에게 하듯이 순복하라는 뜻입니다. 그렇다면 모든 사람이 공권력을 가진 통치자들에게 순복해야 할 이유는 무엇입니까?

> [모든] 권세는 하나님으로부터 나지 않음이 없나니 모든 권세는 다 하나님께서 정하신 바라(1b절).

그리스 원어 성경에 "어떤 권세도 하나님으로부터 오지 않은 권세가 없다"(there is no authority except from God)로 돼 있기에 우리말 개역성경의 '권세' 앞에 '모든'이라는 말을 덧붙여야 더 정확할 것입니다.

역사적이고 경험적으로 볼 때 한 나라의 최고 통치권자, 즉 황제나 왕은 다양한 경로를 거쳐서 권좌에 오릅니다. 예컨대 부왕에게서 왕좌를 유전적으로 상속받을 수도 있고, 무력을 사용해서 찬탈하는 경우도 있고, 국민 대중의 지지를 받아 민주적으로 권좌에 오를 수도 있습니다. 어떤 경로를 거쳐서 최고 통치권자들이 됐든지 간에 바울은 이 권세자들의 배후에 하나님이 계시다는 확신을 가졌습니다. 그 어떤 공권력도 하나님이 세우시지 않은 것이 없다는 신학적 확신이지요.

마치 우리나라의 헌법 제1조 제2항이 "모든 권력은 국민으로부터 나온다"고 주장하듯이, 바울은 왕권신수설王權神授說/the theory of the Divine Right of Kings에 버금갈 정도로 "모든 권력은 하나님으로부터 나온다"고 주장합니다. 1절 끄트머리에서는 현존하는 권세들까지도 하나님으로부터 왔다고 주장합니다.

> 이미 있는 권세들도 하나님께서 세워주신 것입니다(1c절, 새번역).
> and those authorities that exist have been instituted by God(NRSV).

지금 존재하는 권세들을 비롯해서 과거에 존재했고, 앞으로 존재할 일체의 공권력이 하나님으로부터 온 것이기에 바울은 2절에서 굉장히 논란이 될 수 있는 신학적 주장을 합니다.

> 그러므로 권세를 거스르는 자는 하나님의 명을 거스름이니 거스르는 자들은 심판을 자취(自取)하리라.

모든 권력이 하나님으로부터 왔기에 어떤 권력이든지 간에 권력 자체를 거역하는 것은 곧 그 권력을 주신 하나님을 거역하는 것이라는 논리입니다. 그뿐만 아니라 국가 공권력에 저항하는 자는 심판을 자초하게 된다는 경고까지 덧붙입니다. 여기에서 '심판크리마/κρίμα/judgement/condemnation'이 통치권자들에 의한 지상에서의 형벌을 의미하는 것인지, 아니면 종말론적으로 일어날 하나님의 최후 심판인지에 대해서는 해석이 분분합니다.

3-5절이 국가 공권력의 경찰권과 사법권 기능, 즉 선한 일을 하는 시민에게는 칭찬과 보상을 주고, 악한 일을 저지른 시민에게는 비난

과 형벌을 가한다고 말씀하는 것으로 볼 때, 여기에서의 심판은 지상 통치자들이 내리는 형벌로 보는 것이 좀 더 설득력이 있을 것 같습니다. 이제 1-2절을 정리하면 다음과 같습니다.

① 그리스도인들을 포함한 모든 시민들에게 주는 **일반 명령**	위에 있는 [모든] 권세들에게 순복하라.
② 순복의 **이유**	모든 권세는 하나님께로부터 온 것이며, 이미 있는 권세들도 하나님께서 세워주신 것들이기 때문이다.
③ 권세들을 거역할 때 발생하는 **결과**	그러므로 권세들을 거역하는 것은 곧 하나님이 세우신 것들을 거역하는 것이다. 권세를 거역하는 사람은 심판을 받게 될 것이다.

순복할 때와 저항할 때

일찍이 1-2절 만큼 신학적으로나 정치적으로 악용된 구절이 없기에 바울의 진정한 의중을 따져보지 않을 수 없습니다. 국민을 억압하는 독재자가 자신이 누리는 권력을 정당화하기 위해 정치 이론가들이나 성직자들을 사주하여 자주 끌어들이는 성구이기에 다음과 같은 질문들을 제기할 수 있습니다.

과연 국민을 억압하고 학살하는 전체주의 독재 정권도 하나님으로부터 온 것일까?

히틀러의 나치 정권이나 무솔리니의 파시즘도 하나님으로부터 왔기에 이들의 통치권에 저항하는 것은 곧 하나님을 거슬리는 것이며, 이들을 거역할 때 당하는 보복형벌이 하나님이 용인하시는 정당한 심판일까?

이런 유類의 질문에 답하기 전에 먼저 2천 년 전 바울이 처한 정치 역사적 상황을 살펴볼 필요가 있습니다. 바울은 지금과 같이 민초가 주인이 된 민주주의 시대에 활동한 사람이 아닙니다. 로마 황제의 말 한마디에 사람의 목숨이 왔다 갔다 하고, 정부 공권력이 기독교에 우호적인가 비우호적인가에 따라서 포교의 자유가 결정된 전제군주 시대에 사역했습니다.

그러므로 복음을 효과적으로 전파하기 위해서 일차적으로 황제를 비롯한 통수권자들의 이해와 용인, 협조가 절대적으로 필요했습니다. 이런 의미에서 바울은 비록 사악한 권력자들이라고 할지라도 그들을 저항해서 국가질서를 전복시키거나 무정부주의를 초래할 수 있는 입장이 아니었습니다. 어디까지나 질서가 잡힌 안정된 국가 체제 안에서 합법적 포교활동을 해야 한다는 것이 바울의 기본 신념이었던 것입니다.

무엇보다도 원수 갚는 일을 하나님께 맡긴다고 해서 세상에서 악행을 저지르는 자들이 그 어떤 응벌이나 제재도 받지 않고 활개를 치며 무법천지를 만들 수 있기에 바울은 통치권자들을 하나님을 대신해서 정의 질서를 확립해줄 하나님이 세우신 '일꾼들디아코노스/διάκονός/minister/servant, 4절'로 볼 필요가 있었던 것입니다.

원수 갚는 것을 하나님께 맡긴다고 해서 살인자, 강도, 사기꾼 등등의 범법자들이 국가 질서를 뒤흔들어 사회 전체를 혼란으로 몰아넣는다면 아예 선교 자체가 불가능하기에 하나님께서 하나님을 대리해서 정의를 집행하고 질서를 유지할 통수권자들을 세우신다는 논리지요.

그렇다면 국민을 억압하고 살상하는 악한 권세자들에게도 순복해야 할까요? 이 질문에 답하기 위해서 앞에서 말씀드린 권위의 위계질서를 생각해봐야 합니다. 황제가 제아무리 최고의 권세를 갖고 있어서 권세 사다리의 최정점에 서 있다고 할지라도, 어디까지나 이 권세를 주신 분은 하나님이십니다. 그러기에 하나님은 인간과 천사의 권위를 포함한 모든 권위의 원천source이실 뿐만 아니라, 지식이나 실력이나 인격이나 도덕성 제분야에서 감히 인간이나 영계의 세력들이 필적할 수 없는 최고의 위치에 계신, 권위 그 자체이신 까닭에 세상 임금조차도 하나님의 권위에 순복할 수밖에 없습니다.

어떤 경우에는 사악한 임금조차도 하나님의 심부름꾼으로 사용된 적이 있습니다. 대표적인 경우가 바벨론 제국의 느부갓네살 왕이 사악했지만 범죄한 유다 백성을 징치하기 위한 도구로 사용된 일입니다(렘 51:20-23 참조). 유다 백성을 심판할 때 느부갓네살이 부여받은 권세는 하나님으로부터 왔기에 왕 자신의 선악과 상관없이 그가 받은 권세는 일시적으로 선한 도구로 쓰임을 받았습니다.

이런 맥락에서 통치권자들이 휘두르는 권세들은 모두가 하나님께로부터 왔지만, 이 권세를 주신 분이 하나님이라는 사실을 망각한 채 권세를 주신 하나님의 목적과 뜻에 합치해서 권세를 사용하지 않을 때에는 하나님께서 권세를 철회하실 수 있을 뿐 아니라, 시민들도 저항할 수 있습니다. 예수님 자신도 공권력의 폭력에 희생당하신 분이었지만 자신을 심문하는 빌라도 총독에게 유명한 말씀을 하셨습니다.

예수께서 대답하시되 위에서 주지 아니하셨더라면 나를 해할 권한이 없었으리니 그러므로 나를 네게 넘겨 준 자의 죄는 더 크다 하시니라(요 19:11).

빌라도가 죄인을 심문하고 사형언도를 내릴 수 있는 권세는 하나님으로부터 왔지만, 빌라도는 하나님이 주신 권세를 악용했습니다. 지상에서 하나님을 대신해서 하나님의 공의를 집행해야 할 통치권자들이 권세를 주신 하나님을 망각하고 스스로를 권세의 저자요 소유주로 착각한 나머지 권세를 주신 하나님의 목적과 뜻을 무시하고 자기권력에 도취돼 공권력을 악용하고 남용할 경우, 그가 휘두른 **권력** 그자체는 하나님께로부터 왔지만 **권력자**가 그 권력을 그릇되게 사용했음으로 인해 탄핵을 받아야 마땅합니다.

"칼을 차고" 경찰권과 사법권으로 무장한 통치권자들의 기본 임무가 착한 일을 하는 이에게 상을 주고 나쁜 일을 하는 자에게 벌을 주는 것인데, 거꾸로 나쁜 일을 하는 자에게 상을 주고 좋은 일을 하는 이에게 벌을 준다면 그런 권력자에게는 저항할 수 있습니다.

예컨대 출애굽기 1장을 보면 이집트 왕이 '십브라'와 '부아'라는 히브리 산파에게 히브리 여인이 사내아이를 낳으면 무조건 죽이라고 명령했지만, 그 명령이 하나님의 뜻에 어긋났기에 산파들은 저항하고 불복했습니다. 사도행전 5장 29절이 연상됩니다.

베드로와 사도들이 대답하여 이르되 사람보다 하나님께 순종하는 것이 마땅하니라.

바로의 권세 자체는 하나님으로부터 왔지만, 바로가 그 권세를 주신 하나님의 목적과 뜻에 맞지 않게 권세를 악용했기에 히브리 산파들은 사람보다 하나님께 더 순종하고자 통치권자에게 저항했던 것이지요.

이처럼 권세자들이 누리는 권세는 하나님이 하나님을 대신해서 국가 정의와 질서를 바로 세우라고 주신 선물인데, 권세의 최종 수여자이신 하나님을 무시하고 권세를 부여하신 하나님의 뜻과 어긋나게 사용할 경우에는 저항할 수 있다는 사실이 성경 곳곳에서 입증됩니다.

모든 권세가 하나님께로부터 왔기에 그리스도인들을 비롯한 모든 시민은 이 권세에 순복하는 것이 옳으며, 그런 공의로운 권세를 거역하는 것은 곧 하나님을 거역하는 것이 되고 심판을 자초하게 될 것이라는 것이 바울의 기본 확신입니다. 하지만 자신의 권세가 하나님께로부터 왔다는 사실을 인정하지 않거나, 설령 인정하더라도 권세를 주신 하나님의 뜻을 거역하는 폭군에게는 저항할 수 있습니다.

그러므로 바울이 모든 권세들이 하나님께로부터 온 것이기에 그 권세들에 순복하라고 권고할 때의 **대전제**는 어디까지나 그 권세들이 하나님의 뜻을 공의롭게 집행해서 국가질서를 바로 세우는 '선한, 신적 권세들good and divine authorities'이라는 사실에 있습니다.

칼을 찬 하나님의 사역자

God's Servant Bearing the Sword

롬 13:3-7

권세의 수여자이신 하나님

가정과 교회와 국가는 하나님이 세워주신 기관들입니다. 이 세 기관이 세워주신 하나님의 뜻에 맞게 움직이기 위해서 구성원들이 갖춰야 할 가장 중요한 미덕은 순종입니다. 그러기에 바울은 에베소서 5장 21-24절에서 가정과 교회에서 순종이 얼마나 중요한가를 가르칩니다.

그리스도를 경외함으로 피차 복종하라 아내들이여 자기 남편에게 복종하기를 주께 하듯 하라 이는 남편이 아내의 머리 됨이 그리스도께서 교회의 머리 됨과 같음이니 그가 바로 몸의 구주시니라 그러므로

교회가 그리스도에게 하듯 아내들도 범사에 자기 남편에게 복종할지
니라.

교회에서 교인들은 교회의 머리이신 그리스도께 순종해야 하고,
가정에서 아내는 가정의 머리인 남편에게 순종하라는 것이지요.
가정과 교회를 확대해놓은 기관이 국가라고 한다면 국가가 유지되는
데에도 여전히 순종의 미덕은 긴요합니다.

너는 그들로 하여금 통치자들과 권세 잡은 자들에게 복종하며 순종하
며 모든 선한 일 행하기를 준비하게 하며(딛 3:1).

바울뿐만 아니라 베드로 역시 위에 있는 통치자들에게 복종할
것을 그리스도인들에게 권고합니다.

인간의 모든 제도를 주를 위하여 순종하되 혹은 위에 있는 왕이나 혹
은 그가 악행하는 자를 징벌하고 선행하는 자를 포상하기 위하여 보
낸 총독에게 하라(벧전 2:13-14).

이처럼 초대교회 지도자들은 국가와 정부의 통치자들에게 순종할
것을 요구합니다. 그것은 통치자들의 권세가 하나님이 주신 선물이라
는 신학적 확신 때문입니다. 권세가 하나님이 통치자들에게 주신 '선
물'이라는 주장은 다시금 통치자들이 하나님이 쓰시는 '사역자들'이라
는 주장과 맞물려 바울의 '권세론theory of authority'의 핵심을 이룹
니다.

'이신칭의'가 인간의 여하한 행위나 공로도 자랑하지 못하도록 쐐기를 박는 것처럼, 지상 최고의 군주들이 휘두르는 권세도 하나님이 국가 정의와 질서를 세우는 데 바로 쓰라고 주신 선물이기에 군주들이 자기 것인 양 뻐기거나 자랑할 수 없게 만듭니다. 그 어떤 권세도 하나님으로부터 오지 않은 것이 없기에 권세자들은 권세를 주신 하나님께 겸손히 감사와 영광을 돌려야 할 뿐 아니라 주신 분의 취지와 목적에 걸맞게 올바르게 사용해야 합니다.

그 어떤 권세자들이든지 간에 자신이 휘두르는 권세가 권세의 원천이요 권세 그 자체이신 하나님으로부터 왔다는 사실을 망각하고, 권세를 주신 하나님의 뜻에 맞게 사용하지 않을 경우 수여자이신 하나님은 수취자인 권세자들에게서 권세를 탈취하실 것입니다.

물론 바울은 일곱 구절밖에 되지 않는 짧은 문장으로 복잡하고 포괄적인 기독교 국가론이나 정치신학을 서술할 수는 없었습니다. 그러므로 사악한 압제자들이 휘두르는 불의한 공권력에 대한 문제나 예수님이나 바울 자신, 장차 수많은 그리스도인들이 부당한 공권력의 희생자들이 됐고 또 될 경우에 과연 어떻게 대응해야 하는가의 문제를 다루지 않습니다.

특히 주후 54년에 네로 황제가 집권한 다음부터 기독교인들에게 불어 닥칠 대대적인 박해를 고려할 때 그리스도인들이 복음을 전하다가 부당한 공권력과 충돌할 때 어떻게 해야만 하는지의 문제는 바울이 충분히 논하지 않습니다.

통치자를 두려워하지 않으려면?

이런 한계에도 불구하고 바울은 국가가 지닌 공권력과 이 공권력을 집행하는 통치권자의 신학적 의미를 촌철살인의 기지로 깔끔히 정리해줍니다. 바울이 이해한 공권력과 통치권자의 신학적 의미의 핵심은 두 가지입니다.

① 모든 권세는 하나님께로부터 온다.
② 권세자들은 하나님을 대신해서 지상에서 정의와 질서를 세우는 하나님의 사역자들이다.

이제 3-4절은 그리스도인들을 비롯한 모든 시민이 권세자들에게 순복하는 것이 왜 지혜로운지를 설명하면서 두 번째 주장을 내세웁니다.

> 다스리는 자들은 선한 일에 대하여 두려움이 되지 않고 악한 일에 대하여 되나니 네가 권세를 두려워하지 아니하려느냐 선을 행하라 그리하면 그에게 칭찬을 받으리라(3절).

하나님으로부터 공권력을 부여받은 통치자들이 하는 두 가지 기본 기능에 대한 언급이지요. 먼저 부정적이고 소극적 기능이 있는데, 악한 일을 저지르는 범법자들에게 두려움을 줘서 징벌하는 일입니다. 그렇다면 선한 일을 하는 사람들을 칭찬하고 보상하는 것은 긍정적이고 적극적 기능일 것입니다.

국가 공권력을 두려워하지 않는 방법은 간단합니다. 로마서 12장 9절의 말씀 그대로 "악을 미워하고 선에 속하면" 됩니다. 통치자들이 하나님이 주신 권세를 하나님을 대신해서 공정하고 공의롭게 집행하는 한, 그들의 권세에 순종하는 시민은 그들을 두려워할 필요가 전혀 없습니다. 악행을 저지르는 범법자들만이 통치권자들을 무서워해야 합니다.

시속 100킬로미터의 제한속도로 고속도로 주행을 해야 한다는 규칙을 지키는 운전자는 교통순경을 두려워할 필요가 없습니다. 하지만 120킬로로 과속하는 운전자는 자주 백미러를 확인해야 하는 등 불안한 상태에서 운전해야 마땅합니다.

바울이 활동했던 로마 시대로부터 오늘에 이르기까지 동서고금을 막론하고 국가 정부는 언제나 '상선벌악賞善罰惡'의 원칙에 의거해 각종 선을 장려하고 각종 악을 배격하기 마련입니다. 그리하여 다양한 포상제도와 다양한 징벌제도를 아예 국가시책으로 확정합니다. 이렇게 정책적으로 권선징악勸善懲惡을 해야지만 사회정의가 구현되고, 윤리생태계가 건전해져서 태평성대를 이룰 수 있기 때문입니다.

그러므로 한 통치권자가 하나님이 주신 권세를 바르게 집행하는가를 판단하는 아주 중요한 잣대criterion는 선량한 시민을 상주고 불량한 시민을 벌주는가의 여부에 달려 있습니다. 만일 정부가 착한 사람을 벌주고, 나쁜 사람을 상 준다면 하나님의 뜻에 어긋나게 통치권을 행사한다는 증거가 된다는 말입니다. 다시 말해 사람들이 밥 먹듯이 범법행위를 일삼으면서도 국가 공권력을 두려워하지 않고, 거꾸로 바르고 착한 일을 하면서도 통치권자들을 두려워하는 사회가 된다면, 그런 사회는 본말이 전도된 사회라는 것이지요.

바로 이 점에 있어서 통치권자는 로마서 13장이 말씀하는 '하나님의 공복'이 될 가능성과 함께, 요한계시록 13장이 말씀하는 '사탄의 하수'가 될 가능성을 동시에 떠안고 있다고 할 수 있습니다.

통치자 = 하나님의 심부름꾼

바울은 통치권자의 순기능을 4절에서 또 한 차례 강조합니다.

그는 하나님의 사역자가 되어 네게 선을 베푸는 자니라 그러나 네가
악을 행하거든 두려워하라 그가 공연히 칼을 가지지 아니하였으니 곧
하나님의 사역자가 되어 악을 행하는 자에게 진노하심을 따라 보응하
는 자니라.

바울은 통치권자의 기본 '선성goodness'을 '하나님의 사역자테우 디
아코노스/θεοῦ διάκονός/God's servant'라는 말로 표현합니다. 통치자들
이 하나님이 세우신 일꾼들이요, 심부름꾼들이라는 것이지요. 그렇다
면 지상에서 하나님을 대신해서 정의와 질서를 바로잡기 위해 '하나님
의 사역자'로 세움받은 통치자의 가장 기본적인 1차 목적은 모든 시민
의 '유익을 위해서에이스 토 아가톤/εἰς τὸ ἀγαθόν/for the good', 즉 '선을
베풀기 위해서' 권세를 행사하는 일입니다. 통치권자는 시민을 '두려
움포보스/φόβος/fear', 더 정확하게 '테러terror'에 떨게 할 목적으로 세
움 받은 일꾼이 아닙니다. 모든 시민이 평안히 잘 살게 하도록 하나님
이 세우신 일꾼입니다! 이처럼 하나님의 사역자로서의 통치권자의 긍
정적이고 적극적 기능을 먼저 언급한 뒤, 바울은 또 한 차례 '하나님의
사역자'라는 표현을 통해서 부정적이고 소극적 기능을 언급합니다.

나쁜 일을 저지르는 사람은 통치권자를 두려워해야 합니다. 왜냐하면 그가 '칼'을 차고 있기 때문입니다! 여기에서 '칼텐 마카이란/τὴν μά-χαιραν/ius gladii/the sword/Schwertrecht'은 권세자들이 갖는 경찰권이나 사법권 혹은 군권을 상징할 것입니다. 극단적 경우에는 범죄자를 사형에 처할 수 있는 무력사용권을 말합니다. 물론 바울이 상세히 부연설명을 하지 않았기에 조심스럽지만, '칼'을 말할 때 통치권자가 하나님을 대신해서 사형집행권을 갖고 있다고 확대해석할 근거가 될 수도 있습니다. 이런 이유로 사형제의 존치를 인정하는 칼뱅은 중죄를 지은 죄인을 사형에 처하는 것이 잘못됐다고 주장하는 사람은 "하나님을 상대로 싸우는 것"과 같다고 주장합니다.

바울은 통치권자가 이런 무시무시한 칼을 '우 에이케/οὐ εἰκῆ/not in vain', 즉 '공연히' 혹은 '헛되이' 차고 있지 않다며, 합법적인 무력사용권을 소유하고 있다는 사실을 경고합니다. 확실히 바울은 '이상주의자'가 아닌, '정치적 현실주의자political realist'였습니다! 정의와 질서가 구현되는 법치국가를 이루기 위해 때로 무력사용Gewaltanwendung이 불가피하다는 사실을 잘 알았던 것이지요. 이런 까닭에 바울은 4절 말미에서 통치자가 악행을 저지르는 범법자에게 하나님의 진노를 대신 집행하는 '하나님의 사역자'라고 주장합니다.

그리스도인 개인이 악을 악으로 갚으면 안 되지만, 개인과 달리 국가 공권력은 어쩔 수 없이 악을 악으로 갚아서 범법자에게 하나님의 진노를 대신 집행하는 하나님의 대리인 역할을 떠맡고 사회 정의와 질서를 바로 세워야만 합니다. 하나님은 사적인 복수가 아닌, '칼'이라는 공권력의 사법 정의를 통해서 악을 제어하기 원하십니다. 따라서 최악의 정부라고 할지라도 있는 것이 좋지, 무정부 상태만큼은 피해야 합니다.

그 때에는 이스라엘에 왕이 없었으므로 사람마다 자기 소견에 옳은
대로 행하였더라(삿 17:6).

사람마다 자기 소견에 옳은 대로 행하면 세상은 혼란chaos의 무법
천지가 되고 말 것입니다. 결국 통치권자는 '하나님의 사역자'로서 이
중 기능을 수행합니다. 선을 장려하고 보상하는 적극적 기능을 수행
하는 동시에 악을 제어하고 징벌하는 소극적 기능을 수행합니다.

하나님의 사역자로서의 통치자의 이중 기능	
적극적 긍정기능	① 모든 시민의 유익을 위해 존재한다. ② 선량한 시민에게 칭찬과 보상을 줌으로써 선을 장려한다.
소극적 부정기능	① 나쁜 일을 저지르는 범법자들에게 두려움의 대상이 된다. ② 범법자에게 칼로 하나님의 진노를 집행함으로써 악을 징벌하고 제어한다.

두려워서가 아닌, 양심 때문에

바울은 5절에서 '공권력에 대한 순복'이라는 지금까지 주제의 결
론을 내립니다.

그러므로 복종하지 아니할 수 없으니 진노 때문에 할 것이 아니라 양
심을 따라 할 것이라.

'그러므로디오/δὶὸ/therefore'라는 접속부사는 1-4절에서 바울이 논증한 결과에 근거해서 이런 결론을 내린다는 뜻입니다. 위에 있는 권세자들에게 복종하는 것이 당연하지만, 단지 형벌에 대한 진노를 두려워해서만 그리해서 안 됩니다. 다시 말해 칼을 찬 세속 통치자들이 가하는 진노의 형벌을 두려워해서만 순종하지 말고, 자신의 양심을 생각해서 순종하라는 것입니다.

사실 형벌을 두려워해서 공권력에 순종하는 것은 이기적입니다. 예컨대 교통경찰의 단속이 두려워서 교통법규를 지키려는 사람은 경찰의 감시가 느슨해지거나 막상 걸려도 엄한 징계를 주지 않을 경우, 공권력에 대한 자발적 순종을 꺼려 할 수 있습니다. 다시 말해 잘못을 해도 형벌이 세지 않거나 징벌을 피할 수 있는 편법이 있을 경우 국가 공권력에 순종하지 않을 수도 있기 때문입니다. 그런가 하면 형벌을 지나치게 두려워할 때 국가가 부당한 명령을 내릴 때에도 심하게 눈치를 보면서 기계적으로 맹종하는 폐단도 있습니다.

따라서 통치권자가 가진 형벌 징치권에 대한 '두려움'이라는 소극적 동기 때문에만 순복할 것이 아니라, 그가 하나님께서 세우신 사역자라는 사실을 인정하는 그리스도인의 양심에 따라서 자발적이고 적극적으로 순종하는 것이 옳습니다.

양심을 따라 공권력에 순종할 때 설사 형벌이나 규제가 없다고 할지라도 국가 공권력을 세우신 분이 하나님이라는 신앙양심에 따라 자발적이고 책임적이며 성숙한 자세로 순종할 수 있기에 훨씬 더 바람직합니다. 더욱이 국가가 하나님을 섬기는 우리의 신앙양심에 위배되는 명령을 내릴 때 단호히 거부할 수 있는 용기도 가질 수 있습니다.

당연히 줘야 할 것을 주라

바울은 1-5절로도 하고 싶은 말을 다하고 끝낼 수 있지만, 6-7절에서 납세의무를 성실히 이행할 것을 덧붙여 촉구합니다. 동서고금을 막론하고 세금 내기를 즐겨하는 시민은 거의 없을 것이기에 조세 의무야말로 공권력에 대한 순종의 샘플 케이스가 되기 때문에 말미에 첨언한 것 같습니다.

> 너희가 조세를 바치는 것도 이로 말미암음이라 그들이 하나님의 일꾼이 되어 바로 이 일에 항상 힘쓰느니라(6절).

우리말 개역개정은 '이로 말미암음이라'가 중간쯤 오게 번역했지만, 헬라어 성경과 영어성경 NRSV는 모두 맨 앞에 나옵니다. '디아 투토 가르 카이/διὰ τοῦτο γὰρ καὶ/for therefore also/for the same reason', 즉 '같은 이유 때문에' 조세를 바쳐야 한다는 것이지요. '같은 이유'라 함은 1-5절에서 주장한 대로 "모든 권세가 하나님께로부터 왔다는 사실"과 "통치권자들은 사회 정의와 질서를 위해 하나님이 세우신 일꾼들이라는 사실" 때문에 납세의무를 이행하는 것도 당연하다는 말입니다.

국가가 정의와 질서를 유지하고 시민들의 유익을 위한 다양한 국책사업을 시행하려면 거대한 예산이 필요하기에 어쩔 수 없이 세수에 의존할 수밖에 없습니다. 이런 이유로 바울은 세금징수에 바쁜 공직자들을 또 한 차례 '하나님의 일꾼레이투르고이 테우/λειτουργοὶ θεοῦ/God's servants'으로 부릅니다. 앞에서 두 차례나 통치자를 '하나님의 사역자'

로 부를 때에는 '디아코노스/διάκονός'라는 말을 썼지만, 세금징수를 맡은 관리들을 지칭할 때에는 '레이투르고이/λειτουργοί'라는 표현을 썼습니다. 구약을 헬라어로 번역한 「70인경」에서 '레이투르고이'('예전'을 뜻하는 영어 'liturgy'가 이 말에서 유래했습니다)는 '성전에서 봉사하는 사람들'을 지칭하는 종교적 용어로 자주 사용됐습니다. 그러므로 바울이 세금징수자들에게 이런 칭호를 부여한 이유는 그들이 맡은 기능이 엄숙하고 거룩한 종교적 기능에 버금간다는 생각을 했기 때문일 것입니다. 바울이 보기에는 이처럼 세금징수에 힘쓰는 공직자들도 하나님이 맡기신 거룩한 기능을 수행하는 하나님의 심부름꾼들이라는 것입니다.

이제 7절은 모든 시민이 납세의무를 비롯해서 위에 있는 통치권자들에게 마땅히 해야 할 도리를 다하라고 권고하는 것으로 결론을 맺습니다.

> 모든 자에게 줄 것을 주되 조세를 받을 자에게 조세를 바치고 관세를 받을 자에게 관세를 바치고 두려워할 자를 두려워하며 존경할 자를 존경하라(7절).

여기에서 '모든 자파신/πᾶσιν/all'는 '위에 있는 권세자들'을 통칭하는 말입니다. 그런데 '모든 자에게 **줄 것을 주되**'(*Pay to all what is due them*)라는 말이 중요합니다. 하나님이 주신 권세를 통해 시민을 다스리는 통차권자로서 세움 받았다는 이유 하나만으로도 그가 시민으로부터 당연히 받아야 할 '몫due'이 있다는 것이지요. 마치 우리 부모님이 무능하고 부족하더라도 단지 부모님이라는 사실 하나 때문에 당연히 자식에게 받아야 할 응당의 몫이 있습니다. 그러기에 자식은 마땅히 부모님을 공경해야 합니다. 제자도 단지 자신의 선생님이라는 이유로 하나 때문에 당연한 존경을 선생님께 드려야 합니다. 마찬가지로 국가를 통치하는 지도자들에게도 국민 모두가 그들이 받아야 할 당연한 몫을 드려야 한다는 것입니다.

이처럼 바울은 시민으로서의 우리가 순복해야 할 모든 통치권자들에게 의무를 다하라고 권면하면서 특히 4중 의무를 적시합니다.

① 조세를 바쳐야 할 이에게 (to whom taxes are due)	조세를 바치고 (pay taxes)
② 관세를 바쳐야 할 이에게 (to whom revenue is due)	관세를 바치고 (pay revenue)
③ 두려워해야 할 이는 (to whom respect is due)	두려워하고 (pay respect)
④ 존경해야 할 이는 (to whom honor is due)	존경하라 (pay honor)

여기에서 바울은 '조세포론/φόρον/νοφόρ/taxes'와 '관세텔로스/τέλος/reve-nue'를 구분합니다. 조세는 재산세나 인두세와 같은 '직접세'를 말하고, 관세는 관세나 물품세, 판매세와 같은 '간접세'를 밀합니다. 직접세든 간접세든 세금징수의 중책을 맡은 관리들에게 당연히 내야 할 세금을 납부하라는 당부지요. "가이사의 것은 가이사에게 하나님의 것은 하나님께 바치라"(마 22:21)고 하신 예수님의 말씀을 바울 역시 충실히 계승하고 있습니다.

'두려워 할 이'나 '존경해야 할 이'는 문맥상으로 볼 때, 하나님이 주신 권세를 부여받아 시민의 유익을 위해서 선을 장려하고 악을 제어하는 통치자들을 의미하기에 이들을 두려워하고 존경하라는 권고입니다. 한마디로 지상에서 하나님을 대신해서 하나님의 공의를 세우는데 헌신하는 통치자들의 공권력을 인정하고 존중하라는 것이지요.

존 스토트에 따르면 '교회'와 '국가'의 관계에는 크게 네 가지 설이 있습니다(John Stott, *The Message of Romans*, 339).

교회와 국가의 관계	
에라투스설 (Erastianism)	국가가 교회를 통제한다(The state controls the church).
신정설 (神政說/Theocracy)	교회가 국가를 통제한다(The church controls the state).
콘스탄티누스설 (Constantinianism)	국가는 교회에 호의를 베풀고, 교회는 자신이 받은 호의를 유지하기 위해 국가에 협조하는 타협안 (The compromise in which the state favors the church and the church accommodates to the state in order to retain its favor).
동반자설 (Partnership)	교회와 국가는 건설적인 협력 정신으로 서로가 하나님이 주신 독특한 책임이 있음을 인정하고 격려한다(Church and state recognize and en- courage each other's distinct God-given responsibilities in a spirit of constructive collaboration).

스토트는 로마서 13장 1-7절에서 바울이 주장한 논지가 '동반자설'에 가장 가까운 것처럼 보인다고 말합니다.

이웃사랑 = 율법의 완성

Loving a Neighbor = The Fulfillment of the Law

롬 13:8-10

'원수사랑' ↔ '공권력에 대한 순복' ↔ '이웃사랑'

국가 공권력에 대한 순복을 강조하는 로마서 13장 1-7절은 '원수사랑'을 강조하는 12장 17-21절과 '이웃사랑'을 강조하는 13장 8-10절 사이에 끼어 있습니다.

```
12:17-21: 원수사랑
 ⟩ 13:1-7: 국가 공권력에 대한 순복
13:8-10: 이웃사랑
```

'원수사랑'에서 돋보이는 교훈은 두 가지입니다. "원수 갚는 일을 자신이 하지 말고 하나님께 맡기라는 것"과, "악을 악으로 갚지 말고 선으로 악을 이기라는 것"입니다. 하지만 개인적으로 원수 갚는 것을 하나님의 최후 심판에 맡긴다고 할지라도, 사회적이고 국가적인 차원에서는 악행을 저지르는 범법자들에 대한 적절한 징벌과 제어가 필요합니다. 개인적으로 원수 갚는 일을 포기하는 것만으로 그칠 경우, 크고 작은 죄를 저지른 자들이 합법적 징벌을 받지 않은 채 거리를 활보하고 다녀온 세상은 혼란과 무질서로 무법천지가 되고 말 것입니다.

이런 까닭에 바울은 국가 공권력이 하나님으로부터 오는 것일 뿐만 아니라, 통치자들이 하나님을 대신해서 지상에서 하나님의 공의와 질서를 세우려는 목적하에 하나님의 심부름꾼들로 세워졌다고 믿었습니다. 사적 차원에서 원수 갚는 일을 하나님께 맡기더라도 사회국가적 차원에서는 혼란과 무질서를 극복하기 위해서 칼을 찬 통치권자들의 합법적 다스림이 불가피하다고 보았던 것이지요.

국가 정부는 한편으로 선량한 시민을 칭찬하고 보상하는 동시에 다른 한편으로 불량한 시민을 비난하고 징벌하는 기능을 하기에, 그리스도인들을 비롯한 모든 시민은 12장 17-21절에서 가르친 그대로 "아무에게도 악을 악으로 갚지 말고 선한 일에 힘써야" 할 뿐 아니라 (17절), "악에게 지지 말고 선으로 악을 이기는"(21절) 일에 모범이 돼야만 합니다.

이처럼 제가 강조하고 싶은 요점은 '국가 공권력에 대한 순복'을 강조하는 13장 1-7절이 전혀 생뚱맞게 '원수사랑'을 강조하는 12장 17-21절과 '이웃사랑'을 강조하는 13장 8-10절 사이에 하나의 쐐기 wedge처럼 어색하게 끼어 있는 것이 아니라, 그 형식이나 내용에 있어서 문맥이 자연스레 이어진다는 사실입니다.

갚을 수 없는 '사랑의 빚'

바울은 특히 13장 7절에서 조세징수를 맡은 공직자들을 비롯한 모든 통치자들에게 그리스도인들이 마땅히 해야 할 의무를 다할 것을 강조했습니다. 세금을 징수하는 관리들에게 조세와 관세를 납부해야 할 의무가 있듯이, 그리스도인들이 모든 이웃을 대상으로 반드시 실천해야 할 의무가 있습니다. 그 의무는 사랑의 의무입니다!

하나님으로부터 오는 권세를 부여받아 하나님의 일꾼들로 사역하는 공직자들에 대한 순복과 존경의 의무를 갚아야 할 '빚오페일레/ὀφειλή/debt'으로 이해한 바울은 이 빚을 모든 이웃 차원으로 확대시킵니다.

> 피차 사랑의 빚 외에는 아무에게든지 아무 빚도 지지 말라 남을 사랑하는 자는 율법을 다 이루었느니라(8절).

8절 전반부의 강조점은 세상살이에서 일체의 빚도 지지 말라는 데 있지 않습니다. 자동차를 사거나 집을 살 때, 회사를 창업할 때 개인이나 은행에 대출을 받거나 해서 빚을 질 때가 있습니다. 예수께서 주신 '달란트 비유'를 보면 이득을 얻기 위한 은행 대출행위가 꼭 나쁜 것이 아님을 알 수 있습니다(마 25:27; 눅 19:23 참조). 성경은 다만 고리대금, 즉 고액의 이자를 받아 챙기는 사채놀이나 강탈행위를 금할 뿐입니다(출 22:25-27; 느 5:1-11 참조).

바울과 같은 현실주의자는 인간사에서 빚을 지는 일이 불가피하다는 사실을 잘 알고 있었기에 그리스도인이 일체의 빚을 지지 말라고 가르치는 것이 아니라, 빚의 특성상 신속하게 갚아야만 한다는 데 그 강조점을 둡니다. 그러기에 사랑의 빚을 지라는 표현은 일종의 수사학적 비유일 뿐입니다.

바울이 활동한 고대사회에서 빚을 지는 것은 엄청난 위험부담을 끌어안는 행위였습니다. 고액의 이자를 물어야만 했고 정해진 기한 내에 갚지 못할 경우 전 재산을 압류당하거나 가족들이 인신매매로 팔려가는 사례도 왕왕 있었습니다.

이처럼 빚은 그 특성상 반드시 신속하게 갚아만 하기에 바울은 우리가 이웃을 사랑해야 할 의무와 책임을 '빚지는 것'에 비유한 것입니다. 그러기에 바울이 '서로 사랑하는 것'(to love one another) '이외에 에이 메/εἰ μὴ/except' 아무에게도 아무 빚도 지지 말라는 수사학적 비유를 쓴 것은 사랑의 빚을 으뜸으로 지고, 그 빚을 갚고자 최선을 다하라는 권고를 주기 위함입니다.

그 대상을 불문하고 이웃을 사랑해야 할 빚은 언제나 미지불 상태로 남아 있습니다. 누구도 사랑의 빚을 다 갚았다고 말할 수 없습니다. 누구도 "나는 이만큼 사랑했으니까 충분히 사랑했다"라고 말할 수 없습니다. 이웃사랑은 갚아도 갚아도 다 갚지 못할 영원한 빚으로 남는다는 진실 때문에, 우리는 결코 "나는 다 사랑했으니 이제 그만 사랑할 거야"라고 말할 수 없습니다.

세상의 모든 빚은 내키지 않는 마음으로 어쩔 수 없이 지지만, 사랑의 빚만큼은 기쁨으로 자발적으로 기꺼이 지는 유일한 빚입니다. 다른 빚은 정한 기간 내에 얼마든지 완전 변제가 가능하지만, 사랑의 빚은 영원히 갚지 못할 짐으로 남습니다.

바울은 8절 후반부에서 이웃사랑을 율법준수와 연결시킵니다. 남을 사랑하는 사람은 율법을 다 이뤘다는 것이지요. 율법에는 하나님께서 직접 주신 십계명을 비롯해서 모세를 통해서 이스라엘 백성에게 간접적으로 주신 613가지의 계명들이 있습니다. 613가지의 계명은 "~을 하라"는 '적극적 계명Gebote'이 248가지이고, "~을 하지 말라"는 '소극적 계명Verbote'이 365가지입니다. 이 모든 율법 계명들의 근본정신은 이웃사랑에서 비롯됐습니다. 그러므로 바울은 이웃을 사랑하는 사람은 이 모든 율법 계명들의 근본정신을 다 이룬 것과 같다고 말씀합니다.

이웃을 내 몸과 같이

이제 9절은 왜 이웃사랑이 율법의 성취인지를 십계명의 두 번째 돌판의 이웃사랑 부분을 인용함으로써 설명합니다.

> 간음하지 말라, 살인하지 말라, 도둑질하지 말라, 탐내지 말라 한 것과 그 외에 다른 계명이 있을지라도 네 이웃을 네 자신과 같이 사랑하라 하신 그 말씀 가운데 다 들었느니라.

십계명을 새긴 돌판은 두 개인데, 한쪽에는 우리가 하나님과의 관계에서 지켜야 할 수직 계명 네 가지가 새겨져 있고, 다른 한쪽에는 우리가 이웃과의 관계에서 지켜야 할 수평 계명 여섯 가지가 새겨져 있습니다. 십계명의 두 번째 판에 새겨진 이웃사랑 계명은 출애굽기(20:12-17)와 신명기(5:16-21) 두 버전이 있는데, 바울은 구약을 헬라어로 번역한 「70인경」의 신명기 5장 17-18절을 인용합니다.

신 5:16-21	⑤ 부모공경 ⑥ 살인 금지 ⑦ 간음 금지 ⑧ 도둑질 금지 ⑨ 거짓증언 금지 ⑩ 탐심 금지

로마서가 더디오를 앞에 앉혀놓고 구술로 기록한 서신(16:22)이라서 그런지 바울은 십계명의 두 번째 판에 있는 말씀을 순서대로 인용하지도 않거니와 모조리 다 열거하지도 않습니다. 7계인 '간음 금지'와 6계인 '살인 금지', 8계인 '도둑질 금지', 10계인 '탐심 금지' 네 가지만 언급합니다. 5계인 '부모공경'은 차치하더라도, 9계는 아예 생략합니다.

바울 시대에 로마에 살던 교인들이 대체적으로 슬럼가나 다세대 빈민 공동주택에 거주한 빈민들이었기에, 이들 주변에 가장 빈번하게 일어났던 악행이 '간음'과 '살인'과 '도적질'과 '탐심'이었기에 바울이 이 네 가지를 특정했을 것이라고 보는 시각도 있습니다.

어쨌거나 바울의 초점은 여섯 가지 계명을 순서대로 다 열거하는 데 있지 않고, 이웃사랑의 정신을 가장 잘 보여주는 대표 계명 네 가지를 무작위로 떠올려 이 계명들의 근본정신을 강조하는 데 있는 듯이 보입니다. 이런 의도는 바울이 네 가지 계명을 순서와 관계없이 뽑아낸 뒤 그다음에 붙이는 단서에 잘 나타나 있습니다.

그 외에 다른 계명이 있을지라도(카이 에이 티스 헤테라 엔톨레/καὶ εἴ τις ἑτέρα ἐντολή/and if any other commandment).

이웃사랑의 정신을 담은 다른 모든 계명들을 포함해서 말하겠다는 의지가 분명합니다. 그렇다면 바울이 볼 때 이런 종류의 부정형 계명들은 단 한 문장의 긍정형 계명으로 요약됩니다.

우리말 개역개정은 "다 들었느니라"로 표현했는데, 좋은 번역이 아닙니다. '아나켑파라이우타이/ἀνακεφαλαιοῦται'는 영어로 'it is summed up', 즉 '요약된다'는 뜻입니다. 따라서 '요약된다'는 표현이 중요합니다. 사랑이 다른 모든 계명들을 대체한다는 뜻이 아닙니다. 우리가 일상생활에서 만나는 모든 이웃과의 관계에서 지켜야 할 모든 계명들은 한 문장, 레위기 19장 18절 말씀으로 요약된다는 것이지요.

롬 13:9b	네 이웃을 네 자신과 같이 사랑하라 하신 그 말씀 가운데 다 들었느니라
레 19:18b	네 이웃 사랑하기를 네 자신과 같이 사랑하라

바울이 말하는 '이웃'은 그리스도인이나 동족뿐만 아니라, 종교와 인종과 언어와 신분과 계층을 초월해 지구상에 거하는 '모든 사람'을 의미할 것입니다. 물론 인간은 천성적으로 죄에 물들어 있기에 자기를 지나치게 사랑하는 것은 언제나 이기적이고 왜곡된 사랑으로 변질될 수 있습니다. 그러기에 레위기 19장 18절이 "네 이웃을 네 자신과 같이 사랑하라아가페세이스 톤 플레시온 수 호스 세아우톤/ἀγαπήσεις τὸν πλη-σίον σου ὡς σεαυτόν/Thou shalt love the neighbor of these thyself"고 가르칠 때에는 인간이면 누구나 다 자기를 아끼고 사랑할 수밖에 없는 자연스러운 본능을 강조합니다.

사람은 누구나 다 자기 몸에 상처가 나면 어떻게 해서든지 고치려 하고, 위험이 닥쳐오면 어떻게 해서든지 막아내려고 합니다. 이것은 피할 수 없이 자연스런 본능입니다. 그러므로 "자기 몸처럼 사랑하라"

는 말씀에는 일체의 가식이나 위선이 없는 진정한, 자연스런 사랑을 하라는 뜻일 것입니다.

예컨대 누군가를 사랑할 때 그의 용모나 돈이나 지식, 명예, 권력, 인기 때문에 사랑한다면, 이런 사랑은 자기 몸을 사랑하듯 자연스런 사랑이 아닐 것입니다. 상대편의 잘생긴 얼굴이 화상을 입으면 사랑하지 않게 될 것입니다. 돈이나 지식, 명예, 권력, 인기가 사라지게 되면 사랑하는 일 자체도 사라질 것입니다.

우리가 자신을 사랑할 때 잘생긴 얼굴에 화상을 입는다고 해서 자기사랑을 중단하지 않습니다. 내 자신이 돈이 있든 없든, 인기가 있든 없든, 항상 아끼고 보살피듯이, 그런 본능적 자기애의 정신으로 이웃을 사랑하라는 것이지요. 그러므로 십계명의 두 번째 돌판에 새겨진 계명들을 포함한 이웃과 관련된 일체의 계명들은 "네 이웃을 네 자신과 같이 사랑하라"는 레위기 19장 18절 말씀 하나로 요약됩니다.

이웃에게 해를 끼치지 않고

바울은 10절 전반부에서 왜 이웃과 관계된 모든 계명들이 레위기 말씀 하나로 요약되는지 그 이유를 설명합니다.

사랑은 이웃에게 악을 행하지 아니하나니.

"이웃에게 악을 행하지 않는다"는 표현은 소극적입니다. "사랑은 이웃에게 선을 행하는 것이나니." 이렇게 표현하는 것이 훨씬 더 적극적입니다. 그런데도 바울은 왜 이런 소극적이고 부정적 표현을 쓴 것일까요?

먼저 바울이 9절에서 인용한 십계명의 네 가지 계명의 본질은 모두 이웃에게 해악을 끼치지 말라는 금령禁令에 다름 아닙니다. '간음'은 이웃의 가정에 해를 끼치는 것이고, '살인'은 이웃의 생명에 해를 끼치는 것이고, '도둑질'은 이웃의 재산에 해를 끼치는 것이고, '탐심'은 이웃이 가진 소중한 것에 해를 끼치는 것입니다.

그러므로 이웃을 자신의 몸처럼 사랑한다는 것은 자신이 가진 것에 누군가가 해를 끼쳐서 빼앗으려는 것을 거부하는 본능의 시각으로 풀어볼 수 있습니다. 자신의 가정이 해를 입어 영예를 빼앗기려는 사람은 없습니다. 목숨에 해를 입어 빼앗기려는 사람도 없습니다. 재산을 도둑질당해서 빼앗기고 싶은 사람도 없습니다. 탐심으로 시기를 받은 나머지 자신이 가진 소중한 것에 해를 입으려는 사람도 없습니다.

그렇다면 참된 사랑은 일차적으로 이웃에게 해악을 끼치지 않는 것입니다. 우리가 이웃을 자신의 몸처럼 사랑한다면, 먼저 이웃에게 여하한 해도 끼쳐서 안 됩니다. 단지 해를 끼치지 않는 소극적 처신으로 멈출 것이 아니라, 적극적으로 선을 베풀고 이웃의 유익을 구하는 데까지 나아간다면 그 사랑은 좀 더 성숙한 사랑이 될 것입니다.

이웃사랑은 율법의 완성

바울은 8절 후반부에서 한 말씀을 10절 후반부에서 되풀이해서 확실한 결론을 맺습니다.

그러므로 사랑은 율법의 완성이니라.

여기에서 '율법의 완성플레로마 (운) 노무/πλήρωμα οὖν νόμου/fulfillment of the law'이라는 말을 어떻게 해석해야 할까요? 이웃사랑을 실천해서 율법을 지키는 행위를 최고 수준까지 끌어올린다는 뜻일까요? 아니면 이웃을 사랑할 때 율법의 다른 모든 계명을 다 지키는 것과 마찬가지라는 의미일까요?

분명한 것은 바울이 '율법의 완성'이라는 표현을 쓸 때 십계명을 비롯한 613가지의 계명들을 완벽하게 준수한다는 의미로 한 말씀은 아닐 것입니다. 사실 사랑과 율법은 서로를 밀어내는 배타적 관계가 아닙니다. 사랑과 율법은 상호보완적이어야 합니다. 율법 계명들을 지킬 때 언제나 사랑의 정신으로 해야 하기에 사랑은 율법의 길잡이자 율법 순종의 동기와 원천이 되어야 합니다. 사랑 역시 자신을 실현하기 위해 구체적 율법 계명들이 필요하고, 이 계명들을 지키는 실천 행위를 통해서 자신을 표현해야 합니다.

이런 맥락에서 우리는 바울이 로마서 8장 4절에서 언급한 '율법의 요구토 디카이오마 투 노무/τὸ δικαίωμα τοῦ νόμου/the requirement of the law'라는 말에 주목할 필요가 있습니다. 하나님께서 율법 계명들을 통해서 요구하시는 근본정신을 의미하는 말씀이지요.

그렇다면 이웃을 자신의 몸처럼 사랑해서 해악을 끼치지 않게 될 때 율법이 요구하는 근본정신이 완성, 즉 충족되고 채워진다는 뜻이 아닐까요? 이웃과의 관계에서 지켜야 할 계명들을 사랑이라는 근본정신, 근본동기에서 지킬 때 율법의 요구가 충족된다는 뜻이지요.

또 한 가지 흥미로운 것은 바울은 왜 십계명의 첫 부분, 즉 '하나님

사랑'을 빼고 '이웃사랑'만 말씀하는 걸까요? 하나님사랑은 이웃사랑
의 당연한 전제조건이기 때문에 굳이 말할 필요를 못 느낀 것 같습니
다. 하나님을 사랑하는 사람은 필연적으로 이웃을 사랑할 수밖에 없
기 때문에, 칼뱅이 주장한 것처럼 이웃사랑은 하나님을 사랑한다는
증거이자 그 결과입니다.

사랑이 율법의 완성이라는 바울의 주장이야말로 예수께서 모든 율
법정신을 사랑의 이중 계명으로 정리해주신 말씀과 일맥상통합니다.

> 어떤 율법교사가 일어나 예수를 시험하여 이르되 선생님 내가 무엇을
> 하여야 영생을 얻으리이까 예수께서 이르시되 율법에 무엇이라 기록
> 되었으며 네가 어떻게 읽느냐 대답하여 이르되 네 마음을 다하며 목숨
> 을 다하며 힘을 다하며 뜻을 다하여 주 너의 하나님을 사랑하고 또한 네
> 이웃을 네 자신 같이 사랑하라 하였나이다 예수께서 이르시되 네 대답
> 이 옳도다 이를 행하라 그러면 살리라 하시니(눅 10:25-28).

밤의 끝

The End of the Night

롬 13:11-14

지금이 바로 그때

바울은 로마서 12장 1-2절에서, 여기에서부터 15장 13절까지 계속될 윤리 권고의 주제가 될 만한 말씀을 했습니다. "우리 몸을 하나님이 기뻐 받으실 거룩한 산 제물로 드리라"고 했습니다. "시대 풍조를 본받지 말고 마음을 새롭게 함으로 변화를 받아 하나님의 선하시고 기뻐하시고 온전하신 뜻을 분별하라"고 했습니다.

이것은 우리가 주변의 모든 대상과 맺는 관계에서 획기적 변화가 일어날 때에만 가능합니다. 하나님과의 관계, 자신과의 관계, 이웃과의 관계, 원수들과의 관계, 국가 공권력을 가진 통치권자들과의 관계 등등에서 실질적 변화가 일어나야만 합니다.

이제 이런 변화가 더더욱 긴박한 것은 '때'가 예사롭지 않기 때문입니다. 지금 당장이 아주 특별한 때, 즉 '카이로스/καιρός'이기 때문에 그리스도인들은 이때와도 관계를 바로 맺어야 합니다. 때에 걸맞은 삶을 살아내야 합니다. 그렇다면 바야흐로 지금은 그리스도의 재림파루시아/παρουσία/parousia/arrival이 절박한 때입니다.

우리는 왜 국가공권력에 순복해야 합니까? 왜 이웃을 우리 몸과 같이 사랑해야 합니까? 그렇게 살아야 할 때가 도래했기 때문입니다! 그러기에 로마서 13장 11-14절은 이 특별한 종말의 때를 강조함으로써 그리스도인의 윤리 생활에 시간적 기초를 놓습니다.

자다가 깰 때

본문은 크게 두 부분으로 나뉠 수 있습니다. 나뉨의 기준은 직설법이냐 명령법이냐에 달려 있습니다. 11-12절 전반부는 사실을 있는 그대로 서술하는 부분이며, 12절 후반부-14절까지는 이 서술에 기초해서 윤리적 명령을 내리는 부분입니다. 먼저 바울이 '때의 도래'와 관련해서 말씀하는 직설법을 살펴봅니다.

또한 너희가 이 시기를 알거니와 자다가 깰 때가 벌써 되었으니 이는 이제 우리의 구원이 처음 믿을 때보다 가까웠음이라 밤이 깊고 낮이 가까웠으니(11-12a절).

인생을 살아감에 적절한 때를 잘 분별할 줄 아는 지혜는 너무나 중요합니다. 성공할 수 있고, 행복할 수 있고, 은혜받고 구원받을 만한 기막힌 때를 놓칠 수 있기 때문이지요. 전도서 3장 1절이 선포한 것처럼 "범사에 기한이 있고 천하만사가 다 때가 있는 법"입니다. 바울은 먼저 로마 교인들이 지금이 어느 때인지 알고 있다고 말씀합니다. 그때는 잠에서 깨어나야 할 때입니다!

지금처럼 전깃불이 없었던 2천 년 전에는 밤과 낮의 구별이 명확했습니다. 밤이 찾아오면 낮처럼 활동할 수가 없었습니다. 밤중에 잠을 자다가 새벽이 밝아오면 반드시 잠에서 깨어 일어나야 합니다. 특히 중동의 살인적인 태양열 때문에 이 지역에 사는 사람들은 새벽이 밝아오자마자 아주 일찍 일어나 해가 중천에 뜨기 전에 서둘러 일을 끝내야만 했습니다.

그런데 바울은 지금 이 시간이야말로 잠에서 깨어날 그때라는 것입니다! 바울은 12절 전반부에서 "밤이 깊고 낮이 가까워졌다"(the night is far gone, the day is near)는 표현을 통해서 때의 중요성을 또 한 차례 일깨웁니다. 여기에 '밤'과 '낮'이 날카롭게 대조됩니다. 어두운 밤에는 자야 하고, 환한 낮에는 깨어서 일해야 합니다. '밤'과 '낮', '잠자고' '깨는 것'은 모두 상징적 비유입니다.

'밤'과 밤중에 '잠자는 행위'는 모두 영적으로 둔감해서 육체를 따라 죄악 속에 물들어 사는 삶을 의미합니다. 바울 시대에는 전깃불이 없었기에 밤이 찾아오면 온 세상은 오늘보다 훨씬 더 사위가 짙은 어둠으로 뒤덮였을 것입니다. 그러기에 어둠을 방패막이 삼아 한밤중에 사람들은 온갖 부끄러운 짓을 다 할 수 있습니다. 온 사방에 환한 빛으로 가득한 대낮에는 사람들의 눈총 때문이라도 다들 젊잖게 살려고 애를 씁니다.

깊은 잠에 빠진 '한밤중'은 어둠이라는 악의 지배를 받은 나머지 육신을 따라 제멋대로 사는 방종의 삶을 상징합니다. 반면에 새벽이 밝아 햇빛이 들기 시작하는 낮이 되면 우리는 밤에 하던 부끄러운 일들을 포기합니다. 깨어서 활동하는 '낮'은 성령의 지배를 따라 하나님의 자녀답게 사는 거룩한 삶을 상징합니다.

밤헤 눅스/ἡ νύξ/the night: 자야 할 때	**낮**헤 헤메라/ἡ ἡμέρα/the day: 깨어나 일해야 할 때

그렇다면 왜 지금이 잠에서 깨어나야 할 그 '때'란 말입니까? 밤이 깊고 낮이 가까운 이유는 무엇입니까? 그것은 우리의 구원이 처음 믿었을 때보다 훨씬 더 가까워졌기 때문입니다. 로마 교인들이나 오늘의 그리스도인들을 불문하고, 처음 예수 그리스도를 믿었을 때보다 구원이 더 가까워졌기 때문에 지금 이 시간은 자다가 깰 때라는 것이지요!

바울이 말하는 '구원헤 소테리아/ἡ σωτηρία/the salvation'은 물론 장차 그리스도의 재림으로 말미암아 우리가 죄와 죽음에서 벗어날 최종적 자유와 해방을 의미하겠지만, 우리가 예수를 믿은 뒤에 일어난 총체적 변화를 의미할 수도 있습니다. 이런 맥락에서 존 스토트는 바울이 말하는 '구원'이 예수 그리스도를 믿음으로써 의롭다 인정을 받은 '과거의 의화justification', 예수님을 닮으려고 애쓰는 '현재의 성화 sanctification', 그리스도의 재림으로 얻게 될 '미래의 최후 영화final glorification' 등, 시간의 세 시제 변화를 모두 포괄하는 종합개념이라고 주장합니다.

어쨌거나 우리가 처음 예수를 믿었을 때보다 구원이 훨씬 더 가까워진 '지금에데/ἤδη/now'이야말로 잠에서 깨어날 때, 즉 밤이 막 끝나고 낮이 막 시작되려는 찰나입니다. "밤이 깊고 낮이 가깝다"는 표현은 밤의 시점으로 본다면 '밤의 끝'일 테고, 낮의 시점으로 본다면 '낮의 시작'일 것입니다. 그러기에 바울이 말씀하는 '지금'은 밤이 막 끝나는 밤의 끄트머리일 뿐 아니라 낮이 막 시작되는 낮의 시작 그 사이에 있는 시간의 경계선, 즉 접점이라는 말일 것입니다. 그렇다면 우리는 밤일을 청산하고 낮일을 준비해야 할, 밤과 낮의 중간시점에 서 있습니다.

'의복교체'를 해야 할 시간

이제 바울은 12b-14절에서 직설적 화법을 명령적 화법으로 바꿉니다. "이러이러하다"고 기술하는 것에서 "이러 이렇게 하라"고 명령하는 것으로 방향을 바꿉니다. 두말할 필요도 없이 바울의 윤리 실천 명령법은 언제나 교리신학적 직설법에 기초해서 나옵니다. "이러이러하니" → "이러이러하게 살아라"는 것이지요!

우리가 처음 예수를 믿었을 때보다 지금 구원이 더 가까워졌다면 어떻게 해야 할까요? 어두컴컴한 한밤중에 잠을 자다가 새벽이 밝아와 잠에서 깨어날 때가 되면 어떻게 해야 합니까?

'밤의 끝'에서 '낮의 시작'으로의 진입을 알려주는 중대한 변화는 옷을 갈아입는 행위입니다. 밤이 끝나고 낮이 시작되면 밤에 입던 잠옷을 벗고, 낮에 일할 활동복으로 바꿔 입습니다. 12b~14절에 따르면, 우리가 처음 예수를 믿었을 때보다 구원이 더 가까워졌을 때, 즉 바울의 상징을 통해서 비유한다면 밤이 깊어 밤의 끝에 도달했고 새벽이 동터서 낮이 막 시작됐을 때 우리가 해야 할 일은 헌 옷을 벗고 새 옷으로 갈아입는 '의복교체Kleiderwechsel'입니다.

옷을 벗고 입는 행위 역시 삶의 변화를 의미하는 상징 비유일 텐데, 12절과 14절은 어떤 옷을 벗고 어떤 옷을 입을 것인지를 권고하며, 그 중간 13절은 구체적으로 어떤 옷을 벗고 어떤 옷을 입어야 할는지에 대한 실례를 듭니다.

12b절	① 벗어야 할 옷: 어둠의 일(the works of darkness). ② 입어야 할 옷: 빛의 갑옷(the armor of light).
13절	① 낮에와 같이 단정히 행하자(Let us live honorably as in the day). ② 하지 말아야 할 어둠의 일: 방탕과 술취함(revelling & drunkenness), 음란과 호색(debauchery & licentiousness), 다툼과 시기(quarreling & jealousy).
14절	① 주 예수 그리스도로 옷 입고(Put on the Lord Jesus Christ), ② 정욕을 위하여 육신의 일을 도모하지 말라(Make no provision for the flesh, to gratify its desires).

밤의 끝이 와서 낮이 시작되면 사람들은 옷을 갈아입습니다. 마찬가지로 그리스도인들도 그리스도의 재림과 세상의 종말이 가까워져 죄와 죽음에서 풀려날 최종 구원의 시간이 가까이 올 때, 밤에 입던 옷을 벗고 새 옷을 입어야 합니다. 바울은 벗어야 할 '밤 옷'을 '어둠의 일'로 표현합니다. 한밤중에 어둠이 가려줘서 제멋대로 행하던 악한 행실들을 벗어야 한다는 것이지요.

그 악한 행실이 구체적으로 무엇인지에 대해서 바울은 13절에서 세 짝으로 된 여섯 가지 실례를 듭니다. 먼저 방탕과 술취함은 '먹고 마시는 것'과 관련됐습니다. 새번역은 '방탕'을 '호사한 연회'로 번역했는데, 바울 시대 로마 귀족들은 날마다 호사스러운 잔치를 열어 진탕 먹고 마시는 일에 귀한 시간을 소진했습니다. 상다리가 휘어질 정도로 차려놓은 각종 산해진미를 먹고 마신 뒤 손가락을 목구멍에 넣어다 토한 뒤 또 다른 음식을 먹고 마셔댔습니다.

그다음에 '음란'과 '호색'을 버리라고 권합니다. 모두 정욕과 관련된 성적 타락을 말합니다.

세 번째로 '다툼'과 '시기'는 마음과 말을 잘못 씀으로써 발생하는 죄악들인데, 이 역시 중단해야 합니다. 자기만 옳고 다른 사람은 다 틀렸다는 독선 때문에 다툼이 생기고, 남이 가진 것을 탐내기 때문에 시기심이 생기는데 이것을 그만두라는 것이지요.

바울이 하필이면 세 세트의 여섯 가지를 어둠 속에서 행하는 대표적 악행들로 지목한 이유는 로마 시대에 이런 악습들이 가장 흔했기 때문입니다. 한 마디로 이런 일들은 한밤중 어둠 속에서 부끄러움을 모르고 행하는 악행일 뿐 아니라, 14절 후반부가 깔끔하게 정리해주듯이 "자신의 정욕을 채우려고 육신을 꾀하는 일"에 다름 아닙니다.

우리가 예수 그리스도를 처음 믿었을 때보다 구원이 더 가까워져서, 즉 밤이 깊고 낮이 가까워져서 잠에서 깨어날 때가 되면 옷을 갈아입어야 합니다. 밤에 수치를 모르고 행한 악행과 악습의 잠옷들을 벗어던지고, '빛의 갑옷', 즉 '예수 그리스도'로 옷을 입고 영적 전쟁터에 나가 싸울 채비를 갖춰야 합니다.

옷은 우리의 정체성과 신분을 나타냅니다. 경찰관은 경찰복을 입고, 군인은 군복을, 의사는 의사가운을, 판사는 법복을 입습니다. 평복을 입다가 이런 의상을 착용할 때 그들이 하는 일이 평상시와 다르다는 사실을 알게 됩니다. 한 가정의 남편이나 아빠가 아닌, 공무를 집행하는 특별한 사람들이 된다는 사실을 의상이 증거합니다. 마찬가지로 우리가 그리스도의 인격과 사역을 본받아 세상 사람들과 다른 그리스도인다운 정체성을 온 천하에 보여줄 때, 그것이 바로 빛의 갑옷과 예수 그리스도로 옷 입는 삶에 다름 아닐 것입니다.

옷을 입으면 보호를 받습니다. 겨울철에 방한복을 입으면 추위로부터 우리 몸이 보호를 받습니다. 여름철에 시원한 옷은 더위로부터 보호해줍니다. 경찰복, 군복, 의사가운, 법복 등등, 특수한 신분을 나타내는 다양한 의상들 때문에 그 의상을 착용한 사람들이 그 의상에 걸맞은 법적 보호를 받듯이, 우리 역시 빛의 갑옷과 그리스도 예수로 옷 입을 때 악한 세상과 사탄으로부터 보호를 받고 승리하게 될 것입니다.

무화과나무 아래에서의 회심

로마서 13장 13-14절은 성 아우구스티누스Sanctus Aurelius Augustinus, 354~430의 회심을 불러온 유명한 구절입니다. 아우구스티누스는 독실한 기독교 신자인 어머니 모니카의 기도를 외면하고 젊은 날 방탕한 삶을 살며 방황을 거듭했습니다. 특히 이단종파인 마니교에 빠져 영적으로나 지적으로 9년 세월을 낭비했습니다. 카르타고에서 공부하는 동안 신분이 낮은 한 여성을 만나 15년간 동거했고 사생아까지 낳았습니다.

하지만 밀라노의 감독인 암브로시우스를 만난 뒤부터 기독교에 빠져들기 시작했으나 여전히 마음의 갈피를 잡지 못하고 망설였습니다. 황제의 수행원이었던 안토니우스가 세상의 부귀영화를 모두 버리고 이집트 사막의 수도사가 됐다는 말을 들었을 때 자신도 그렇게 되고 싶은 맘이 굴뚝같았지만 맘대로 되지 않았습니다.

그러던 어느 날 아우구스티누스는 자신이 살고 있던 집의 정원에 들어가 무화과나무 아래 털썩 주저앉았습니다. 하나님께 용서를 구하는 참회의 눈물이 소낙비처럼 쏟아졌습니다. 울부짖는 가운데 "주여 언제입니까? 영원히 저에게 진노하시렵니까?… 또 내일, 내일입니까? 왜 지금이 아닙니까? 왜 바로 이 시간에 제 불결함이 끝나지 않습니까?"

그때 갑자기 이웃집 뜰에서 소년인지 소녀인지 알 수 없지만 어린 아이의 목소리가 들려왔습니다. "집어서 읽어라! 집어서 읽어라! Tolle lege! Tolle lege!" 울음을 그치고 일어나 성경을 집어 폈는데 첫눈에 들어온 구절이 로마서 13장 13-14절이었습니다. 이 말씀을 읽는 순간 아우구스티누스는 회심했습니다. 옛사람을 벗고 새사람을 입게 된 것이지요! 386년 늦여름, 아우구스티누스의 나이 32세 때였습니다. 아우구스티누스는 14절 끄트머리에 이르자 이런 탄성을 질렀습니다.

즉시 확실성의 빛이 마음에 부어지듯 의혹의 모든 어둠이 흩어져버렸습니다.

서양철학이 플라톤의 각주에 지나지 않는다면, 서양신학은 아우구스티누스의 각주에 지나지 않을 것입니다. 아우구스티누스는『고백록』,『신국론』,『삼위일체론』을 비롯한 라틴어 5백만 글자의 대작을 남겨 기독교사에 불후불멸의 업적을 남긴 위인입니다.

이 위대한 성인이자 천재 신학자의 회심이 바로 하늘이 땅을 뚫고 들어오고, 하나님이 우리 안에 개입하시는 특별한 때, 구원의 때, 은혜의 때, '카이로스/καιρός'를 강조하는 로마서 13장 13-14절을 읽음으로써 이루어졌던 것입니다. 이 '때'는 그리스도 예수께서 오시는 그때까지 오늘도 내일도 계속 될 것입니다! 언제나 긴박한 재촉과 요구로!

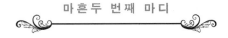

'약한 자' VS. '강한 자'
'The Weak' VS. 'The Strong'

롬 14:1-12

로마교회 내의 갈등

로마서 14장 1절-15장 13절은 바울이 13장까지 설파해온 교리 신학과 실천윤리를 로마교회 안에서 일어난 한 특수한 사례case에 적용한다는 점에서 굉장히 중요합니다. 신학 논리가 제아무리 정치精緻하고, 윤리 실천이 제아무리 강력해도 현장에서 직접 써먹을 수 없다면 화중지병에 지나지 않을 것입니다.

그렇다면 로마교회에는 어떤 문제가 있었을까요? 바울의 표현대로 한다면 '약한 자the weak'와 '강한 자the strong'가 맞서 갈등과 분쟁을 일으키고 있었습니다. 바울은 '약한 자'와 '강한 자'가 각각 무엇을 의미하는지를 설명하지 않습니다. 자신이 로마교회에서 발생한 '약자'

와 '강자'의 대립 갈등을 어떻게 알게 됐는지도 밝히지 않습니다. 하지만 바울의 논리가 전개될수록 양 집단의 성격이 하나둘 드러납니다. 그럼에도 바울이 별다른 설명 없이 이 문제를 곧바로 끄집어내는 것으로 볼 때 로마 교인들도 이 문제를 잘 알고 있다는 전제하에서 말문을 여는 것 같습니다. (아무리 생각해도 '약자'와 '강자'는 로마교회 안에서 일어나는 상황을 고려해서 **바울** 자신이 고안해낸 용어들 같습니다.)

'약자'와 '강자'는 언제나 우열관계에서 발생하는 대립구도입니다. 힘이든 지식이든 경험이든, 어떤 영역이든지 간에 두 집단 중에 한쪽 편이 한 수 밀릴 때 '약자'가 되고, 다른 편은 '강자'가 됩니다. 그러므로 '약자'와 '강자'라는 용어 자체가 위화감을 조성하는 불쾌한 표현입니다. 그런데도 바울이 굳이 이 용어를 사용하는 것으로 볼 때, 로마교회 안에서 '강자'로 자처하는 무리와 이 무리에 의해 '약자'로 낙인찍힌 무리가 대립각을 세우고 있었던 것 같습니다.

중요한 것은 누구나 다 약자로 몰리기를 싫어하기에 '약자'라는 칭호는 한 집단이 자신에게 스스로 붙인 것이 아니라, 강자로 자처하는 자들이 이들을 낮잡아 업신여기는 의미로 붙여준 칭호라는 사실입니다. 이처럼 약자와 강자의 우열관계를 고려할 때, 로마교회에서의 '강자'는 교인 다수를 점하는 주류세력이었을 것이며, '약자'는 소수의 비주류 집단이었을 것입니다.

'약자'와 '강자'는 누구?

로마교회에서 '약자'와 '강자'는 각각 누구였을까요? 먼저 주목해야 할 사실은 바울이 '약자'라는 명칭을 언급할 때 '믿음이 연약한 자톤 아스테눈타 테이 피스테이/τὸν ἀσθενοῦντα τῇ πίστει/weak *in faith*'라는 표현 을 쓴다는 것입니다(14:1). 그렇다면 역으로 '강자'의 경우에도 '믿음 이 강한 자strong *in faith*'라는 뜻이 될 것입니다(15:1 참조).

이처럼 다름 아닌 '믿음'에 있어서 약하고 강하다는 표현을 놓고 볼 때, 로마교회에서 벌어지고 있는 약자와 강자 사이의 갈등은 어떤 인 격성이나 도덕성, 사회계급, 혹은 경제지위에 따른 우열관계에서 발 생한 것이 아닌, 신앙과 관련된 문제임이 틀림없습니다.

그렇다면 향후 바울의 논리 전개로 조금씩 드러나는 두 그룹의 성 격으로 볼 때, '믿음이 연약한 자'는 그리스도에 대한 기본신앙이 연약 한 사람을 의미하지 않습니다. 외려 예수님에 대한 신앙은 누구보다 강하지만, 신앙과 관련된 어떤 의식법이나 규례와 관련해서 아직 확 신assurance이 서지 않고 망설이는 사람을 지칭하는 것 같습니다. 마 찬가지로 '믿음이 강한 자'도 기본신앙이 강하다는 뜻이라기보다는, 신앙에 근거해서 어떤 것을 자유롭게 할 수 있다는 양심문제에 있어 서 신념이 확고히 선 사람을 의미합니다. 이것은 14장 2절과 5절, 21 절을 보면 분명해집니다.

2절	어떤 사람은 **모든 것을 먹을 만한 믿음이 있고**[강자] **믿음이 연약한 자**[약자]는 채소만 먹느니라.
5절	어떤 사람은 **이 날을 저 날보다 낫게 여기고**[약자] 어떤 사람은 **모든 날을 같게 여기나니**[강자] 각각 자기 마음으로 확정할지니라.
21a절	**고기도 먹지 아니하고 포도주도 마시지 아니하고**[약자]…

이 세 구절을 근거로 할 때, '믿음이 약한 자'는 고기를 먹지 않고 채소만 먹습니다. 특정한 날을 더 존중해서 그 날을 거룩하게 지키려

고 합니다. 고기만 먹지 않는 것이 아니라, 포도주도 입에 대지 않습니다. 바울이 약자로 부르는 사람은 일체 고기와 포도주를 입에 대지 않는 채식주의자일 뿐만 아니라, 율법이 규정한 안식일을 비롯한 각종 성일과 축일을 성별해서 지키려는 사람입니다.

그러므로 이런 사람이 예수님에 대한 기본신앙이 약하다고 할 수는 없습니다. 외려 예수님에 대한 믿음은 훨씬 더 강할 수도 있습니다. 다만 예수를 믿은 뒤 아직도 구약의 율법으로부터 완전히 풀려나지 못해 예민한 양심으로 율법이 금한 고기나 포도주를 입에 대지 못한 채 채소만 먹고, 성일이나 축일을 준수하려고 했던 사람입니다.

마찬가지로 '믿음이 강한 사람'도 예수님에 대한 기본신앙이 강하다는 뜻이 아니라, 기독교인이 된 다음에 율법의 구속에서 풀려났다는 확신으로 양심의 자유를 얻어서 거리낌 없이 고기를 먹고 포도주를 마시며, 모든 날이 다 성스럽다고 생각하는 신념이 강한 사람입니다.

그렇다면 로마교회에서 적어도 특정 음식과 특정 절기를 고수하려는 약자들은 어떤 신자들이며, 이런 음식과 절기 규정에서 풀려난 강자들은 누구였을까요? 이 문제에 관해서 학자들이 대체적으로 일치하는 것은 약자 집단은 로마교회 안에 소수의 비주류로 있던 '유대계 기독교인들Jewish Christians'로, 강자 집단은 '이방계 기독교인들non-Jewish Christians'로 보는 시각입니다.

물론 이방인들 가운데에도 '유대 회당에 참여하면서 하나님을 경외하며 예배한 사람들'이 있었는데(행 13:43, 50; 16:14; 17:4, 17; 18:7), 이들 가운데에도 기독교로 개종한 뒤에 여전히 유대교 율법을 엄격하게 지키려고 했던 신자들이 있었을 것입니다. 이처럼 이방계 신자들 중에서도 약자 그룹에 든 사람들이 있었겠지만, 대체적으로 어려서부터 유대교 율법규정을 엄격하게 지켜오다가 기독교로 개종한 유대인 신자들이 이 그룹의 대부분을 차지했을 것입니다.

주후 49년경에 글라우디오Claudius, BC 10~AD 54 황제가 '그리스도에 의해 촉발된 유대인들의 소요' 때문에 로마에 살던 유대인들을 추방했습니다(행 18:2). 이때 아굴라와 브리스길라 부부도 로마를 떠나 고린도로 이주했습니다. 글라우디오가 죽은 뒤 유대계 신자들은 로마로 다시 돌아왔지만, 그 사이에 이방계 신자들이 로마교회의 주류가 된 상황이 벌어졌습니다.

(로마서 16장 1-16절에는 바울이 로마교회 신자들의 이름을 열거하며 안부인사를 전하는데, 26명의 이름들 가운데 8명 정도가 유대인들인 것 같습니다. 다시 말해 20~30% 정도가 유대계 신자들이었기에 로마교회 안에서 이들은 소수의 비주류였습니다.)

이처럼 로마교회의 주류 강자 집단으로 부상한 이방계 신자들은 애초부터 유대교의 까다로운 음식법이나 성일 규례에 구애됨이 없었기에 이런 문제에서 자유로웠을 것입니다. 강자 집단의 주축을 이룬 이방계 신자들은 복음으로 말미암아 율법이 성취됐기 때문에 더 이상 율법의 구속에 얽매일 필요가 없다는 확고한 신념으로 무장해 모든 음식과 모든 날이 하나님이 주신 것이므로 감사함으로 받으면 된다는 열린 신앙을 가진 사람들이었습니다. 물론 강자 그룹에는 바울처럼 유대교에서 기독교로 개종한 유대계 신자들도 일부 포함됐겠지만, 절대다수는 이방계 신자들이었을 것입니다.

'약한 자' (The Weak)	'강한 자' (The Strong)
① 고기와 포도주를 못 먹고 채소만 먹는다.	① 모든 음식을 다 먹는다.
② 안식일을 비롯한 각종 성일과 축일을 엄격하게 지켜 성수한다.	② 모든 날이 하나님이 주신 거룩한 날이기에 다 같다고 생각한다.
③ 유대계 신자 다수 + 이방계 신자 소수	③ 이방계 신자 다수 + 유대계 신자 소수

상호용납을 향하여

기독교인이 된 다음에도 유대교 율법주의를 청산하지 못하고 여전히 특정 음식을 삼가고 특정 성일과 축일을 엄격하게 지키는 약자 진영과, 복음이 온 다음에 모든 율법주의의 잔재로부터 자유롭게 됐다는 확신으로 음식이나 절기 문제에 거리낌이 없는 강자 진영이 로마교회 안에서 서로 다투는 상황에서 바울이 제시한 해법은 무엇일까요? 갈등과 분열을 봉합하고 화해와 일치로 나서게 하는 교훈은 무엇일까요?

흥미롭게도 바울은 자신이 강자에 속해 있음에도 기독교인이 고기나 포도주를 먹어도 좋다거나 안식일을 비롯한 특정 성일이나 축일을 준수하지 않아도 좋다는 식의 신학적 견해를 일절 밝히지 않습니다.

바울이 쓴 서신 전체, 특히 "우상에게 바쳐진 제물 고기를 먹어도 되느냐"의 문제를 다룬 고린도전서 8장과 로마서 14장 1절-15장 13절을 고려할 때, 바울은 명백히 강자 그룹에 속한 사람입니다.

믿음이 강한 우리는 마땅히 믿음이 약한 자의 약점을 담당하고 자기를 기쁘게 하지 아니할 것이라(15:1).

자신이 강자 그룹에 속한다는 사실을 당당히 밝혔기에 당연히 강자의 손을 들어주어야 함에도 불구하고, 바울은 강자가 옳다고 지지하고 약자가 그르다고 비판하지 않습니다. 사실 약자들은 어떤 정결법이나 의식의 준수 여부가 구원에 영향을 미친다고 믿었기에 아직도 유대교 율법의 그림자에서 완전히 벗어나지 못한 미숙한 신자들입니다. 더욱더 복음의 근본정신으로 교육되고 계몽돼야 할 대상이지요.

다시 말해 바울이 약자와 강자의 갈등을 다룰 때의 기본 전제는 약자가 궁극적으로 강자 쪽으로 성숙해나가야 한다는 사실입니다. 그러기에 바울은 얼마든지 강자를 두둔하고 약자를 교정하려는 태도를 보일 수도 있습니다. 하지만 바울은 약자는 강자를 이해하고 강자는 약자를 포용하라며, 갈등과 분열을 넘어서 화해와 일치를 적극 권유합니다. 무엇보다도 14장 1-12절의 지배적 논조는 '믿음이 강한 이들'이 '믿음이 약한 이들'을 용납할 것을 부탁합니다.

배제와 혐오를 넘어서 포용과 사랑으로 화해와 일치를 이루는 정신이야말로 바울이 지금까지 줄기차게 천명해온 복음의 근본정신, 즉 만민을 평준화시키며 모든 인간의 여하한 성취와 자랑도 무력화시키는 '이신칭의'의 원리와도 상통합니다.

그렇다면 바울은 어떤 논리로 강자가 약자를, 아니 약자와 강자가 서로를 용납하라고 권면할까요? 14장 1-12절은 마치 반지ring 형태로 구성됐습니다. 먼저 처음 1-3절과 나중 10-12절은 거의 같은 논조로 약자와 강자가 서로를 업신여기거나 비판하지 말고 용납할 것을 역설합니다. 그 중간에 보석처럼 얹혀있는 4-9절은 왜 약자와 강자가 서로를 용납해야 하는지에 대한 **신학적 근거**를 제공합니다.

> 믿음이 연약한 자를 너희가 받되 그의 의견을 비판하지 말라(1절).

바울은 먼저 강자부터 타이릅니다. 약자를 '받아들이라'는 말을 영어성경 NRSV는 'welcome', '환영하라'고 번역했습니다. 자기 집에 찾아오는 손님을 환대하듯이 가슴으로 기꺼이 받아들이라는 것이지요.

여러 가지 사정으로 볼 때 강자들은 약자들이 미숙하고 무지몽매하고, 율법주의에 얽매인 '반쪽 그리스도인들half Christians'이라고 생각했을 것입니다. 그러기에 강자는 약자를 복음의 원리로 바로 교육시켜서, 율법주의로부터 벗어나 성숙한 그리스도인으로 계몽시켜야 할 필요성을 느꼈을 것입니다.

하지만 바울은 아무 조건 없이 먼저 강자부터 약자를 받아들일 것을 권면합니다. 무조건적 용납 정신은 1절 후반부에 내건 조건에 잘 나타납니다. "그의 의견을 비판하지 말라." NRSV는 더 정확하게 번역했습니다. "but not purpose of quarrelling over opinions." 서로 다른 의견에 말다툼 할 목적으로 약자를 받아들이지 말라는 뜻이지요. 자신도 강자 진영에 속하기에 바울은 강자들이 약자들을 용납할 때 얼마든지 그들의 잘못된 견해를 교정할 목적으로 받아들이라고 권면할 수도 있었을 것입니다. 그럼에도 바울은 그렇게 잘못을 지적하여 교육하고 계몽할 목적으로 용납해서 안 된다는 사실을 분명히 합니다.

사실 약자는 유대인으로 태어나 아주 어려서부터 돼지고기나 뱀

장어, 낙지, 독수리 등 율법이 부정한 것으로 규정한 음식을 입에 대지 않았을 것입니다. 게다가 안식일을 비롯해서 율법이 성일과 축일로 지정한 날들을 거룩하게 지켰을 것입니다. 그러기에 오랫동안 하나의 습관처럼 몸에 밴 율법준수를 기독교인이 됐다고 해서 하루아침에 청산할 수는 없었을 것입니다.

유대계 신자들은 이런 의식법을 배워본 적이 없는 이방계 신자들이 쉽게 납득할 수 없는 난처한 상황에 처해 있었기에, 바울은 이들을 용납하되 골치 아픈 논쟁을 벌여 그들을 계도할 생각으로 그렇게 하지 말라고 당부한 것입니다.

업신여기지 말고, 비판하지 말고

2절에서 바울은 약자와 강자가 어떤 성격의 사람인지를 밝힙니다.

어떤 사람은 모든 것을 먹을 만한 믿음이 있고 믿음이 연약한 자는 채소만 먹느니라.

레위기 11장에는 이른바 '코세르Kosher'라는 음식 규정이 있습니다. 정한 짐승과 부정한 짐승을 구분해놓은 음식 정결법이지요. 낙타, 오소리, 토끼, 돼지 등의 되새김질을 하는 짐승의 고기나, 지느러미나 비늘이 없는 물고기를 피하라고 했습니다. 그밖에도 조류, 곤충, 길짐승에 있어서 먹어서 안 될 부정한 짐승을 열거했습니다.

하나님께서 음식법을 주신 이유는 이런 종류의 고기를 먹는 이방인들로부터 이스라엘을 구별되게 해서 거룩한 백성으로 세워주시기 위함이었습니다. 음식법을 어려서부터 습관처럼 엄격하게 고수하다가 기독교로 개종한 유대계 신자들은 로마와 같이 온갖 우상 잡신들이 득실거리는 대도시에는 우상에게 제물로 바쳐진 피 묻은 고기가 즐비했을 것이기에 시중에 판매하는 어떤 고기도 믿을 수가 없었을 것입니다. 이런 이유로 이들은 설령 레위기 11장이 허용한 고기라고 할지라도 일절 입에 대지 않는 것이 상책이라고 생각해서 어떤 고기도 먹지 않고 채소만 먹었을 것입니다.

이제 3절에서 바울은 채소만 먹는 약자와 모든 고기를 다 먹는 강자 모두에게 중요한 가르침을 줍니다.

먹는 자는 먹지 않는 자를 업신여기지 말고 먹지 않는 자는 먹는 자를 비판하지 말라 이는 하나님이 그를 받으셨음이라.

'먹는 자eater'는 두말할 필요도 없이 강자이고, '먹지 않는 자', 즉 고기를 '삼가는 자abstainer'는 약자입니다. 그런데 강자가 약자에게 보이는 전형적 태도가 있습니다. '업신여기는 것엑수테네이토/ἐξουθενεί-τω/despise'이지요!

반면에 약자가 강자에게 보이는 두드러진 태도는 '비판하는 것크리네토/κρινέτω/pass judgement on'입니다. 진보적이고 개방적이며, 스스로 성숙하다고 생각하는 강자형의 신자들은 옛 율법의 음식법이나 성일 규례에 얽매여 복음으로 해방되지 못한 신자들을 융통성 없고 편협한 '꼴통 신자들'로 업신여기는 경향이 있습니다.

음식 규정이나 성일과 축일을 철저히 지키려는 율법주의적 신자들은 스스로 '의로운 남은 자들righteous remnants'로 자처하면서 자신과 다른 신자들을 불신앙적이고 신령치 못한 '날라리 신자들'이라며 비판하고 정죄하는 경향이 있습니다.

오늘날도 술, 담배, 극장 구경, 댄스, 카드놀이, 심지어 예배에서의 CCM이나 워십 댄스 등등의 문제에 있어서 진보 신자들은 보수 신자들이 지나간 율법 시대의 지엽적이고 비본질적 문제에 붙들린 고루한 '구닥다리 신자들'이라고 깔볼 수 있으며, 보수 신자들은 진보 신자들이 함량 미달의 경건치 못한 '세속신자들'이라고 정죄할 수 있습니다.

19세기 영국 빅토리아 시대에 가장 뛰어난 설교자 두 사람은 찰스 스펄전Charles Spurgeon, 1834~1892과 조셉 파커Joseph Parker, 1830~1902였습니다. 처음에는 두 목사 사이가 좋아서 서로 강단을 교환해서 설교를 할 정도였습니다. 하지만 두 사람이 틀어져 반목한 나머지 신문의 가십난에 나올 정도까지 갔습니다.

스펄전은 파커가 극장 구경을 간다며 신령치 못하다고 비판했습니다. 파커는 스펄전이 엽궐련葉卷煙/cigar을 피운다면서 역시 세속적이라고 비판했습니다. 이런 문제로 서로를 업신여기고 비판했을 때 세상의 조롱거리가 되는 것은 당연합니다.

이런 이유 때문에 바울은 신앙양심이 강해서 어떤 음식이나 다 먹을 수 있는 '믿음이 강한 자'는 양심에 거리낌이 있어서 고기를 먹지 못하는 '믿음이 약한 자'를 업신여기지 말고, 약자는 강자를 자신의 신앙 기준대로 함부로 판단하지 말 것을 각각 당부합니다.

약자라고 해서 혹은 강자라고 해서 예수를 안 믿거나 구원을 못 받은 것은 아니기에 서로를 업신여기거나 비판하지 말고 사랑으로 용납하라는 것이지요! 무엇보다도 약자와 강자가 서로를 용납해야 하는 가장 중요한 이유는 하나님께서 그 사람을 받아들이셨기 때문입니다. 그러므로 무엇보다도 율법주의에 물든 약자는 강자가 믿음이 없고 신령치 못하다고 정죄하는 일을 중단해야 합니다. 하나님이 괜찮다고 하시는데 사람이 왈가왈부할 수 없기 때문이지요!

논쟁의 여지가 있는 문제들

신앙생활에는 본질 문제가 있고, 비본질 문제가 있습니다. 예수를 믿어야 구원을 얻는다는 것은 본질적이자 '논쟁의 여지가 없는 문제 indisputable matter'입니다. 하지만 기도할 때 소리를 내서 해야 하는지, 아니면 소리 없이 해야 하는지는 비본질적이자 '논쟁의 여지가 있는 문제디아로기스몬/διαλογισμῶν/disputable matter'입니다. 성경은 이런 문제에 시원한 대답 없이 다양한 가능성을 열어두기 때문에 시대와 상황에 따라서 얼마든지 논쟁의 여지가 있습니다.

감리교 선교사 스탠리 존스Stanley Jones, 1884~1973는 이런 말을 했습니다. 선교지에 가서 "당신이 **무엇을** 믿는지를 말하라. 그러면 불화가 생길 것이다. 당신이 **누구를** 믿는지를 말하라. 그러면 하나 됨을 경험할 것이다." 그리스도인들이 신앙의 초점이신 예수 그리스도를 말할 때에는 사람들이 인종과 문화와 언어와 신분과 지위의 차이를 넘어서 하나가 될 수 있지만, 그리스도로부터 벗어나 지엽적인 문제에 집착하다 보면 반드시 불화와 분쟁이 생길 수 있다는 말입니다.

로마교회 안에서 벌어진 '약자'와 '강자'의 갈등도 '논쟁의 여지가 있는 문제' 때문에 발생한 것입니다. 그리스도인이 고기와 포도주를 입에 댈 수 있는가 하는 음식 문제와 안식일을 비롯한 유월절, 오순절 등등 율법이 규정한 성일을 지켜야만 하는가 하는 문제는 논쟁의 여지가 있음에도 이것 때문에 서로 불화하는 상황이 벌어졌습니다.

구약의 음식 정결법에 따라 고기와 포도주를 입에 대지 않고 채식 위주의 식단에 따라 사는 사람들은 약자들로 불렸습니다. 강자들이 보기에 약자들은 기독교로 개종한 다음에도 유대교 율법의 그림자를 떨쳐내지 못했기 때문에 '약자'라는 썩 유쾌하지 못한 칭호를 얻었을 것입니다.

약자들은 아직 구약의 관습에서 완전히 벗어나지 못했을 뿐만 아니라 양심이 지나치게 예민한 나머지 어떤 음식을 먹고 먹지 않는 것, 어떤 날을 성스럽게 지키고 지키지 않는 것이 구원에 심각한 영향을 미친다고 생각한 나머지, 예수를 믿은 다음에도 율법이 금지한 고기를 먹는 문제와 각종 성일과 축일을 지키는 문제에 굉장히 예민했던 것입니다.

반면에 기독교로 개종한 뒤 율법의 잔재로부터 완전히 해방됐다고 믿은 강자들은 모든 음식과 모든 날을 하나님이 주신 선물로 믿었기에 감사함으로 받으면 전혀 문제가 되지 않는다고 확신했습니다. 당연히 바울도 이런 확신을 가진 강자 그룹에 속합니다.

하지만 이런 문제가 딱히 정답을 내리기 어려운 '논쟁의 여지가 있는' 비본질적 문제임에도 약자와 강자 집단이 갈라져 서로 반목하고 분쟁할 수 있다는 점에서 사태의 심각성이 있습니다.

바울이 3절에서 예리하게 지적한 것처럼 강자와 약자가 서로를 대하는 전형적 태도가 있습니다. 율법이 규정한 음식과 날짜에서 해방됐다는 확신으로 모든 음식을 다 먹을 수 있다고 자부하는 '강자들'은 이런 문제 때문에 주저하는 '약자들'을 '업신여길despise' 수 있습니다. 자신은 개화되고 성숙한 신자라는 우월감으로 상대편을 무지몽매하고 미숙한 사람으로 '깔볼' 수 있다는 것이지요. 누가 누군가를 깔볼 때에는 한 수 아래로 보기에 상대방을 시답잖게 여긴 나머지 아예 무관심할 수도 있습니다.

반면에 약자들은 자기가 조심하는 일을 거침없이 하는 강자들을 '비판하고judge' '정죄할condemn' 수 있습니다. 고기와 포도주를 입에 대지 않는 것이 단지 건강상의 이유 때문이 아니라, 거룩성을 지키려는 종교 문제이기에 자신과 동조하지 않는 이들을 경건치 못하다고 단정할 수 있습니다. 안식일과 유월절, 오순절 등의 절기를 지키는 이유가 단지 행운을 가져오는 길일이기 때문이 아니라, 하나님의 백성으로서의 순결성과 정체성을 지키려는 종교적 신념의 문제이기에 이런 성스러운 날들을 어기는 사람들을 부정하다고 정죄할 수 있습니다.

이처럼 종교적 이유로 다른 이들을 정죄하고 심판하는 약자들은 과도한 방어심리 때문에 타인의 행동에 지나치게 예민해서 그들의 일거수일투족을 눈에 불을 켜고 감시하는 경향이 있습니다. 강자가 약자에 무관심한 것과 달리, 약자는 강자에 지나치게 관심이 많을 수 있다는 것이지요.

종이 종을 판단할 수 없다

바울은 강자가 약자를 깔보지 말고, 약자는 강자를 비판하지 말고, 서로를 용납할 것을 촉구합니다. 특히 약자가 강자를 비판할 때 한 가지 망각한 사실이 있습니다. 그것은 고기와 포도주를 입에 대고 특정 성일이나 축일을 지키지 않는 강자들도 하나님께서 받으셨다는 사실입니다.

3b절
이는 하나님이 그[강자]를 받으셨음이라(개역개정).
for God has accepted him[the strong](NIV).

약자나 강자를 불문하고 하나님께서 우리를 받으셔서 의롭다고 인정해주시는 '이신칭의'는 고기나 포도주 등의 음식을 삼가고 특정 성일과 축일을 지키는 행위를 통해서가 아니라, 그리스도를 믿음으로써 값없이 주시는 하나님의 은혜 때문입니다. 바로 이 점을 바울은 약자에게 되새겨 준 것이지요.

이제 4-9절은 약자와 강자가 왜 서로를 용납해야 하는지에 대한 신학적 근거를 밝힙니다. 먼저 4절은 강자를 비판하는 약자에게 주는 경고입니다. (10절은 약자와 강자 모두에게 주는 책망입니다.) 바울이 약자와 강자 모두를 비판할 때 근거로 삼는 중요한 신학 원리 두 가지가 있습니다.

약자와 강자가 서로를 용납해야만 하는 두 가지 신학적 근거
첫째로, 약자든 강자든 하나님께서 용납하신 하나님의 자녀들이기에 약자와 강자는 그리스도 예수 안에서 서로 사랑하고 존중해야 할 형제요 자매다.
둘째로, 약자든 강자든 서로를 심판할 수 있는 권한이 없고, 오직 하나님만이 우리를 심판하실 수 있다.

가상의 적수를 끌어들여 논박하는 '디아트리베'라는 수사학적 방법을 통해 바울은 약자의 그릇된 태도부터 책망합니다.

남의 하인을 비판하는 너는 누구냐 그가 서 있는 것이나 넘어지는 것
이 자기 주인에게 있으매 그가 세움을 받으리니 이는 그를 세우시는
권능이 주께 있음이라(4절).

'종의 비유'를 들어 약자가 강자를 비판할 자격이 없다는 사실을 지
적한 것이지요. 노예제가 합법적이었던 로마 시대에 외인이 남의 집
종을 함부로 판단하는 것은 월권입니다. 어떤 종이 잘하고 못하는지
의 판단은 전적으로 그의 주인이 할 몫입니다. 특히 여기에서의 '종오이
케텐/οἰκέτην'은 '가노家奴/house servant/Haussklave'를 의미합니다. 한 가
정에 속해서 그 집안의 가장인 주인에게 충성을 다해야 할 집종이지요.

우리 그리스도인들은 모두 예수 그리스도라는 주인을 섬기는 한
집안의 종들인데, 어떤 종에 대한 판단은 똑같은 종의 신분에 있는 우
리가 할 일이 아니라 주인이 할 영역입니다.

어떤 종이 '서는 것stand'이나 '넘어지는 것fall'은 주인에게 '인정받
고', '인정받지 못한다'는 비유입니다. 다시 말해 어떤 종이 주인을 신
뢰하며 해야 할 도리를 다해서 주인으로부터 '착하고 충성된 종'으로
칭찬을 받는다면, '서 있는 것'입니다. 주인을 신뢰하지 않고 주인에게
불충해서 '악하고 게으른 종'으로 책망을 받는다면, '넘어지는 것'입니
다. 한 종이 서거나 넘어지는 것에 대한 판단을 똑같이 종으로 있는
우리가 해서는 안 되고, 주인이 해야 합니다. 바울은 4절 끄트머리에
서 사족 같지만 중요한 단서 하나를 답니다.

주님께서 그[강자]를 서 있게 할 수 있으시니, 그는 서 있게 될 것입니
다(새번역).

약자는 강자가 넘어질 것이라고 지레짐작하고 섣불리 판단할 수 있습니다. 하지만 종이 서고 넘어지는 것에 대한 판단은 전적으로 주인에게 달려 있습니다. 그런데 약자의 속단과 달리 주인이신 그리스도께서는 강자를 서게 하실 수 있는 권한이 있으므로, 강자는 서게 될 것입니다. 바울은 이처럼 똑같이 종으로 있는 주제에 다른 종들을 함부로 심판하려는 약자의 태도에 일침을 놓습니다. 그러므로 약자나 강자나 모두 하나님의 집에 고용된 종들이기에 겸손과 포용이 필요합니다.

그런즉 선 줄로 생각하는 자는 넘어질까 조심하라(고전 10:12).

먹는 자도, 먹지 않는 자도

바울은 5절에서 성일과 축일 준수 문제로 넘어가 약자는 율법이 규정한 특정한 날들을 성수하려는 반면에 강자는 모든 날들을 동일하게 여긴다는 사실을 드러냅니다. 이처럼 약자와 강자 사이에 또 한 가지 갈등요인이 성일성수에 있음을 밝힌 뒤 5절 말미에서 아주 흥미로우면서도 중요한 말씀을 덧붙입니다. 이 구절이야말로 6-9절에서 전개하는 기독론적 상호용납의 원리와 직결되기에 중요합니다.

각각 자기 마음으로 확정할지니라(개역개정)
각각 자기 마음에 확신을 가져야 합니다(새번역)
Let all be fully convinced in their own minds(NRSV)

약자가 고기와 포도주를 삼가고, 안식일을 비롯한 각종 성일을 지

킨다면 오랫동안 몸에 밴 습관이나 체면 때문에 그렇게 해서는 안 되고, 성경을 모조리 따져보고 오래 기도하며 깊이 숙고한 뒤 양심의 확신으로 그렇게 해야 한다는 것이지요. 강자 역시 성경을 연구하고 기도하고 숙고한 끝에서 나온 신앙양심의 확신으로 자신의 길을 고수해야 함에도, 섣부른 우월감이나 율법에 대한 반감 때문에 그렇게 해서는 안 된다는 것입니다.

약자든 강자든 깊은 성경 연구와 오랜 기도, 충분한 숙고 끝에 양심의 확신을 따라 자신이 옳다고 생각하는 길을 좇는다면, 두 진영이 하는 일은 모두 공동의 주인이 되신 주 예수 그리스도를 기쁘게 하는 일이 될 것입니다.

> 날을 중히 여기는 자도 주를 위하여 중히 여기고 먹는 자도 주를 위하여 먹으니 이는 하나님께 감사함이요 먹지 않는 자도 주를 위하여 먹지 아니하며 하나님께 감사하느니라(6-7절).

약자가 **양심의 확정**에 따라 고기와 포도주를 삼가고 안식일을 지킨다면 이는 주님을 위해서, 곧 주님을 '공경하기 위해서in honor of' 그렇게 하는 것입니다. 마찬가지로 율법이 금한 음식까지 가리지 않는 사람도 양심의 확정을 따라 그렇게 한다면, 이 역시 주님을 위해서 그렇게 하는 일입니다.

어떤 습관이나 사사로운 체면, 우월감, 혹은 반감 때문에 약자의 길, 강자의 길을 걷는 것이 아니라면, 양 진영에 속한 이들은 모두 다 주님을 더 잘 섬기기 위한 순수한 신앙 양심의 발로로 그렇게 할 것이라는 사실이지요.

더더욱 흥미로운 것은 음식을 대하는 양자의 태도를 평가한 6절 후반부입니다.

> **먹는 사람**[강자]도 주님을 위하여 먹으며, 먹을 때에 하나님께 감사를 드립니다
>
> 그리고 **먹지 않는 사람**[약자]도 주님을 위하여 먹지 않으며, 또한 하나님께 감사를 드립니다

음식에 거리낌이 없는 강자도 주님을 위하여 그렇게 할 뿐 아니라, 무엇보다 음식을 먹을 때 '감사기도Dankgebet'를 드립니다. 음식이 하나님이 주신 선물이라는 사실을 인정하고 음식을 감사히 먹는다는 뜻이지요. 마찬가지로 고기와 포도주를 삼가고 채식 위주의 음식을 먹는 약자도 주님을 위해, 자신이 먹는 채소가 하나님이 주신 선물이라며 감사기도를 올리고 먹습니다. 강자나 약자 모두가 고기든 채소든 음식을 주신 분이 하나님이라는 사실을 인정한다는 말이지요.

하나님께서 지으신 모든 것이 선하매 감사함으로 받으면 버릴 것이 없나니(딤전 4:4).

우리는 '주의 것'

한 편의 찬송시나 신경을 방불케 할 만큼 아름답고 잘 짜인 기독론적 진술의 절정은 7-9절입니다.

우리 중에 누구든지 자기를 위하여 사는 자가 없고 자기를 위하여 죽

는 자도 없도다 우리가 살아도 주를 위하여 살고 죽어도 주를 위하여
죽나니 그러므로 사나 죽으나 우리가 주의 것이로다 이를 위하여 그
리스도께서 죽었다가 다시 살아나셨으니 곧 죽은 자와 산 자의 주가
되려 하심이라.

약자나 강자나 모두 면밀히 성경을 연구하고 오래 기도하고 깊이
성찰한 후에 신앙 양심의 확신에 따라 고기를 먹지 않거나 먹고 안식
일을 지키거나 지키지 않는다면, 두 부류의 사람들은 모두 주님을 위
하여 그렇게 하는 것이며, 모든 것이 주님께로부터 왔다는 사실을 인
정하고 감사기도를 드리며 그렇게 하는 일이기에 양쪽 다 주님을 위
해서 하는 일들입니다.

어느 쪽이든지 간에 이렇게 하는 일이야말로 자기만을 위하여 사
는 것도 아니고 자기만을 위하여 죽는 것도 아닌, 살아도 주님을 위하
여 살고 죽어도 주님을 위하여 사는, 그야말로 살든지 죽든지 '주님의
것투 퀴리우/τοῦ κυρίου/the Lord's'으로 사는 것에 다름 아닙니다. 우리가
'주님의 것'이라는 말씀은 우리의 삶과 죽음이 주님의 손에 달려 있다
는 뜻이므로, 약자나 강자나 이런 믿음으로 자신의 양심이 옳다고 여
기는 방향을 쫓아서 살아야 한다는 논지일 것입니다.

하나님의 심판대 앞에서

9절에서 바울은 특정 음식의 섭취 여부나 특정일의 준수 여부 때
문에 파벌을 만들어 대립할 필요가 없다는 사실을 예수 그리스도의

죽음과 부활을 통해서 확증합니다. 예수 그리스도께서 죽으셨다가 살아나셔서 온 세상의 주님이 되셨다면, 당연히 약자와 강자의 주님도 되실 것입니다. 그렇다면 약자나 강자가 서로의 재판장이 돼서 물고 뜯는 것은 가당치 않습니다.

> 네가 어찌하여 네 형제를 비판하느냐 어찌하여 네 형제를 업신여기느냐 우리가 다 하나님의 심판대 앞에 서리라(10절).

여기에서 바울은 원래의 주제로 되돌아 와 약자와 강자가 똑같이 하나님의 심판대 앞에 서게 될 동등한 형제라는 사실을 강조합니다. 예수께서 죽으셨다가 다시 살아나신 것은 강자나 약자를 불문하고 온 세상의 주님이 되시기 위함이었다면, 약자는 강자를 비판할 권리가 없습니다. 강자가 약자를 업신여길 자격도 없습니다. 이처럼 10절은 약자와 강자 양집단 모두를 책망하는 양날의 칼인데, 양쪽 모두 어느 한 편을 정죄하거나 심판할 수 없고 유일한 대재판장이신 하나님께 심판받아야 할 대상일 뿐이라는 것입니다.

'하나님의 심판대토 베마티 투 테우/τῷ βήματι τοῦ θεοῦ/the judgement seat of God'라는 표현이야 말로 최종적으로 열리게 될 우주적 법정의 대재판장석은 우리가 앉을 자리가 아니라는 사실을 보여줍니다. 우리는 피고인석에 앉아서 하나님의 심판을 기다려야 할 처지일 뿐이기에 약자나 강자나 서로의 재판장이 돼서 판단하지 말라는 당부입니다.

바울은 온 인류가 대재판장이신 하나님 앞에 서게 될 것이라는 사실을 이사야 49장 18절(「70인경」은 '사 45:23')을 인용해서 또 다시 강조합니다.

기록되었으되 주께서 이르시되 내가 살았노니 모든 무릎이 내게 꿇을 것이요 모든 혀가 하나님께 자백하리라 하였느니라(11절).

약자와 강자가 서로를 정죄하고 심판할 자격이나 권한이 없고, 이 일이 오로지 하나님 한 분의 손에 달려 있기에 "우리 각 사람은 자기 일을 하나님께 직고直告/be accountable to해야 할 것입니다"(12절). 하나님의 공정한 심판대 앞에서 우리가 한 일을 사실대로 아뢰어야 한다는 것이지요. 약자나 강자나 사람 앞에서가 아니라 하나님 앞에서 자기 신앙양심대로 한 일에 대해서 판단받아야 한다는 뜻입니다.

우리의 구원 여부를 판가름할 만큼 심각하지 않은, 논쟁의 여지가 있는 사안에 대한 바울의 처방전은 '상호용납mutual acceptance'과 '상호존중mutual respect'입니다. 하나님께서 약자나 강자를 불문하고 받아주신 것은 그들의 믿음에 의한 하나님의 은혜 때문이지, 그들의 행위에 근거한 것이 아니기에 하나님이 받으신 형제자매들을 양자 모두는 환영하고 용납해야 합니다.

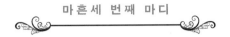

너희의 선한 것이 비방을 받지 않게 하라!

Do not let your good be spoken of evil!

롬 14:13-23

하필이면 '약자'와 '강자' 칭호를?

로마교회 안에는 '강자'와 '약자'가 대립하고 있었습니다. 복음을 접한 뒤 구약의 의식법에서 자유롭게 됐다는 확신으로 어떤 음식이든지 다 먹을 수 있고 모든 날이 다 거룩하다고 여기는 신자들과 여전히 특정 음식을 먹는 것과 특정 성일을 어기는 것을 꺼려하는 신자들이 반목하게 됐던 것이지요.

바울 자신도 강자 그룹에 속하기에 적어도 신학 진리에 관한 지식에 있어서는 강자 쪽이 옳습니다. 하지만 옳다고 해서 다 할 수 있는 것은 아닙니다. 교회에서 고기를 먹는 쪽과 고기를 먹지 않는 쪽이 함께 둘러앉아 공동식사를 나눌 때 상황은 훨씬 더 불편해집니다. 다수의 주류 세력을 이룬 강자들이 보란 듯이 고기를 입에 대다가는 약자들이 시험에 들어 큰 상처를 입을 수 있습니다. 강자들이 아직 율법의 그림자에서 벗어나지 못한 약자들을 배려하고 존중하지 않고, 자기 옳은 쪽으로 처신하다가는 교회가 깨질 수 있습니다. 로마교회에서 벌어지는 상황으로 볼 때 '강자'와 '약자'보다는 '성숙한 신자'와 '미숙한 신자' 혹은 '계몽된 신자'와 '계몽되지 못한 신자'로 부르는 편이 더 정확할 것입니다. 그런데도 바울이 고르고 골라서 굳이 '강자'와 '약자'라는 표현을 쓴 것은 수나 세력에서 한 수 밀리는 신도들이 다수의 횡포에 짓눌려 쉽게 '상처를 받고vulnerable' 무너질 수 있는, 말 그대로 '연약한 신자들'이었기 때문일 것입니다. 이들은 강자들이 배려하고 존중해주지 않을 경우 쓰러질 수 있는 취약 그룹이었기에 바울이 '약자'라는 칭호를 일부러 쓴 것 같습니다.

강자들은 복음의 확신으로 무장해서 어떤 문제에도 흔들림이 없는 견고하고 성숙한 믿음을 가진 신자들입니다. '논쟁의 여지가 있는 지엽적 문제' 따위에는 쉽게 동요하지 않는 강성과 성숙성이 있기에 강자들로 불렸을 것입니다.

하지만 힘의 논리로 볼 때 강자가 빠질 수 있는 위험성이 있습니다. 강자는 약자보다 모든 면에서 성숙하고 계몽됐다는 자부심으로 약자가 엄격하게 지키려는 율법규정을 시대착오적인 것으로 간주하고 약자를 일방적으로 훈계하고 교정시키려고 할 수 있습니다. 역지사지의 정신으로 약자의 처지를 세심하게 헤아리지 않고 자신이 옳다고 여기는 신념을 강요해서 상대방의 잘못된 견해를 고치려고만 할 수 있다는 것이지요.

어느 사회에나 인종이든 권력이든 어떤 문제이든지 간에 다수의 주류 세력이 자신이 정해놓은 기준에다가 소수의 비주류 세력을 동화시키고 순응시키려고 할 수 있듯이, 로마교회의 강자와 약자 대립도 이런 위험성에 노출돼 있었던 것입니다.

이 점에서 강자의 성경이나 신학 지식이 제아무리 옳다고 할지라도 약자 쪽을 보호하기 위해 자신의 자유를 제한할 필요가 있습니다. 무엇보다도 강자와 약자의 대립을 '갑을관계'로 인식할 때 갑질하는 쪽이 먼저 변화돼야지만 관계가 정상화될 수 있듯이, 로마교회에서도 먼저 강자들이 포용의 신호를 보내야지만 평화와 일치를 이룰 수 있기에 바울은 강자들을 집중적으로 진지하게 타이릅니다.

장애물이나 걸림돌 되지 말고

로마서 14장 1-12절에서 바울은 강자에게 주는 호소로 시작해서 갑자기 강자와 약자 모두를 대상으로 권고했지만, 초점은 주로 약자에게 집중됐습니다. 이제 바울은 균형을 잡고자 13-23절에서 다시 강자 쪽으로 시선을 돌립니다. 신학 지식으로 볼 때에는 강자가 옳지만 옳은 지식이 배려와 존중이라는 사랑의 정신과 맞물리지 않으면 상대방을 실족시킬 수 있습니다.

바울은 먼저 **부정적 측면**에서 강자가 약자에게 영적인 상처를 입히는 방향으로 자신의 자유를 남용해서 안 된다는 사실을 역설합니다. 그런 뒤에 **긍정적 측면**에서 강자가 약자를 배려하고 존중하는 사랑의 정신으로 처신해서 교회 전체의 평화를 이루고 성도들 사이에 덕을 세울 것을 주문합니다.

본문도 반지 형태로 돼 있는데, 처음 13-16절과 나중 19-23절은 강자가 자신의 자유를 절제해서 약자가 넘어지는 일이 없게 하라고 권면하는 내용이고, 그 중간에 보석처럼 얹혀있는 17-18절은 왜 강자가 약자에게 이렇게 해야만 하는지에 대한 신학적 근거를 제시합니다. 먼저 13절은 강자와 약자 모두에게 주는 일반 권고입니다.

그런즉 우리가 다시는 서로 비판하지 말고 도리어 부딪칠 것이나 거칠 것을 형제 앞에 두지 아니하도록 주의하라.

바울은 여기에서 '언어의 유희word play'를 하고 있습니다. 개역개정의 '비판하지 말고'와 '주의하라'는 표현을 새번역에서는 '심판하지 말고'와 '결심하라'로 번역했습니다. 새번역이 헬라어에 훨씬 더 가깝게 번역했는데, '심판'과 '결심'은 똑같이 '크리노/κρίνω'라는 어근으로 돼 있습니다.

먼저 부정적으로 강자와 약자는 서로를 '크리노멘/κρίνωμεν' 하지 말아야 합니다. 이때에는 심판하지 말라는 뜻입니다. 비판하고 정죄하지 말라는 것이지요. 하지만 후반부에서 긍정적으로 '크리나테/κρί-νατε'하라고 말할 때에는 '결심하라determine/decide'는 뜻으로 사용됩니다. 바울은 이처럼 동일한 어근을 가진 동사를 사용해서 각기 다른 각도에서 양집단을 권고합니다.

강자들이 하지 않겠다고 결심해야 할 다짐은 무엇일까요? 13절 후반부를 보면, 강자는 약자 앞에 '부딪칠 것프로스콤마/πρόσκομμα/stumbling block/새번역에서는 '장애물'과 '거칠 것스칸달론/σκάνδαλον/hind-rance/새번역에서는 '걸림돌'을 놓지 말아야 합니다. '부딪칠 것'이나 '거칠 것'은 같은 뜻을 지닌 동의어인데, 강자가 약자를 걸려 넘어지게 해서 죄를 짓게 할 수 있다는 것입니다.

강자가 처한 딜레마

그렇다면 강자는 왜 장애물이나 걸림돌을 놓아서 약자를 넘어지게 하면 안 될까요? 바울은 그렇게 해서 안 될 두 가지 신학적 근거를 제시합니다.

제1 근거 (14-16절)	그리스도께서 위하여 죽으신 형제자매를 음식 문제 때문에 망하게 하지 말라.
제2 근거 (17-21절)	하나님 나라가 먹고 마시는 문제보다 훨씬 더 중요하다.

바울은 강자가 약자를 사랑의 정신으로 대해야 한다는 사실을 역설하기 전에 먼저 강자가 처한 딜레마부터 언급합니다.

> 내가 주 예수 안에서 알고 확신하노니 무엇이든지 스스로 속된 것이
> 없으되 다만 속되게 여기는 그 사람에게는 속되니라(14절).

바울은 "내가 주 예수 안에서 알고 확신하노니"(I know and am persuaded in the Lord Jesus)라는 개인적 표현을 써가며 창조론에 근거한 신학적 확신을 천명합니다. 언뜻 보면 바울이 음식에 대한 예수님의 가르침에 근거해서 자신이 알고 확신한 진리를 말하겠다는 뜻으로 보입니다. 예수님은 마가복음 7장 15-16절에서 이렇게 말씀하셨

습니다.

> 무엇이든지 밖에서 사람에게로 들어가는 것은 능히 사람을 더럽게 하
> 지 못하되 사람 안에서 나오는 것이 사람을 더럽게 하는 것이니라….

예수님의 요점은 사람의 배 안에 들어가는 음식 때문에 사람이 더
럽게 되는 것이 아니라는 것입니다. 바울은 분명히 예수님의 가르침
을 알고 있었기에 음식 문제에 관한 한 예수님의 가르침을 충실히 계
승한 것이 틀림없습니다.

그럼에도 바울이 '주 예수 안에서'라는 표현을 쓴 것은 자신의 말이
아닌, 예수님과 긴밀히 연합해서 이 말씀을 하겠다는 의지로 읽는 편
이 옳습니다. 그렇다면 바울이 '주 예수 안에서' 확신한 진리는 창조론
에 입각한 모든 피조물의 '선성goodness'입니다.

> 무엇이든지 그 자체로 부정한 것은 없다(nothing is unclean in it-
> self).

선하신 하나님에 의해 창조된 일체의 피조물이 선하다는 것이지
요. 그러기에 아무것도 아닌 우상 앞에 제물로 쓰인 고기도 선하고,
각종 우상 잡신들에게 헌주獻酒/神酒/libation로 바친 포도주도 본래 그
자체는 선한 것입니다. 하나님은 어떤 물질도 악하게 짓지 않으셨습
니다!

> 하나님께서 지으신 모든 것이 선하매 감사함으로 받으면 버릴 것이 없

나니 하나님의 말씀과 기도로 거룩하여짐이라(딤전 4:4-5).

문제는 이 진리가 **상충되는 지점**이 있다는 사실입니다. 무엇이든지 그 자체로는 부정한 것이 없지만, 다만 부정하다고 여기는 그 사람에게는 부정하게 된다는 현실이 문제입니다. 성경이나 신학 지식으로 옳은 진리라고 할지라도, 이 진리를 내면화하는 데에는 사람마다 차이가 있습니다. 이 세상에는 유대인들처럼 부정한 음식이 있다고 믿는 사람들이 반드시 있기 마련이라는 것이지요! 그런 양심과 신념을 가진 그 사람에게는 어떤 음식은 부정할 수밖에 없습니다.

여기에서 '부정한코이논/κοινόν/unclean'이라는 말은 '통속적common', '세속적secular', 혹은 '비속한profane'이라는 뜻입니다. 유대인들은 스스로 범속한 세상 사람들, 즉 이방인들과는 구별되는 거룩한 민족이라고 믿었습니다. 따라서 이스라엘은 범속한 것에서 거룩한 것을 따로 구별해서 거룩한 하나님의 백성으로서의 자기 정체성을 지키려고 했습니다. 이런 이유 때문에 음식 정결법을 정해서 부정한 고기를 먹지 못하게 막았고, 안식일을 비롯한 성일 준수법을 만들어서 범속한 날들과 구별하려고 했습니다.

이런 정결례를 어려서부터 지켜온 유대계 신자들은 기독교 신자가 된 다음에도 머리의 지식으로는 모든 음식이 그 자체로 부정하지 않다는 사실을 인정하지만, 오랫동안 익숙해져 온 마음과 몸이 이 진리를 거부한다는 사실 때문에 고민했을 것입니다. 예수 그리스도의 복음이 온 후에 정결한 이스라엘과 부정한 이방인의 성속聖俗 경계가 무너졌기에 복음은 어느 것도 부정하게 만들지 않는다는 사실을 알았지만, 오랫동안 몸에 밴 생활양식만큼은 아직 바꿀 수 없었던 것이지요.

그러므로 바울은 모든 음식이 그 자체로는 부정하지 않다는 **성서 신학적 진리**를 확인해주지만, 이와 동시에 특정 음식이 부정하다는 신념을 가진 신자들이 엄연히 존재한다는 **현실**도 인정하려고 합니다. 강자는 바로 이런 성서 신학적 **지식**과 **현실** 사이의 괴리에 빠져 있었던 것입니다!

지식을 넘어 사랑으로!

신학적 지식으로는 모든 음식이 정하기에 우상 제물로 바쳐진 고기나 우상에게 헌주로 바쳐진 포도주도 입에 댈 수 있다는 확신이 있지만, 특정 음식이 부정하다고 믿는 신자들이 존재한다는 엄연한 현실도 부정할 수 없습니다. 이처럼 성경 신학적 진리에 대한 확신과 바꾸기 어려운 현실이 상충할 때 어떤 태도를 취해야 할까요?

바울은 고린도전서 8-9장에서 '지식'과 '사랑'의 관계를 통해서 이와 비슷한 문제에 대한 해법을 제시한 적이 있습니다. 우상 잡신들과 이방 신전들이 우글거리는 고린도에서 그리스도인들이 직면한 가장 큰 고민거리는 "이방 신전의 우상에게 바쳐진 제물 고기를 먹을 수 있느냐?"는 문제였습니다.

성서적으로나 신학적인 지식으로 볼 때에는 우상은 아무것도 아니고 모든 음식은 그 자체로 깨끗한 것이기에 얼마든지 먹을 수 있습니다. 하지만 예민한 양심과 확고한 신념으로 고기 먹기를 주저하는 신자들이 있을 때에는 순전히 그들을 보호하고 덕을 세우기 위해서 자신의 지식을 유보하고 자유를 포기해야 합니다.

> 우상의 제물에 대하여는 우리가 다 지식이 있는 줄을 아나 지식은 교
> 만하게 하며 사랑은 덕을 세우나니(고전 8:1).

로마교회의 강한 자들은 영적 진리에 대한 성경 신학적 지식이 있습니다. 하지만 그 지식을 사랑의 정신으로 나타내지 않으면 약자에게 치명적 손상을 입힐 수 있습니다. 약자를 더욱 완고하게 만들거나, 자신의 양심에 거슬리는 상태에서 강자의 입장에 동화될 수 있습니다. 그러므로 지식과 사랑은 함께 가야만 하고 균형을 이뤄야 합니다.

어린아이가 밤에 잠자리에 들 때 벽장 안에 귀신이 있다고 믿습니다. 엄마는 귀신이 없다는 사실을 합리적 지식으로 너무나 잘 압니다. 문제는 진리에 대한 지식만으로 아이를 달랠 수 없다는 현실에 있습니다. 아무리 설명해도 귀신이 있다는 아이의 믿음을 바꾸거나 귀신에 대한 두려움을 쫓아내기에는 역부족일 때가 있습니다.

그럴 때 엄마는 자신의 지식을 잠시 내려놓고 침상 옆에서 아이의 말을 있는 그대로 들어주고 모든 것이 괜찮다고 사랑으로 다독여주는 수밖에 없습니다. 그러다 보면 아이의 몸과 지혜가 함께 자라나 귀신이 없다는 사실을 스스로 깨우칠 날이 오게 될 것입니다. 이처럼 지식에다가 사랑을 더할 때에만 약자를 영적으로 성숙해지도록 도울 수 있습니다.

바울은 성서 신학적 진리에 대한 지식보다 이웃에 대한 배려와 존중, 즉 실천적 사랑이 훨씬 더 중요하다는 쪽으로 문제를 풀어갑니다. 강자가 이 세상에 부정한 음식은 하나도 없다는 사실 하나만 생각하

고 부정한 음식을 삼가는 약자 앞에서 자신의 입장을 과시하며 자기 기준에로의 일방적 동화와 순응을 강요할 수 없다는 것이지요. 강자는 설령 약자의 입장이 잘못됐다는 사실을 알고 있다고 할지라도, 먼저 약자의 처지를 십분 이해하고 존중하는 태도부터 취해야 한다는 것이지요.

> 만일 음식으로 말미암아 네 형제가 근심하게 되면 이는 네가 사랑으로 행하지 아니함이라 그리스도께서 대신하여 죽으신 형제를 네 음식으로 망하게 하지 말라(15절).

여전히 음식 정결법에 묶여서 고기와 포도주를 입에 대지 못하는 약자 앞에서 강자가 고기와 포도주를 입에 대서 약자의 마음을 상하게 만든다면, 그것은 사랑을 따라 살지 않는다는 반증입니다.

사랑은 언제나 약자를 무시하지 않고 존중하는 태도인데, 강자의 거만하고 경솔한 행위로 말미암아 약자에게 근심을 끼친다면 이는 사랑과는 거리가 먼 행동입니다. 강자가 약자에 대한 우월감과 경멸감으로 고기와 포도주를 입에 댈 때 약자는 두 가지 방향으로 빠질 수 있습니다.

더욱더 강퍅해져서 강자를 비판하고 정죄하며 자신의 입장을 더욱더 강경하게 고수하려고 할 수 있습니다. 이 경우 약자는 성숙하고 책임적인 그리스도인으로 자라나갈 수 없게 됩니다. 아니면 대다수 동료들의 압박감 때문에 자신도 모르게 강자의 태도에 합류할 수도 있는데, 이것은 약자를 자신의 양심에 거슬려 행동하게 만듦으로써 마침내 망하게 할 수도 있습니다.

강자가 음식 문제로 약자를 망하게 한다는 말은 지옥에 가게 한다는 뜻은 아닐 것입니다. 하찮은 음식 문제 하나로 누군가를 지옥에 떨어뜨린다는 말은 지나친 것이기에, 약자를 영적으로 자라나가지 못하도록 파멸시킬 수도 있다는 뜻으로 받아들여야 할 것입니다.

이런 맥락에서 바울은 그리스도께서 그 약자를 위해 기꺼이 십자가에서 피 흘려 죽으셨다는 사실을 상기시킵니다. 그리스도께서 약자를 위해 소중하기 이를 데 없는 목숨까지 버리시는 엄청난 값을 치르셨는데, 하찮은 음식 문제 하나로 약한 형제자매를 망하게 하는 것은 잘못이라는 것이지요. 자신의 배를 섬기고자 썩어 없어질 음식 하나로, 영생을 얻게 하려고 그리스도께서 희생하신 대상인 그 형제를 망하게 하는 것은 가당치 않습니다.

선한 것이 왜 비방거리인가?

이제 바울은 16절에서 2인칭 복수주격을 써서 13-15절의 결론을 맺습니다.

> 그러므로 너희의 선한 것이 비방을 받지 않게 하라(개역개정).
> 그러므로 여러분이 좋다고 여기는 일이 도리어 비방거리가 되지 않도록 하십시오(새번역).
> So do not let your good be spoken of as evil(NRSV).

'너희의 선한 것'은 강자가 '그리스도 안에서 발견한 자유', 즉 "모든 음식을 먹을 수 있다"는 사실을 의미할 것입니다. 문제는 이 선한 것,

즉 어떤 음식이든지 먹을 수 있는 자유를 약자를 배려하는 사랑의 정신으로 행사하지 않을 경우 약자를 걸려 넘어지게 할 수 있고, 궁극적으로 공동체의 평화와 일치를 무너뜨려 '비방거리블라스페메이스토/βλασφη-μείσθω/blasphemed'가 되게 할 수도 있다는 것이지요. 강자가 좋은 것으로 여긴 그리스도인의 자유가 정작 약자에게는 악하고 해로운 것으로 전락할 수도 있다는 뜻입니다.

미국 뉴욕의 리디머 장로교회Redeemer Presbyterian Church의 팀 켈러Timothy Keller, 1950~ 목사님은 자신이 겪은 실화를 통해서 약한 신자가 강한 신자의 강요와 횡포에 휘둘린 나머지 어떻게 영적으로 넘어질 수 있는가를 간증합니다.

화장하는 것을 죄라고 가르친 아주 보수적인 교회에 다니던 여고생이 있었습니다. 진보적인 교회에 다니는 여학생들과 친구가 되면서 사달이 났습니다. 처음에는 주저하다가 친구들의 계속되는 권유와 강요로 몰래몰래 화장을 하기 시작했습니다. 아침에 집에서 나와 화장을 한 뒤 집에 들어갈 때 다시 화장을 지웠습니다.

이 학생은 크리스천 동료들의 '사회적 압박peer pressure'을 견디다 못해 화장을 했지만 마음 깊은 곳 양심은 늘 괴로웠습니다. 다수의 친구들이 하는 대로 따라 했지만 하나님께 대한 죄책감은 지울 수가 없었던 것이지. 나중에 이 학생은 화장만 하는 것으로 그치지 않고 점점 더 믿음에서 멀어져 비행 청소년으로 전락하고 말았습니다. 자유주의 크리스천 친구들이 걸림돌이 돼 이 학생을 넘어지게 한 것이지요. 좋다고 여긴 것이 비방거리가 된 실례입니다.

그런가 하면 스펄전 목사님이 소문난 애연가라고 말씀드렸는데, 그의 명성이 절정에 이르렀을 때 한번은 거리를 걷다가 한 상점의 간판을 보게 됐습니다. "우리는 찰스 스펄전이 피우는 담배를 팝니다"(We sell the cigar that Charles Spurgeon smokes). 충격을 받은 스펄전은 그 즉시 담배를 끊었다고 합니다. 자신에게 선과 자유로 여긴 것이 연약한 형제들을 걸려 넘어지게 하는 장애물이 된다는 사실을 깨달았기 때문이지요.

진리에 대한 성서 신학적 지식보다 연약한 형제를 배려하고 존중하는 사랑의 실천이 훨씬 더 중요합니다!

죄가 아니나 죄가 될 때

낚시를 좋아하는 사람이 있습니다. 여유만 생기면 낚시도구를 챙겨 강이나 바다로 나갑니다. 워낙 낚시를 자주 하다 보니 실력도 늘어 때로 월척도 낚아 큰 대회에서 상도 받았습니다. 하지만 낚시에 지나치게 몰두하다 보니 가족들과 보내는 시간이 사라졌습니다. 직장에서 근무하는 시간 외에 틈만 나면 낚시터로 달려갔기에 가족들의 불평이 이만저만이 아니었습니다. 낚시 때문에 가족들이 오붓한 시간을 즐길 여유가 없어진 것이지요. 이처럼 낚시에 중독된 사람의 예를 들 때, 낚시 그 자체는 나쁜 것이 아닙니다. 적당히 즐기면 낚시야말로 건전한 취미요, 건강에도 좋습니다. 그러므로 낚시 그 자체에 문제가 있는 것이 아니라, 낚시에 빠진 사람의 양심에 문제가 있습니다.

만일 이 낚시꾼의 양심이 자신이 가정생활을 소홀히 할 정도로 과도하게 낚시에 탐닉하고 있으니 이것을 죄라고 말한다면, 적어도 이 사람에게는 낚시가 죄가 될 수밖에 없습니다. 물론 이 사람은 낚시가 죄니까 누구든지 낚시를 하면 안 된다고 주장할 수 없습니다. 그럼에도 자신의 체험에서 우러나온 양심은 누구든지 직장이나 가정생활을 소홀히 할 정도로 낚시에 빠진다면 죄가 될 수 있다는 사실을 증언해 줍니다.

여기에서 바울이 가르치는 원리가 있습니다. 우리 자신이 어떤 것이 죄라고 믿는다면, 그것 자체는 죄가 아니라고 할지라도, 우리가 양심이 죄로 정죄하는 그것에 연루될 때 죄를 짓게 된다는 사실입니다. 자신의 양심이 옳지 못하다고 고발하는 것을 위반해서 행동하기 때문입니다. 그러므로 죄란 우리가 악하다고 생각하는 것을 양심에 거슬리면서 행하는 것입니다.

로마교회에는 우상 앞에 바쳐진 고기나 포도주를 먹고 마시는 것이 양심상 죄가 된다고 믿는 교인들이 있었습니다. 반면에 유대교 율법의 그림자에서 벗어났기 때문에 어떤 음식도 먹을 수 있다고 확신하는 신자들도 있었습니다. 문제는 양쪽 진영의 수가 엇비슷해서 힘의 균형을 이루지 못하고, 모든 음식을 가리지 않고 먹을 수 있다는 신념을 가진 이른바 강자들이 더 많았다는 현실에 있습니다.

그 수나 힘에 있어서 우세한 강자들은 약자들을 얕잡아보고 자신의 신념을 보란 듯이 과시하고 강요할 수 있습니다. 교회에서 식탁에 둘러앉아 다 함께 공동식사를 나눌 때 강자들은 약자들의 무지몽매한 신앙을 고쳐주겠다며, 함부로 고기를 먹고 포도주를 마실 수 있다는 것이지요.

그렇게 될 때 약자는 양심에 상처를 입고 시험에 빠지게 될 것입니다. 자신이 옳다고 여기는 쪽으로 더욱더 완강하게 고집을 부릴 수도 있고, 아니면 다수의 압력과 횡포에 밀려 자신의 양심이 죄라고 여긴 것을 억지로 할 수도 있습니다.

이럴 때 강자는 단순히 약자가 생각하는 '금기를 깨뜨린 것Tabu-bruch'에 그치지 않고, 약자로 하여금 자신의 신앙양심에 어긋나는 삶을 살도록 오도misguide한 죄를 지은 것이 됩니다. 이런 이유로 바울은 강자가 자신의 성경 신학적 지식이 옳다는 신념에만 사로잡혀 경솔하고 오만하게 처신하는 것을 극구 경계합니다.

강자의 이런 막무가내식 행동이야말로 사랑이 결여된 처신이며 음식 문제로 약자를 망하게 하는 것이요(15절), "고기든 포도주든 무엇이든지 간에 그 자체로 부정한 것은 없다"(14a절)는 지식에 근거한 '그리스도인의 자유'라는 선을 악비방거리이 되게 하는 처사입니다(16절).

'음식 문제' 〈 '의와 평강과 희락'

음식 문제 하나로 양심이 예민하고 신념이 연약한 형제자매를 넘어뜨려서 안 될 첫 번째 이유는 예수께서 그들을 위해 소중한 목숨을 희생하셨기 때문입니다. 그리스도께서 십자가의 희생제물이 되심으로써 고귀한 대가를 치르고 건져내신 형제자매를 기껏 음식 문제 하나로 망하게 하는 것은 가당치 않습니다.

바울은 이제 강자가 음식 문제로 약자를 걸려 넘어지게 해서 안 될 두 번째 신학적 이유를 제시합니다. 그것은 '하나님의 나라'가 먹고 마시는 음식 문제보다 훨씬 더 중요한 가치를 붙들고 있기 때문입니다.

하나님의 나라는 먹는 것과 마시는 것이 아니요 오직 성령 안에 있는
의와 평강과 희락이라(17절).

'하나님의 나라해 바실레이아 투 테우/ἡ βασιλεία τοῦ θεοῦ/the Kingdom
of God'는 예수님이 선포하신 메시지의 중심입니다. 하지만 바울 서신
에서 '하나님의 나라'는 아주 드물게 나타나되, 주로 교리문답 주제로
등장합니다(고전 4:20, 6:9-10, 15:24, 50; 갈 5:21; 엡 5:5; 살전 2:12).
'하나님의 나라'는 하나님이 왕으로 통치하심으로써 하나님의 뜻과 주
권이 실현되는 상태인데, 하나님의 주권 통치에는 뚜렷한 표지들
marks이 있습니다. 바울은 이것을 부정적으로 하나님 나라가 '아닌 것'
과 긍정적으로 하나님 나라가 '그런 것'으로 나눠서 정리합니다.

하나님의 나라	
NO	'먹는 것'(food)과 '마시는 것'(drink)
YES	'성령 안에 있는 의와 평강과 희락' (righteousness and peace and joy in the Holy Spirit)

우리 삶의 중심이어야 할 하나님의 나라는 고기를 먹거나 안 먹는
일, 포도주를 마시거나 안 마시는 일이 아닙니다. 비기독교인들 가운
데에도 건강상의 이유로 고기를 먹지 않고 포도주를 마시지 않는 사
람들이 있습니다. 그러므로 음식 문제 하나만으로 어떤 사람이 "하나
님의 나라 안에 있다, 없다"라고 말할 수 없습니다.
　하나님의 나라는 그런 물질적인 것보다 훨씬 더 중요한 영적인 것
들, 즉 '의'와 '평강'과 '희락'과 같은 내적 특질들로 나타나기에 그리스
도인들은 이런 본질적인 것들을 추구해야 합니다. 다시 말해 고기를

안 먹고 포도주를 안 마시기 때문에 의롭게 되는 것이 아니라는 것이지요.

하나님의 나라 안에서 살아가는 그리스도인들의 삶의 본질은 먹고 마시는 데 있는 것이 아니라, 성령께서 주시는 세 가지 영적 선물들, 즉 '의'와 '평강'과 '희락'을 풍성히 누리며 사는 데 있습니다. '의'는 믿음으로 의롭게 되는 복음에 계시됐고(롬 1:17), 평강은 믿음으로 의롭게 된 그리스도인이 하나님과 화해를 이루는 삶이며(롬 5:1), 기쁨은 의와 평강의 자연스런 결과로 얻는 성령의 열매입니다(살전 1:6).

18절은 하나님 나라의 본질인 의와 평강과 희락으로 살아가는 성도의 삶이 어떤 결과를 초래하는지를 요약합니다.

그리스도를 이렇게 섬기는 사람은 (즉, 의와 평강과 기쁨으로 사는 성도는)
첫째로, 하나님을 기쁘게 해드리고, (acceptable to God/pleasing to God)
둘째로, 사람에게도 인정을 받는다. (has human approval/approved by God)

하나님 나라의 본질인 의와 평강과 희락으로 그리스도를 섬기는 사람은 당연히 위로 하나님을 기쁘시게 해드리고, 행동과 신앙이 일치하기에 아래로 사람들에게도 인정을 받습니다. 세상의 비방거리가 되지 않고 세상의 칭찬거리가 된다는 것이지요!

화평을 도모하고, 덕을 세우고

하나님 나라의 본질이 고기를 먹고 포도주를 마시는 일에 있는 것이 아니라, 의와 평강과 희락에 있음을 천명한 바울은 19-21절에서 세 가지를 권고합니다.

첫째로, 화평을 도모하는 일과, 서로 덕을 세우는 일에 힘쓰라(19절).

둘째로, '하나님이 이룩해 놓으신 것'(하나님의 사업)을 음식 때문에 무너지게 하지 말라(20절).

셋째로, 고기를 먹든지, 포도주를 마시든지, 무엇이든지 간에, 형제자매를 걸려 넘어지게 하지 말라(21절).

강자와 약자가 대립하는 로마교회에 가장 긴요한 일이 있습니다. 고기를 먹는 것과 포도주를 마시는 것은 부차적 문제이기 때문에 이일로 서로 다투어서 안 됩니다. 강자와 약자가 서로를 용납하고 존중해서 평화와 일치를 이뤄야 합니다. 서로를 깔아뭉개려고 하지 말고 서로를 세워줘야 한다는 것이지요.

특히 강자에게 주는 20절의 충고는 강자가 누릴 수 있는 권리(자유)보다 약자를 사랑으로 존중해야 할 책임(의무)이 훨씬 더 크다는 사실을 역설합니다.

음식으로 말미암아 하나님의 사업을 무너지게 하지 말라 만물이 다 깨끗하되 거리낌으로 먹는 사람에게는 악한 것이라(20절).

여기에서 '하나님의 사업토 에르곤 투 테우/τὸ ἔργον τοῦ θεοῦ/the work of God'은 '하나님께서 이루어놓으신 일'이기에 로마교회가 본디 누린 평화와 일치를 의미한다고 볼 수 있습니다(고전 3:9 참조). 그렇다면 그리스도인은 모름지기 '세우는'오이코도메스/οἰκοδομῆς/upbuilding 일에 주력해야지(19b절), 음식 문제 때문에 약자를 시험에 들게 해 평화와 일치를 '무너뜨려서'카타루에/κατάλυε/destroy'는 안 됩니다(20a 절).

바울은 강자가 약자가 꺼려하는 음식을 먹음으로써 약자를 무너 뜨리지 말 것을 경계한 뒤에 강자가 확신하는 신학적 구호slogan를 다시금 거론합니다. (14b절에서는 부정형으로, 20b절에서는 긍정형으로 서술합니다.)

14b절	무엇이든지 그 자체로 **부정한**코이논/κοινὸν 것은 없다(Nothing is unclean in itself).
20b절	모든 것이 다 **깨끗하다**카타라/καθαρά(everything is clean).

고기나 포도주는 그 자체로 깨끗하지만, 고기와 포도주가 부정하다는 신념을 가진 약자 앞에서 강자가 보란 듯이 그런 음식을 먹었다가는 약자를 넘어지게 만들 수 있습니다. 그러므로 강자가 약자를 배려하고 존중하기 위한 사랑과 절제의 정신 없이 고기와 포도주를 입에 댔다가는, 본래 그 자체로 선한 음식이 외려 강자 자신에게도 해롭게 될 수 있습니다. 아무리 좋은 일이라고 할지라도 사랑의 정신 없이 과시와 경멸과 강요의 태도로 행한다면 외려 역효과가 일어나 그 좋은 것이 본인에게도 해로운 것으로 변질될 수 있다는 것이지요. 이런 맥락에서 바울은 21절에서 다시 한번 강자를 훈계합니다.

고기도 먹지 아니하고 포도주도 마시지 아니하고 무엇이든지 네 형제로 거리끼게 하는 일을 아니함이 아름다우니라.

'무엇이든지anything else'라는 단서는 음식 문제에 국한하지 않고, 약자를 무너뜨릴 수 있는 어떤 일도 하지 말라는 충고입니다.

'개인 신념'은 속으로 간직하고

이제 22-23절은 논쟁의 여지가 있는 비본질적 사안을 다룰 때 '개인 신념'과 '공중 행동'을 슬기롭게 구별distinction할 것을 권고하면서 결론을 내립니다. 먼저 22절 전반부에 대한 번역은 다음과 같습니다.

네게 있는 믿음을 하나님 앞에서 스스로 가지고 있으라(개역개정).
그대가 지니고 있는 신념을 하나님 앞에서 스스로 간직하십시오(새번역).
The faith that you have, have as your own conviction before God(NRSV).
Whatever you believe about these things keep between yourself and God(NIV).

음식이든 취미든, 정치경제이든지 간에 우리에게는 각자 개인 신념이 있습니다. 로마교회에도 음식 문제에 있어서 각자의 신념과 양심의 확신에 따라 서로 다른 견해를 가진 사람들이 있었습니다. 바울은 이런 논쟁의 여지가 있는 비본질적 사안과 관련된 사적 신념이나 개인 양심은 함부로 발설하지 말고, 하나님과 자신 사이에만 있는 비밀로 품을 것을 권고합니다.

예컨대 특정 정당이나 특정 정치인을 지지하는 문제도 개인의 신념과 양심에 따라서 천차만별입니다. 자신이 지지한다고 해서 타인에 게까지 강요하다가는 싸움이 일어날 수 있습니다. 심지어 가족 간에도 정치적 신념 문제로 다툴 수 있습니다.

존 웨슬리의 아버지 사무엘 웨슬리Samuel Wesley, 1662~1735와 어머니 수산나 웨슬리Susanna Wesley, 1669~1742는 정치적 입장이 다른 부부로 유명합니다. 사무엘은 존이 태어나기 전 영국을 통치한 오렌지의 윌리엄 3세William of Orange Ⅲ, 재위 1689~1702를 위해서 날마다 기도하는 습관이 있었습니다. 1701년 어느 날 저녁 사무엘은 국왕을 위해서 간절히 기도한 것에 아내가 '아멘!' 하지 않은 것에 격분해서 고함을 질렀습니다.

수키, 만일 당신의 입장이 그렇다면 우리는 갈라서야만 하겠소. 우리에게 두 사람의 왕이 있다면, 침대 역시 두 개가 있어야만 할 것이오.

그 길로 엡윗에서 런던으로 가출한 사무엘은 윌리엄 왕이 사망하고 앤Anne, 재위 1702~1714 여왕이 등극해서 부부 사이에 정치적 견해 차가 사라졌을 때 다시 집으로 돌아왔습니다. 이렇게 부부 사이의 정치적 화해의 열매로 1703년에 태어난 분이 존 웨슬리였던 것입니다.

부부지간, 부자지간에도 정치적 입장이 다를 수 있다면, 자신의 정치적 입장을 다른 견해를 가진 이들에게 강요했다가는 큰 논쟁이 벌어질 수 있습니다. 자신이 진보주의자라고 해서 보수주의자에게 좌파정당을 일방적으로 두둔하고 우파정당을 비판하다가는 상대방에게 큰 상처를 입힐 뿐 아니라, 공동체의 평화와 일치를 깰 수 있습니다.

이럴 때 바울이 가르쳐 준 그대로 상대방의 입장을 깔보거나 비판하지 말고 자신의 신념을 하나님 앞에서만 마음속 비밀로 지키는 것이 현명합니다. 이것은 위선을 부리라거나 이중 도덕 기준을 가지라는 말이 아니라, 상대방을 배려하고 존중해서 공동체의 평화를 도모하고 덕을 세우고자 지혜롭게 처신하라는 충고입니다.

그러므로 바울은 음식법이나 성일 준수법에 있어서도 서로 다른 신념을 가진 강자들과 약자들이 자신의 입장을 강변하거나 강요하지 말고 하나님과 자신 사이에만 비밀스런 양심 문제로 간직하라고 충고합니다.

믿음을 따라 하지 않는다면

음식 문제처럼 사적 문제라고 할지라도, 자신의 신념과 양심의 확신을 공중 앞에서 구체적 행동으로 보여줘야 할 때가 있습니다. 바울은 이때 두 가지 가능성이 있음을 직시합니다.

22b절	자기가 옳다 하는 바로 자기를 정죄하지 아니하는 자는 복이 있도다(개역개정).
	자기가 옳다고 생각하는 일을 하면서 자기를 정죄하지 않는 사람은 복이 있습니다(새번역).
	Blessed are those who have no reason to condemn themselves because of what they approve(NRSV).
23a절	의심하고 먹는 자는 정죄되었나니 이는 믿음을 따라 하지 아니하였기 때문이라(개역개정).
	의심을 하면서 먹는 사람은 이미 단죄를 받은 것입니다. 그것은 믿음에 근거해서 한 것이 아니기 때문입니다(새번역).
	But those who have doubts are condemned if they eat, because they do not act from faith(NRSV).

전후 문맥상 22b절은 주로 강자가 보일 수 있는 가능성이고, 23a 절은 주로 약자가 보일 수 있는 가능성이지만, 실질적으로 강자와 약자가 다 빠질 수 있는 가능성들입니다.

먼저 양심의 확신을 따라 하는 강자의 행동입니다. 성경을 깊이 상고하고, 간절히 기도하고, 신중히 숙고한 끝에 확고한 신념에 따라서 옳다는 확신으로 남들이 부정하다고 꺼리는 음식을 먹는 사람은 자신을 정죄하지 않습니다. 자신의 신앙 양심에 따라 올바로 결단하고 행동했기 때문이지요. 이처럼 신앙 양심의 가책 없이 행동하는 사람은 '복된마카리오스/μακάριος/blessed' 사람입니다.

고기나 포도주를 입에 대지 않는 약자도 자신의 확고한 신념에 따라 양심의 가책 없이 그런 태도를 취한다면, 이 역시 자신을 정죄하지 않는 것이기에 복됩니다.

하지만 강자의 회유나 강요에 못 이겨 눈치를 보고 양심에 가책을 받으며, 즉 '의심하면서디아크리노메노스/διακρινόμενος/doubting' 고기나 포도주를 입에 대는 사람은 이미 스스로 단죄를 받은 것입니다. 그 이유는 "믿음을 따라 한 것이 아니기우크 에크 피스테오스/οὐκ ἐκ πίστεως /not out of faith" 때문입니다. 여기에서 '믿음'은 예수님에 대한 '신심의 정도'를 말하는 것이라기보다, 특정 사안에 대한 '신념'이나 '양심의 확신'으로 풀이하는 것이 더 적절할 것 같습니다.

다시 말해 약자가 성경을 읽어보고 기도하고 숙고한 끝에 도달한 신념이나 양심의 확신에 따라서 한 것이 아니고, 강자의 압력과 강요에 못 이겨 했다는 뉘앙스입니다. 그런 사람은 양심이 옳지 못하다고 여긴 것을 억지로 했기에 이미 스스로 정죄를 받은 것입니다.

결국 바울은 23절 끄트머리에서 "믿음으로 하지 않는 것은 다 죄하마르티아/ἁμαρτία/sin"라고 단언합니다. 죄는 어떤 음식이든지 간에 먹는 행위 자체에 있는 것이 아니라, 음식을 먹는 것이 옳다는 믿음 없이 -즉 확고한 신념이나 양심의 확신 없이- 의심하고 주저하면서 먹는 것에 다름 아닙니다.

목자는 가장 연약한 양이 따라 오도록 보폭을 조정해야만 한다(The shepherd must pace the flock to accommodate the weakest lamb).

그리스도인은 만물에 대해서 자유로운 주인이며, 아무에게도 예속되지 않는다. 그리스도인은 만물을 섬기는 종이며 누구에게나 예속된다(Ein Christenmenschen ist ein freier Herr aller Dinge und niemand untertan. Ein Christenmenschen ist ein dienstbarer Knecht aller Dinge und jedermann untertan).

- Martin Luther의 『그리스도인의 자유』(Freiheit von eines Christenmenschen, 1520)

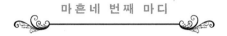

그리스도 예수를 본받아

In accordance with Christ Jesus

롬 15:1-13

우주적 화해와 일치를 향해

마이클 버드Michael F. Bird는 로마서 15장 1-13절이 12장 1절로부터 시작된 '그리스도 대학'을 마친 독자들에게 주는 '졸업연설'과 같다고 말합니다. 실로, 이 부분은 12장부터 본격적으로 전개된 윤리 권고의 결론일 뿐만 아니라, 로마서 1-14장까지의 전체 결론이라고도 할 수 있습니다. 그만큼 지금까지 바울이 설파해온 교리와 윤리 권고를 총체적으로 요약해주는 말씀이라고 할 수 있습니다.

그런데도 전후 문맥으로 볼 때 본문은 직접적으로 14장 1절부터 바울이 논하고 있는 '약자'와 '강자'의 대립과 갈등에 대해 화해와 일치를 권고하는 결론으로 봐야 할 것입니다. 중요한 것은 로마서 15장

14절부터는 바울이 로마교회와 관련된 자신의 선교계획과 개인사를 털어놓기에 로마서의 핵심 내용은 실질적으로 15장 13절에서 끝난다는 사실입니다. 그러므로 이 중요한 결론부에서 바울은 단지 '약자'와 '강자'의 상호존중과 상호용납을 강조할 뿐 아니라, 범위를 넓혀 '유대인'과 '이방인'의 화해와 일치까지 포괄하는 거대한 그림을 그리고 있습니다.

구약의 음식법과 절기법에 의거한 '약자'와 '강자'의 대결구도는 본질적으로 인종 문화적으로 '유대인'과 '이방인'의 대결 때문에 발생했기에, 바울이 '약자'와 '강자'의 통합을 '유대인'과 '이방인'이라는 인류의 대통합으로까지 확장시킨 것은 지극히 당연한 결과라고 하겠습니다.

무엇보다도 바울은 자신을 줄기차게 '이방인을 위한 사도'로 자처했기에 '예수 그리스도를 통한 하나님의 한 가족'이라는 우주적 공동체에 이방인들을 포함시킨 것은 지극히 당연할 뿐 아니라, 동방선교를 완료하고 로마를 경유해서 장차 땅끝으로 여겨진 스페인에 가서 이방인들을 위한 서방선교를 계속해야 할 당위성까지 보증해줍니다.

바울이 좁게는 '약자'와 '강자', 넓게는 '유대인'과 '이방인'의 연합과 일치에 대한 비전을 제시할 때에 그 근거를 정치사회적 현실이 아닌, '그리스도 예수'와 '성경'(구약)에서 찾는다는 사실이 중요합니다. 다시 말해 온 인류가 대립과 분열을 넘어서 하나님의 가족으로 하나가 될 수 있는 근거는 기독론적이고 성서적인 뿌리에 있다는 것입니다.

약자의 약점을 담당하고

본문은 크게 두 부분으로 나뉩니다. 먼저 1-6절은 최고의 강자이신 예수께서 약자인 우리 죄인들을 위해 어떤 희생을 치르셨는가의 본보기를 들어서 강자가 약자를 어떻게 돌봐야만 하는지를 요약합니다. 7-13절은 구약성경 네 군데를 인용해서 강자와 약자의 연합을 넘어서 유대인과 이방인의 연합과 일치에 대한 거대한 비전을 제시합니다.

> 믿음이 강한 우리는 마땅히 믿음이 약한 자의 약점을 담당하고 자기를 기쁘게 하지 아니할 것이라(1절).

바울은 지금까지 한 번도 '강한 자'라는 표현을 쓰지 않다가, 15장 1절에 와서야 비로소 '믿음이 강한 우리'라는 2인칭 복수주격을 씁니다. 14장 1절에서 언급한 '믿음이 약한 자'와 대립되는 '믿음이 강한 자'라는 용어가 처음 등장한 것이지요.

그런데 헬라어 원문에는 그냥 '강한 자호이 뒤나토이/οἱ δυνατοὶ/the strong'로 돼 있습니다. 그럼에도 우리말 성경이 군이 '믿음이 강한 우리'로 번역한 이유는 14장 1절의 '믿음이 연약한 자'와 짝을 맞추기 위한 편의상의 번역일 것입니다. 더욱이 우리말 개역개정에서는 '믿음이 약한 자의 약점'으로 번역됐지만, 원문에는 '믿음이'라는 제한구 없이 '연약한 자의 약점타 아스테네마타 톤 아뒤나톤/τὰ ἀσθενήματα τῶν ἀδυνάτων/the weakness of the weak'으로만 돼 있습니다.

이것으로 볼 때 '강자'와 '약자'의 대결구도는 단순히 음식 정결법이나 절기 규례와 같은 종교문제에만 국한되지 않고, 그 수나 세력에 있어서 힘을 가진 쪽과 갖지 못한 쪽의 모든 가능한 대립들, 즉 '자유인'과 '노예', '남성'과 '여성', '부자'와 '빈자', '고용주'와 '피고용자', '건강한 자'와 '병자' 등등의 우열관계에 다양하게 적용될 수 있는 가능성을 열어줍니다.

어쨌거나 바울은 처음으로 '강한 자'를 언급할 뿐 아니라, '강한 우리We who are strong'라는 표현을 써서 암묵적으로 자신을 이 그룹에 포함시킵니다. 바울 자신은 유대계 신자이지만, 복음이 온 뒤에 모든 율법의 잔재로부터 벗어났다는 확신을 가졌으므로 음식 금기나 안식일 성수 문제에 구애를 받지 않았습니다.

그렇다면 바울 자신을 비롯한 강자들은 약자들을 어떻게 대해야만 할까요? 바울은 그들의 약점을 담당해주라고 권면합니다. '담당하라'를 새번역은 '돌보아주라'고 번역했습니다. 헬라언 원문에는 '바스타제인/βαστάζειν'이라는 말을 썼는데, 이것에는 '참고 견디다put up with'와 '짐을 지다bear/carry'의 두 가지 의미가 있습니다. 그러므로 '담당하라'는 말을 강자가 약자의 약점을 함께 짐으로써 참고 견디라는 뜻으로 풀이할 수 있습니다. 바울은 '바스타조/βαστάζω'라는 말을 갈라디아서 6장 2절에서도 쓰고 있습니다.

여러분은 서로 남의 짐을 저 주십시오. 그렇게 하면 여러분이 그리스도의 법을 성취하실 것입니다(새번역).

이처럼 믿음이 약한 자의 약점을 담당하라는 말은 그들이 진 무거운 짐을 기꺼운 마음으로 함께 져주고 잘 참아내라는 뜻입니다. 이것은 약자들이 고기와 포도주를 입에 대지 않으니 강자들도 똑같이 고기와 포도주를 삼가라는 충고 그 이상입니다. 약자들이 꺼리는 행위를 적당히 눈감아 주거나, 눈꼴사나운 관습을 마지못해 참으라는 말도 아닙니다. 그들을 깔보거나 판단하지 말고, 그리스도 안에서의 진정한 형제자매로 사랑하며 그들의 약점까지도 기꺼이 품으라는 요구입니다.

'자기'가 아닌 '이웃'을 기쁘게 하고

바울은 1절 후반부에서 약자의 약점을 함께 나눠지는 것이 어떤 것인가를 부정형 표현을 써서 부연설명을 합니다. 그것은 "자기를 기쁘게 하지 않는 것"에 다름 아닙니다. 새번역은 "자기에게만 좋을 대로 해서 안 된다"고 번역했습니다.

'갑질'이라는 말도 있듯이, 세상에서는 강자가 자기 좋을 대로 하는 것이 상례입니다. 약자가 강자를 무시한 채 자기 좋을 대로 했다가는 큰일 납니다. 언제나 약자가 강자의 비위를 '맞추는 것accomodate'이 세상 질서입니다. 그런데 바울은 이런 세상 질서를 뒤집을 것을 촉구합니다. 강자가 자기 좋을 대로만 하지 말고, 약자가 좋은 쪽으로 부응하라는 것이지요. 2절은 강자가 자기를 기쁘게 하지 않는 것이 어떤 일인지를 분명히 말해줍니다.

우리 각 사람이 이웃을 기쁘게 하되 선을 이루고 덕을 세우도록 할지니라.

'우리 각 사람헤카스토스 헤몬/ἕκαστος ἡμῶν/each of us'이라는 말은 강자와 약자뿐만 아니라, 로마 교인들 전체, 아니 그리스도인 모두에게 주는 권면이라는 사실을 보여줍니다. 반드시 강자만 약자를 기쁘게 하라는 법은 없습니다. 약자도 강자를 기쁘게 해야 할 때가 있습니다. 그러므로 2절은 '강자'와 '약자'의 범주를 뛰어넘어 그리스도인 모두에게 주는 권고입니다.

강자가 약자의 약점을 함께 져주고, 자신의 유익을 구하지 않는 것은 '이웃'(약자)을 기쁘게 하는 일인데, 이것은 단지 그의 귀와 눈만 즐겁게 하라는 뜻이 아닙니다.

> 이제 내가 사람들에게 좋게 하랴 하나님께 좋게 하랴 사람들에게 기쁨을 구하랴 내가 지금까지 사람들의 기쁨을 구하였다면 그리스도의 종이 아니니라(갈 1:10).

이처럼 이웃을 기쁘게 하는 것이 적당히 타협해서 상대방의 비위를 맞추는 일이 아님을 확실히 하고자 바울은 중요한 단서를 붙입니다. 이웃을 기쁘게 하려는 목적이 "그의 선을 이루고, 덕을 세우기 위함"(for his/her good, to build him/her up)에 있다는 것이지요!

강자가 자기 좋을 대로만 하다가는 약자에게 치명적인 상처를 입힐 수 있는데, 약자를 배려하고 존중하는 쪽으로 처신한다면 그에게 영적 유익을 줄 뿐 아니라, 그를 굳건히 세워주는 일이 됩니다. 강자가 약자의 선(영적 유익)과 덕을 세워줄 목적으로 처신하는 것이 약자를 기쁘게 해주는 일인데, 이렇게 될 때 교회 전체가 굳건히 서게 됩니다.

강자 예수님의 약자 사랑

힘이 있기에 얼마든지 유세를 부릴 수 있음에도 기꺼이 자신의 유익을 포기하고 약자를 존중하는 정신은 그리스도 예수의 정신에 다름 아닙니다.

그리스도께서도 자기를 기쁘게 하지 아니하셨나니 기록된 바 주를 비방하는 자들의 비방이 내게 미쳤나이다 함과 같으니라(3절).

강자가 약자의 처지에 자신을 맞추는 것이 이치에 맞지 않다고 생각하는 자에게 바울은 강자 중에 최강자이신 예수님의 예를 듭니다. 예수님은 최고의 힘을 가진 강자셨지만, 자신을 기쁘게 하시지 않고 '약자들', 즉 '죄인들'을 위해서 소중한 목숨까지 주셨습니다. 바울은 이것을 강조하고자 시편 69편 9절 후반부를 예수님이 직접 하신 말씀처럼 각색해서 인용합니다.

시 69:9b	주를 비방하는 비방이 내게 미쳤나이다
롬 15:3b	주를 비방하는 자들의 비방이 내게 미쳤나이다 (The insults of those insult you have fallen on me)

시편 69편은 '다윗의 탄식시'로서 주 하나님을 비방하는 비방이 다윗 자신에게 떨어졌다는 울부짖음입니다. 바울은 이 구절을 인용하면서 '내게'를 '그리스도께'로 바꿔서 해석합니다. 다시 말해 사람들이 하나님을 향해 퍼부은 비방이 예수님 자신에게 떨어졌다고 탄식하게 만듭니다. 두말할 필요도 없이 예수께서 십자가를 지실 때 쏟아진 비방

을 염두에 두고 한 인용 해석입니다. 원수들의 야유와 조롱을 받으시며 하나님께서 변호해주실 것을 묵묵히 참고 기다리시는 예수님의 모습을 떠올린 것이지요.

바울은 예수께서 최강자이심에도 자신을 기쁘게 하지 않으시고, 순전히 약자인 우리 죄인들을 위해 스스로 약자의 처지로 낮아져서 십자가의 수치와 모욕을 당하셨다는 사실을 강조하고자 메시아 수난을 예언하는 시편 69편 말씀을 재해석한 것입니다.

> 그는 근본 하나님의 본체시나 하나님과 동등됨을 취할 것으로 여기지 아니하시고(빌 2:6).

> 우리 주 예수 그리스도의 은혜를 너희가 알거니와 부요하신 이로서 너희를 위하여 가난하게 되심은 그의 가난함으로 말미암아 너희를 부요하게 하려 하심이라(고후 8:9).

최강자이신 예수께서도 약자인 우리를 기쁘게 하시고자 이런 비방을 참아내셨다면, 설령 로마교회의 약자들이 강자들의 자유를 비난한다고 할지라도 똑같이 비난해서 안 됩니다. 강자들이 약자들을 기쁘게 하고자 그들의 짐을 함께 져주는 행위, 즉 그들이 삼가는 음식을 함께 삼가고 그들이 지키려는 성일을 함께 지켜주는 것은 예수님의 이타적 희생에 비하면 아무것도 아니라는 비교의 뉘앙스가 있습니다.

교훈을 주는 성경

바울은 4절에서 잠깐 주제에서 이탈해 우회하는 듯이 보입니다. 갑자기 성경이 주는 유익을 언급합니다. 로마서를 집필할 당시에는 신약이 없었기에 여기에서의 성경은 구약입니다. 그렇다면 바울이 갑자기 성경의 유익을 거론하는 이유는 바로 앞 3절에서 시편 69편 9절을 인용했기에 자신의 성경 인용을 정당화하는 동시에 성서의 해석학적 타당성을 강조하고 싶었기 때문일 것입니다.

시편 69편 9절의 원문이 본래 다윗이 하나님을 향해 말씀하는 탄식이었지만, 바울은 로마 교인들에게 이웃을 기쁘게 하는 일에 최고의 모범을 보이신 예수님을 보여주고자 예수께서 하신 말씀으로 재해석해서 각색adaptation한 것을 정당화하고자 성경을 언급한 것 같습니다. 강자 중의 강자이신 예수님도 이웃을 기쁘게 하고자 온갖 비방을 참아내셨다는 사실에 대한 확증을 성경에서 끌어낸 것이지요.

바울은 이처럼 **어제**의 성경이 **오늘**에 주는 영적 교훈을 찾고자 시편 69편 9절을 재해석했습니다. 성경이 우리에게 영적 교훈을 줄 수만 있다면, 이와 같은 성서 인용의 각색과 창조적 재해석이 얼마든지 가능하다는 것이 바울의 생각이었을 것입니다.

무엇이든지 전에 기록된 바는 우리의 교훈을 위하여 기록된 것이니 우리로 하여금 인내로 또는 성경의 위로로 소망을 가지게 함이니라.

바울에게서 '무엇이든지 전에 기록된 것'(whatever was written in former days)은 물론 구약이겠지만, 구약이든 신약이든 상관없이 모든 성경이 비록 과거의 산물이지만 오늘을 사는 우리에게 교훈디다스칼리안/διδασκαλίαν/instruction을 준다는 사실이 중요합니다.

> 그들에게 일어난 이런 일은 본보기가 되고 또한 말세를 만난 우리를 깨우치기 위하여 [성경이] 기록되었느니라(고전 10:11).

그렇다면 과거의 성경이 현재의 우리에게 주는 교훈의 목적은 무엇입니까? 우리로 하여금 '소망'을 갖게 하는 것입니다. 이 소망은 성경이 주는 '인내endurance'와 '위로comfort/encouragement'를 통해서 얻을 수 있습니다. 로마교회에서 지금 가장 긴요한 소망은 강자와 약자의 화합입니다. 한걸음 더 나아가 인류의 궁극적 소망은, 15장 7-13절에서 드러나겠지만, 유대인과 이방인이 연합해서 하나님의 한 가족을 이루는 것입니다. 이런 소망은 어떻게 얻을 수 있습니까? 하나님의 신실성을 입증하는 성경이 주는 '인내'와 '위로'를 통해서 강자와 약자, 유대인과 이방인이 하나가 되는 소망을 얻을 수 있습니다!

강자가 약자의 약점을 감당하며 그를 기쁘게 하는 일에는 많은 인내와 위로가 필요합니다. 얼마든지 자신의 기준에 맞추도록 약자를 회유하고 강요할 수 있음에도 먼저 약자의 유익을 구하고 그를 세워주려는 노력은 '인내'와 '위로' 없이는 불가능합니다. 고기가 먹고 싶어도 약자의 양심을 다치지 않게 하려고 꾹 참아내야 하고, 미련하게 안식일을 지키는 약자의 헛된 행위를 책망하고 싶어도 속으로 꾹꾹 눌러야 합니다.

하나님의 말씀에서 오는 인내와 위로 덕분에 강자는 약자를 끝까지 포기하지 않고 붙들어 줄 수 있고, '강자'와 '약자', '유대인'과 '이방인'이 화목한 한 가족으로 연합하는 소망을 품을 수 있습니다.

그리스도를 본받아 하나가 되고

이제 5-6절은 로마교회를 위한 '기도-소원prayer-wish'입니다. 일종의 축도 형태로 된 중보기도인 셈인데, 간접적 권고 효과도 있습니다. 강자와 약자가 그리스도 예수를 본받아 연합과 일치를 이루게 해달라는 간구입니다.

> 이제 인내와 위로의 하나님이 너희로 그리스도 예수를 본받아 서로 뜻이 같게 하여 주사 한 마음과 한 입으로 하나님 곧 우리 주 예수 그리스도의 아버지께 영광을 돌리게 하려 하노라.

바울은 강자와 약자를 다 포함해서 로마교인 전체를 대상으로 하고자 2인칭 복수 '너희휘민/ὑμῖν/여러분'라는 표현을 씁니다. 강자가 약자의 약점을 참아내고 함께 짐을 지려면 하나님이 주시는 '인내'와 '위로'가 필요합니다. 바울은 이처럼 인내와 위로를 주시는 하나님께서 로마 교인들이 "같은 마음을 품게토 아우토 프로네인/τὸ αὐτὸ φρονεῖν/the same mind" 해달라고 기도합니다.

여기에서 '같은 마음'은 음식법이나 절기 문제에 강자와 약자가 똑같은 견해, 즉 '획일성uniformity'을 갖게 해달라는 기도가 아닙니다. 각자의 신념과 양심의 확신을 따라 살다 보면 서로 다른 입장 차이가 발생한다고 할지라도, 서로를 존중하고 용납해서 공동의 시각과 공동의 목적을 추구하라는 간구지요.

강자와 약자가 뚜렷한 견해차에도 불구하고 같은 마음을 품어 연합될 수 있는 것은 공동으로 그리스도 예수를 향해 시선을 고정할 때입니다. 바울은 이것을 '그리스도 예수를 본받는 것카타 크리스톤 예순/κατὰ Χριστὸν Ἰησοῦν/according to Christ Jesus'으로 표현합니다. 예수님은 최고의 강자이심에도 약자인 우리를 기쁘시게 하고자 십자가의 희생제물이 되심으로써 온 인류가 하나로 연합될 수 있는 길을 열어 주셨습니다.

> 너희가 다 믿음으로 말미암아 그리스도 예수 안에서 하나님의 아들이 되었으니… 너희는 유대인이나 헬라인이나 종이나 자유인이나 남자나 여자나 다 그리스도 예수 안에서 하나이니라(갈 3:26, 28).

로마 교인들이 각기 다른 견해차이가 있음에도 불구하고 그리스도를 본받아 '같은 마음'을 품게 해달라고 기도한 바울은 이제 한 마음과 한 입으로 하나님을 예배하게 해달라는 기도를 올립니다. 강자와 약자가 연합하는 궁극적 목적은 '한 마음호모튀마돈/ὁμοθυμαδὸν/with one heart'과 '한 입으로엔 헤니 스토마티/ἐν ἑνὶ στόματι/with one mouth' '하나님 곧 우리 주 예수 그리스도의 아버지톤 테온 카이 파테라 투 퀴리우 헤몬 예수 크리스투/τὸν θεὸν καὶ πατέρα τοῦ κυρίου ἡμῶν Ἰησοῦ Χριστοῦ/the God and the Father of our Lord Jesus Christ'께 영광을 돌리기 위함입니다.

바울이 꿈꾸는 비전은 강자와 약자가 화해와 일치를 이뤄 한 마음 한 목소리로 하나님께 영광의 예배를 올리는 일입니다. 양 진영이 그리스도 예수께서 보여주신 본을 따라 같은 뜻을 품어 화합을 이룬다면, 이로써 하나님은 영광을 받으실 것입니다!

너희도 서로 받으라

바울은 7-13절에서 로마교회 내의 '약자'와 '강자'의 화해와 일치를 넘어서 '유대인'과 '이방인'의 화해와 일치라는 인류 대통합에 대한 거시적 비전을 제시합니다. 바울은 이런 우주적 연대와 일치에 대한 신학적 근거를 1-6절과 마찬가지로 '그리스도 예수'와 '성경'에서 찾습니다. 다시 말해 약자와 강자, 유대인과 이방인의 우주적 연합의 근거는 실제적인 것이 아니라, 기독론적이고 성서적인 것입니다. 흥미롭게도 7-13절은 문학구조상 1-6절과 쌍둥이처럼 닮았습니다.

15:1-13의 문학 구조		
	1-6절	7-13절
권고	1-2절: '약자에 대해 강자에게 주는 권고'	7절: '로마 교인들에게 주는 권고'
권고에 대한 기독론적 근거	3a절	8-9a절
권고에 대한 성서적 근거	3b-4절: 시 69:9b	9b-12절: ① 9b절: 시 18:49(70인경) ② 10절: 신 32:43(70인경) ③ 11절: 시 117:1(70인경) ④ 12절: 사 11:10(70인경)
기도 소원(축도)	5-6절	13절

> 그러므로 그리스도께서 우리를 받아 하나님께 영광을 돌리심과 같이
> 너희도 서로 받으라(7절).

여기 '우리'와 '너희'('여러분', 새번역)라는 말은 강자와 약자를 포함해서 로마 교인들 모두를 포괄할 뿐 아니라, 로마서를 읽게 될 그리스도인 전체를 총괄하는 표현입니다. 그렇다면 "서로 받으라"는 것이 요점입니다. 강자와 약자가 서로를 배척하지 말고 용납하라는 권고지요.

이것은 14장 1a절과 유사한 것처럼 보이지만, 결정적 차이점이 있습니다. 14장 1a절이 주로 '강자'가 '믿음이 연약한 자'를 환영하라는 권고였다면, 15장 7절은 강자든 약자든 로마 교인들(확대해서 그리스도인 전체) 모두가 서로를 환영하라는 것입니다. 그렇다면 15장 7b절-12절까지는 왜 서로 받아야만 하는지에 대한 신학적(기독론적이고 성서적인) 해명이라고 할 수 있습니다.

'약자'와 '강자'를 포함한 그리스도인 모두가 서로를 용납해야 하는 이유는?	
7b절	그리스도께서 우리를 받으셨기 때문이다
8-9a절	그리스도께서 '하나님의 진실하심'과 '긍휼하심'을 드러내시려고 '유대인'과 '이방인'에게 복을 주셨기 때문이다
9b-12절	8-9a절의 진리는 성경(구약)에 확증됐기 때문이다

약자와 강자에 대한 화해와 일치의 권고가 '그리스도 예수'와 '성경'을 통한 보편적 구속사에 근거하고 있다면, 양 진영의 대립은 어디까지나 구약의 율법 문제로 촉발됐기 때문에 궁극적으로 유대인과 이방인이라는 인종 경계의 와해와 이에 근거한 인류의 대통합으로 이어질

수밖에 없습니다.

'서로 받으라'는 말은 '서로 환영하라welcome one another'는 뜻인데, '서로 관용하라' 혹은 '서로 공식적으로 인정하라'는 의미 그 이상으로, 한 가족으로서 서로 존중하고 사랑하라는 뜻입니다. 가족 구성원들 가운데는 서로 견해가 다를 수 있고, 크고 작은 흉허물이 있을수 있지만, 그것 때문에 서로 등을 돌리지는 않습니다. 한 피를 나눈한 형제자매라는 사실 때문에 기꺼운 마음으로 서로를 용납할 수밖에 없습니다.

마찬가지로 로마 교인들 간에 음식법이나 안식일 문제에 뚜렷한 견해차가 있을지라도 서로를 가족처럼 용납하라는 것입니다. 중요한 것은 서로 용납해야 할 근거가 먼저 그리스도께서 우리를 용납해주셨다는 사실에 있습니다. 우리 모두가 죽을 수밖에 없는 죄인들이었음에도 그리스도께서 먼저 우리를 용납해주셨기 때문에, 그리스도께서 우리를 용납해주신 것과 똑같이 우리 역시 —약자든 강자든 우리의 입장과 상관없이— 상대편을 기꺼운 마음으로 용납해야 마땅하다는 것이지요.

그리스도의 이중 섬김 사역

그리스도인의 상호존중과 상호용납은 신앙의 대상이자 신앙의 모범이신 그리스도 예수의 인격과 사역에 뿌리박고 있기에 바울은 8-9a절에서 그리스도의 이중 섬김 사역을 역설합니다.

내가 말하노니 그리스도께서 하나님의 진실하심을 위하여 할례의 추종자가 되셨으니 이는 조상들에게 주신 약속들을 견고하게 하시고 이방인들도 그 긍휼하심으로 말미암아 하나님께 영광을 돌리게 하려 하심이라.

"내가 말하노니"(For I tell you that)는 바울이 말하려는 것이 '엄숙한 교리 선언'이라는 사실을 알리는 수사학적 표현입니다. 이 교리 선언은 8-9a절에 요약됐고, 9b-12절에서 성경 인용으로 보강됩니다. 그 핵심은 "하나님께서 그리스도의 복음으로 이방인을 유대인과 더불어 하나님의 백성으로 통합시킴으로써 아브라함에게 주신 언약을 성취하셨다"는 진리입니다. 이것을 8절 전반부는 이렇게 정리합니다.

그리스도께서 하나님의 진실하심을 위하여 할례의 추종자가 되셨으니(개역개정)
그리스도께서는 하나님의 진실하심을 드러내시려고 할례를 받은 사람의 종이 되셨으니(새번역)
Christ has become a servant of the circumcised on behalf of the truth of God(NRSV)

'할례의 추종자디아코논 페리토메스/διάκονον περιτομῆς/a servant of circumcision'는 '할례받은 자', 즉 '유대인'을 섬기는 종이 되셨다는 뜻입니다. 그리스도께서 유대인을 섬기는 종이 되신 것은 '하나님의 진실하심알레테이아스 테우/ἀληθείας θεοῦ/the truth of God'을 드러내시기 위함입니다. 예수님은 자신이 "이스라엘 집의 잃어버린 양 외에는 다른 데로 보내심을 받지 않으셨다"고 말씀하심으로써 일차적 구원대상이 유대인이라는 사실을 분명히 하셨습니다. 바울 역시 그리스도 사

역의 1차 대상이 유대인이라는 사실을 강조합니다.

> 때가 차매 하나님이 그 아들을 보내사 여자에게서 나게 하시고 율법
> 아래에 나게 하신 것은 율법 아래에 있는 자들을 속량하시고 우리로
> 아들의 명분을 얻게 하려 하심이라(갈 4:4-5).

그렇다면 그리스도께서 '하나님의 진실하심'을 드러내시려고 할례받은 유대인의 종이 되신 것은 두 가지 목적을 성취하시기 위함이었습니다.

그리스도의 이중 섬김 사역	
8절	① 유대인을 위해서: **하나님의 진실하심**(the truth of God)이 드러남. 하나님께서 조상들에게 주신 약속들을 '견고하게'(확증/confirm) 하심
9a절	② 이방인을 위해서: **하나님의 긍휼하심**(the mercy of God)이 드러남. 이방인도 하나님의 긍휼히 여기심을 받아서 하나님께 영광을 돌리게 하심

바울은 여기에서 "궁극적으로 유대인과 이방인이 동등하지만, 그 우선권은 유대인에게 있다"는 결코 화해시키기 쉽지 않은 진리를 주장합니다. 바울은 이 진리를 이미 로마서 1장 16절에서 선언했습니다.

> 내가 복음을 부끄러워하지 아니하노니 이 복음은 모든 믿는 자에게
> 구원을 주시는 하나님의 능력이 됨이라 먼저는 유대인에게요 그리고
> 헬라인에게로다.

하나님이 유대 족장들에게 주신 약속들을 확증하시고자 그리스도께서 유대인의 종으로 오셨다는 사실에서 '**하나님의 진실하심**'이 드러났고, 유대인에게 구원의 첫 자리가 특혜로 주어졌지만, 이와 동시에 이방인에게도 그리스도를 통한 '**하나님의 긍휼하심**'을 베푸셔서 그들도 하나님께 영광을 돌리게 하심으로써 하나님의 한 가족으로 편입시키셨습니다.

로마교회의 약자들이 주로 유대교적 뿌리를 가진 이들이고, 강자들이 주로 이방인 출신이라고 한다면, 바울은 다시금 "유대교적 우선성을 주장함으로써 유대계 약자들의 자존심을 세워주는 동시에 궁극적으로 유대인과 이방인의 동등성과 통합을 주장함으로써 이방계 강자들의 신학지식이 틀리지 않다는 사실"을 **은연중에** 보여주고자 합니다. 다시 말해 이방인이 본래 '돌감람나무'였지만 '참감람나무'에 접붙임을 당했다고 주장한 것처럼, 이방인이 누리게 된 특권이 유대교적 뿌리에 기초한다는 로마서의 주제를 재차 강조하고 있습니다(11:17-24).

바울은 그리스도께서 '할례자의 추종자'로 오셨다는 사실에서 구속사에서의 유대인 우선권을 강조함으로써 주로 유대계 신자들로 구성된 약자들의 자존심을 세워주는 동시에 궁극적으로 유대인과 이방인의 장벽이 무너짐으로써(엡 2:14) 유대인과 이방인이 하나님의 한 가족으로 통합됐다는 신학 진리를 재천명함으로써 약자(유대인)와 강자(이방인)의 포용과 융화를 촉구합니다.

유대인과 이방인의 연합

이제 9b-12절은 구약의 삼대 영역인 성문서와 율법서, 예언서에서 온 적절한 성구들을 골고루 인용함으로써 그리스도의 오심으로 이뤄진 유대인과 이방인의 대통합을 성서적으로 인증합니다. 이처럼 구약을 대표하는 네 구절을 「70인경」에서 인용하는 것은 성경 전체가 약자와 강자, 유대인과 이방인의 연합과 일치를 확증한다는 사실을 보여주기 위함입니다.

첫째 인용: 성문서	
9b절	그러므로 내가 **열방** 중에서 주께 감사하고 주의 이름을 찬송하리로다
시 18:49 (삼하 22:50)	여호와여 이러므로 내가 **이방 나라들** 중에서 주께 감사하며 주의 이름을 찬송하리이다 ("이러므로 여호와여 내가 **모든 민족** 중에서 주께 감사하며 주의 이름을 찬양하리이다.")

둘째 인용: 율법서	
10절	**열방들**아 주의 백성과 함께 즐거워하라
신 32:43a	너희 **민족들**아 주의 백성과 즐거워하라

셋째 인용: 성문서	
11절	모든 **열방들**아 주를 찬양하며 **모든 백성들**아 그를 찬송하라
시 117:1	너희 **모든 나라들**아 여호와를 찬양하며 너희 **모든 백성들**아 그를 찬송할지어다

여기 처음의 세 인용은 모두 '열방all nations/모든 나라/모든 백성' 혹은 '이방 나라들gentiles'이라는 공통어가 들어간 특징이 있는데, 그리스도를 통한 유대인과 이방인의 대통합으로 말미암아 유대인과 이방

인이 다함께 **점진적으로** 하나님을 찬양한다는 의미에서의 공통점입니다.

"열방 중에서 주께 감사하고 주의 이름을 찬송하고" → "열방들(이방인들)이 주의 백성(유대인)과 함께 즐거워하고" → "유대인과 이방인이 연합한 모든 열방들, 모든 백성들이 하나님을 찬송할 것이다"라는 **점진적** 과정을 성구 인용으로 입증한 것입니다. 이처럼 하나님을 찬양하며 영광을 돌리는 일에 유대인과 이방인이 하나가 된다는 사실은 그리스도 구원사역의 보편성을 보여주는 성서적 증거입니다.

넷째 인용: 예언서	
12절	이새의 뿌리 곧 **열방**을 다스리기 위하여 일어나시는 이가 있으리니 **열방**이 그에게 소망을 두리라
사 11:10	그 날에 이새의 뿌리에서 한 싹이 나서 만민의 기치로 설 것이요 **열방**이 그에게로 돌아오리니 그가 거한 곳이 영화로우리라

여기 '이새의 뿌리'는 두말할 필요도 없이 다윗의 후손으로 오시는 메시아 예수 그리스도를 가리키며, 그리스도로 말미암아 궁극적으로 유대인과 이방인이 통합된 '열방 통치'가 실현되며, 온 열방이 메시아 예수께 구원의 소망을 둘 것이라는 사실을 보여줍니다.

결국 바울이 구약성경 네 곳을 인용한 이유는 그리스도 예수로 말미암아 유대인에게는 '하나님의 진실하심'이, 이방인에게는 '하나님의 긍휼하심'이 각각 드러나 유대인과 이방인이 다 함께 한 가족이 돼 하나님께 찬송과 영광을 돌리게 된다는 사실을 입증하기 위함입니다.

믿음, 기쁨, 평강 그리고 소망

바울은 축도로 결론을 맺습니다.

소망의 하나님이 모든 기쁨과 평강을 믿음 안에서 너희에게 충만하게
하사 성령의 능력으로 소망이 넘치게 하시기를 원하노라(13절).

이 '기도 소원prayer-wish'이야말로 로마서의 윤리 권고의 핵심 요
소들을 모두 아우르고 있습니다. 먼저 '소망의 하나님'이 로마 교인들
에게 약자와 강자, 유대인과 이방인의 대립과 갈등을 넘어서 그리스
도 안에서의 한 가족이라는 연대와 일치에 대한 소망을 차고도 넘치
게 해주시기를 기원하는데, 이 소망은 성령의 능력 없이 채워질 수 없
습니다.

또한 하나님의 나라에서 누리게 될 '기쁨'과 '평강'(14:17 참조)은
'믿음'에서 오는 선물인데, 로마교회 안에서 약자와 강자, 유대인과 이
방인이 화해와 일치가 이뤄질 때 누릴 수 있습니다. 이처럼 믿음이 기
쁨과 평강에 이르는 수단이라고 한다면, 넘치는 소망은 믿음에서 온
기쁨과 평강이 만들어내는 자연스러운 결과라고 할 것입니다. 결국
'믿음' → '기쁨' → '평강' → '소망'은 우리 안에 내주하시는 성령의 능
력에서 오는 네 가지 선물들입니다.

'아디아포라'에 대한 신학 원리

로마서 14장 1절-15장 13절은 이른바 '아디아포라adiaphora', 즉 "성경이 뚜렷이 요구하지도 금하지도 않는, 논쟁의 여지가 있는 비본질적 문제"를 그리스도인들이 어떻게 다뤄야 할지에 대한 근본 신학 원리를 제시한다는 점에서 중요합니다. 죽고 사는 구원 여부가 걸리지 않은, 그야말로 다양한 종류의 아디아포라 이슈들이 교회 안에 있습니다. '살인'이나 '도적질'과 '간음' 같은 문제는 논쟁의 여지가 없는 본질 문제이기에 성경은 명확히 금합니다. 하지만 음식법과 같은 문제는 다양한 해석의 여지를 남겨 놓습니다. 신학적 정통지식과 상관없이 이 지식을 내면화하는 데에는 사람마다 다양한 차이가 있을 수 있으므로 공동체의 평화와 건덕을 세우기 위해서 서로 다른 입장을 존중해야 합니다.

예컨대 로마교회에서 약자들이 포도주를 입에 대지 않은 문제는 단지 알코올을 절제하지 못하고 남용할 것이라는 현실적 차원에서가 아닌, 양심상 죄가 된다는 종교적 이유 때문에 논쟁거리가 됐습니다. 그러기에 바울이 강자에게 약자 앞에서 포도주를 삼가라고 권면한 이유는 약자가 과도한 음주습관에 빠질 것을 두려워해서가 아니라, 순전히 약자의 양심과 믿음을 다치지 않게 하려는 목회적 배려 때문입니다.

현실주의자인 바울은 강자나 약자를 불문하고 자신의 신학 지식만 앞세워 처신하다가는 상대방에게 영적인 해를 끼칠 수 있으므로 사랑의 정신, 즉 배려하고 존중하는 자세로 처신해서 공동체의 평화와 일치, 건덕을 세울 것을 부탁합니다.

약자는 강자를 자신의 신념체계의 기준에 따라 함부로 비판, 즉 정죄하거나 심판하지 말고, 강자는 자신의 정통 신학지식에만 의존한 채 약자를 깔보거나 자기 기준에 맞춰서 일방적으로 따라올 것을 강요하지 말라고 충고합니다.

하나님 나라의 본질에 속하지 않고, 구원 여부에 심각한 영향을 미치지 않는 아디아포라 문제에 관한 한 잠시 지식을 내려놓고 사랑의 가슴으로 자기와 다른 견해를 가진 형제자매를 존중하고 배려할 때 그리스도의 몸된 교회가 평화와 일치를 이룰 수 있다는 것이 바울의 확신입니다.

교회가 실제적으로 아주 사소한 문제로 인해 분열되는 일은 수없이 많습니다. 어떤 목사님은 섬유조직 재료가 면과 폴리에스터로 섞인 양복을 입었다고 해서 한 교인으로부터 레위기 19장 19절을 위배했다는 추궁을 당했습니다.

> 너희는 내 규례를 지킬지어다 네 가축을 다른 종류와 교미시키지 말며 네 밭에 두 종자를 섞어 뿌리지 말며 두 재료로 직조한 옷을 입지 말지며.

이 교인은 자신이 이 말씀을 지키고자 언제나 다른 재료가 섞이지 않은 단일옷감만 입고 다니는데, 목사님이 성경 말씀을 정면으로 어겼다며 선량한 교인들을 선동했습니다.

어떤 의상을 입을 것인가 하는 문제야말로 아디아포라의 전형입니다. 이 경우 누가 강자고 누가 약자인가를 가려내는 일이 중요합니다. 당연히 목사님이 강자고, 꼭 레위기에 규정한 대로 옷을 입어야 한다고 생각하는 교인이 약자입니다.

바울의 지침을 그대로 적용한다면, 강자인 목사님이 약자인 교인에게 맞춰 사랑으로 품는 수밖에 도리가 없습니다. 신학 지식으로 말한다면 목사님이 옳지만, 두 재료의 옷감으로 직조한 양복을 입는 것이 죄가 된다고 믿는 교인의 신념을 존중하고 배려해주지 않는다면 이 사소한 문제로 교회에 분란이 일어날 수 있습니다.

그러기에 강자인 목사님이 약자인 그 교인을 배려해서 자신의 옳은 신학 지식을 잠시 접고 용납과 양보의 정신으로 그런 종류의 재료가 섞인 옷을 입지 않는다면, 교인의 양심도 다치지 않게 하고 교회의 평화와 일치도 지킬 수 있을 것입니다.

그러므로 다음의 구호는 언제나 진리입니다.

본질적인 것에는 일치를, 비본질적인 것에는 자유를, 모든 것에는 자비를(In essentials unity, in non-essentials liberty, in all things charity).

제8부

맺음말:
바울의 선교 비전과
로마교회의 실상

복음의 제사장
The Priest of the Gospel

롬 15:14-21

로마서 말미에 이르다

로마서의 실질 내용은 15장 13절로 끝났습니다. 한 치의 빈틈도 없이 정밀한 교리 설명도, 뜨거운 울림을 자아낸 윤리 권고도 미련 없이 마무리됐습니다. 이것은 서신 말미에 등장하기 마련인 두 차례의 축도(15:5-6, 13)에서 이미 암시됐습니다.

어느 서간이든지 본론을 다 말했으면 발신자의 개인 형편과 수신자에 대한 안부 인사 등의 형식이 뒤따르기 마련입니다. 이런 까닭에 이제 바울은 자신과 로마 교인들에 대해서 말하기 시작합니다. 로마 교인들에 대한 덕담과 자신이 이해한 이방인을 위한 사도직의 본질에 대한 해명(15:14-21), 마게도냐와 아가야의 이방계 기독교인들로부터 모은 구호헌금을 전달하기 위한 목적으로서의 임박한 예루살렘 방문계획과 궁극적으로 서바나스페인로 진출해서 서방선교에 투신하려는 향후 선교계획을 알립니다(15:22-33).

권터 보른캄Günther Bornkamm, 1905~1990이 로마서를 '바울의 유언서Testament des Paulus'로 부른 이유는 바울이 그토록 숙망한 스페인 입성의 꿈을 끝내 이루지 못할 것을 모른 채, 자칫 유대인들에 의해서 목숨을 잃을 위험성이 도사리는 예루살렘 여행계획을 말미에서 밝히기 때문입니다.

바울은 서신 끄트머리에서 또한 자신이 알고 있는 로마교회의 남녀 지인들에게 자상한 안부를 묻는 동시에 고린도에서 함께 체류하고 있는 동역자들의 문안 인사를 전합니다(16:1-23). 마침내 이 위대한 로마서는 오직 하나님께만 영광을 돌리는 송영doxology으로 대미를 장식합니다(16:25-27).

로마서의 도입부도 바울 서신 중에서 가장 긴 부분으로 유명하지만, 결문 역시 바울 서신 가운데 제일 깁니다. 정작 로마서 결문이 중요한 이유는 이방인을 위한 바울 자신의 사도직 이해와 그의 선교신학(철학)과 선교정책 및 선교전략이 여기에 고스란히 함축됐기 때문입니다.

바울은 서두(1:8-13)에서 자신이 로마교회를 방문하려고 한 목적을 아주 짤막하고 막연하게 언급한 적이 있습니다. 더욱이 로마교회를 방문하려고 여러 번 마음을 먹었지만 길이 막혀서 뜻을 이루지 못했다는 사실도 밝혔습니다. 이제 편지 말미에서 왜 사정이 그러했는지 로마교회와 관련된 자신의 신상 이야기를 조금 더 구체적으로 풀어놓을 때가 됐습니다.

로마교회 칭송

로마교회와 관련된 개인사를 털어놓게 됐을 때 바울은 잠시 숨을 고른 뒤 지금까지 자신이 그 교인들에게 말해온 논조tone of argument 를 차분히 살펴봤을 것입니다. 자신이 세우지도 않았고, 한 번도 목회를 한 적도, 방문을 한 적도 없는 교회에다가 혹시 너무 주제넘은 말을 한 것은 아닐까 조심스러워졌던 것입니다. 로마 교인들을 너무 가볍게 여기고 일방적 훈계조의 가르침만 늘어놓은 것은 아닐까 염려가 됐습니다.

이렇게 자신이 설파해온 편지 내용에 대한 교인들의 반응에 대해서 다소 예민해지면서 혹시라도 있을지 모르는 오해를 풀어주기 위해서라도 바울의 톤은 급격히 다정해지면서 상대방을 치켜세우는 분위기로 전환될 수밖에 없었습니다. 막바지에 가면 좀 더 친밀한 방향으로 톤이 바뀌는 것은 동서고금을 막론하고 모든 서신에 등장하는 수사학적 전환이라고 할 것입니다.

더군다나 서신의 목적이 수신자에게 무엇인가 중요한 것을 부탁할 경우에는 발신자가 수신자의 환심을 살 요량으로 상대편에 대한 긍정적 확신을 피력하거나 극구 칭송하는 것이 상례입니다. 바로 이점에서 로마서야말로 지중해 동방선교를 완료하고 스페인 쪽으로 눈을 돌리면서 로마를 서방선교의 전초기지로 삼고 선교후원을 받기 위한 뚜렷한 목적을 가진 서신형식을 취하고 있다고 할 수 있습니다. 이런 맥락에서 바울은 결문을 로마 교인들에 대한 칭송으로 시작합니다.

내 형제들아 너희가 스스로 선함이 가득하고 모든 지식이 차서 능히 서로 권하는 자임을 나도 확신하노라(14절).

바울은 로마 교인들을 '내 형제들아my brothers'라고 다정히 부르면서 주제전환을 환기시킵니다. 그동안 칼날처럼 예리한 필봉을 거침없이 휘둘러 온 바울은 로마 교인들을 자극하지 않으려는 듯 정중하게 장점부터 칭찬합니다. 그들의 '선함goodness'과 '지식knowledge'과 '서로 권면할 능력이 있음'(competent to instruct one another)을 칭찬합니다.

'선함'은 말 그대로 이웃을 향한 착한 행실, 즉 도덕성을 의미하고, '지식'은 기독교 신앙을 바로 이해하는 영적 통찰력을 의미합니다. 로마 교인들은 이렇게 도덕성과 영적-신학적 지식을 두루 갖췄기에 서로 가르치고 권고할 수 있습니다.

분명히 바울은 어느 정도의 외교적 과장법으로 수사를 구사하는 것이 사실이지만, 그렇다고 해서 입에 발린 아첨이나 허풍만은 아닐 것입니다. 바울이 서방선교에 눈을 돌리면서 하필이면 로마교회를 발판으로 삼으려는 이유는 아굴라와 브리스길라 부부와 같은 지도자들로부터 이 교회의 장점을 익히 들었기에 신뢰성을 갖게 됐기 때문일 것입니다. 그러기에 바울은 로마교회가 이런 장점을 지니고 있음을 '확신한다페페이스마이/πέπεισμαι/confident'고 말합니다.

되새기는 사역

로마 교인들이 도덕성과 지성, 교육적 능력을 두루 갖추고 있다면 굳이 바울에게 배워야 할 이유가 없었을 것임에도 바울은 꽤 장황하게 기독교 교리와 윤리의 핵심 이슈를 상세히 가르쳤을 뿐 아니라 약자와 강자 사이에 일어난 실제 갈등에도 나름의 신학-윤리적 해법을 제시했습니다. 바로 이 점에 있어서 바울은 자신의 편지가 지나친 면이 있었음을 솔직히 시인합니다.

> 그러나 내가 너희로 다시 생각나게 하려고 하나님께서 내게 주신 은혜로 말미암아 더욱 담대히 대략 너희에게 썼노니(15절).

여기 '더욱 담대히rather bold'라는 말은 서신의 어떤 부분이 주제넘을 정도로 과격했다는 사실을 자인하는 표현입니다. 바울은 때때로 'diatribe' 논법을 사용해서 "알지 못하느냐?"며 질타하거나(6:3, 16), 심지어 "우둔하다"는 혹평도(11:25) 서슴지 않았습니다. 로마 교인들이 충분히 성숙한 신자들임에도 바울이 이처럼 곳곳에서 주제넘을 정도로 대담하게 자신의 주장을 펼친 이유가 중요한데, 그것은 로마 교인들에게 "다시 생각나게"(by way of reminder) 하기 위함이었습니다. 새번역은 '기억을 새롭게 한다'고 좀 더 이해가 잘 가도록 번역했습니다.

아무리 선이 가득하고, 지식이 넘치고, 가르칠 능력이 출중해도 이미 알고 있는 진리를 자주 상기remind시켜주는 것은 언제나 긴요합니다. 로마 교인들로 하여금 복음의 진수, 구원의 기초로 되돌아가도록

'되새겨주는 사역reminding ministry'을 하기 위해서 바울은 몇 가지 점에서는 주제넘을 정도로 대담해질 수밖에 없었다는 것이지요.

복음의 제사장

그렇다면 그런 '담대함', 즉 '거룩한 뻔뻔스러움'은 어디에서 왔을까요? 바울이 로마 교인들보다 도덕성이나 지식, 교육능력이 더 탁월하기 때문이 아니라, 순전히 '하나님께서 바울에게 주신 은혜' 때문입니다. 자신의 자질이 로마 교인들보다 뛰어나서가 아니라 순전히 하나님이 베푸신 은혜에 힘입어 로마 교인들을 담대히 가르치게 됐는데, 로마교회뿐만 아니라 온 세상 모든 민족을 위해서 하나님께서 이 사도직의 은혜를 바울에게 주신 진정한 목적이 있다는 것입니다.

이 은혜는 곧 나로 이방인을 위하여 그리스도 예수의 일꾼이 되어 하나님의 복음의 제사장 직분을 하게 하사 이방인을 제물로 드리는 것이 성령 안에서 거룩하게 되어 받으실 만하게 하려 하심이라(16절).

16절이야말로 바울의 목회사역의 본질을 요약하는 중요한 구절인데, 그 핵심이 있습니다.

개역개정	이방인을 위하여 그리스도 예수의 일꾼이 되어 하나님의 복음의 제사장 직분,
새번역	이방 사람에게 보내심을 받은 그리스도 예수의 일꾼이 되게 하여, 하나님의 복음을 전하는 제사장의 직무,
NRSV	a minister of Christ Jesus to the Gentiles in the

	priestly service of the gospel of God,
헬라어	레이투르곤 크리스투 예수 에이스 타 에트네, 히에루르군타 토 유앙겔리온 투 테우, λειτουργὸν Χριστοῦ Ἰησοῦ εἰς τὰ ἔθνη, ἱερουργοῦντα τό εὐαγγέλιον τοῦ θεοῦ,

이 부분이 특별하고 기이한 것은 바울이 자신을 '둘로스 크리스투/δοῦλος Χριστοῦ/slave of Christ/그리스도의 종'나 '디아코노스 크리스투/διάκονος Χριστοῦ/servant of Christ/그리스도의 사역자'가 아닌, '레이투르고스 크리스투/λειτουργὸς Χριστοῦ/minister of Christ/그리스도의 일꾼'로 말한다는 점입니다. '레이투르고스/λειτουργὸς'는 세금 거두는 일이 종교적으로 거룩한 일이라는 사실을 강조하고자 조세 업무에 종사하는 관리를 일컬을 때 사용된 적이 있습니다(13:6).

'레이투르고스'를 우리말 성경은 '일꾼'으로 번역했고, 영어 성경은 'minister', 독일어 성경은 'Diener' 혹은 'Beauftragter'로 번역했습니다. 'minster'가 '장관'이나 '목사'로 번역되듯이, '레이투르고스'는 정치나 외교, 종교 직능을 수행하는 고위층 인사를 일컫는 말입니다. 우리말로 가장 가까운 번역은 '공복公僕/public servant' 정도일 텐데, 국가 정부에서 국민을 섬기는 고위직 인사를 의미합니다. 중요한 것은 이 말이 종교와 관련해서 사용될 때에는 언제나 거룩한 '제사rite' 혹은 '제의cult'와 관계된다는 사실입니다. (흥미롭게도 '예배식' 혹은 '전례'를 뜻하는 영어 'liturgy'와 독일어 'Liturgie'가 헬라어 '레이투르고스'에서 왔습니다.)

성소와 참 장막에서 '섬기는 이'(레이투르고스/λειτουργὸς/minis-
ter)시라 이 장막은 주께서 세우신 것이요 사람이 세운 것이 아니니
라(히 8:2).

제사장마다 매일 서서 '섬기며'('레이투르곤/λειτουργῶν'/minister-
ing) 자주 같은 제사를 드리되 이 제사는 언제나 죄를 없게 하지 못하
거니와(히 10:11).

이처럼 '레이투르고스'가 섬기는 일꾼 사역자임에는 틀림없지만,
신약에서 사용될 때 언제나 '거룩한 제사에 종사하는 사역자'라는 사실
이 중요합니다. 그다음에 나오는 '히에루르군타/ἱερουρ-   γοῦντα'라는
동사도 중요한데, 제사장을 뜻하는 '히에레우스/ἱερεὺς/priest'에서 왔
으므로 이 말에는 '희생제물을 바치다'(offer sacrifice)라는 의미가 있
습니다. 이 말은 특히 성전에서 희생제물을 제단에 바치는 거룩한 직
능과 관계됩니다.
    결국 '레이투르고스'에는 '제사장 직분을 수행하는 자'의 의미가 있
습니다. 바울이 이런 표현을 쓰는 것 자체가 파격적인데, 이방인을 위
해 복음을 전파하는 사도직을 '제사장직priesthood'에 비유한다는 것
자체가 놀랍고 신선합니다.

하나님이 기뻐 받으실 제물

구약에서 제사장이 하는 가장 중요한 직책은 하나님과 이스라엘

백성 사이의 '중보자mediator'로서 이스라엘의 죄를 대속하기 위한 희생제물을 제단에 바치는 일입니다. 바울이 '그리스도 예수의 거룩한 일꾼'으로서 '하나님의 복음'을 이방인에게 전하는 제사장의 직무를 수행한다면, 과연 그가 어떤 '제물'을 하나님 앞에 바치는가가 중요합니다. 제물과 관련해서 16절 후반부는 중요한 사실을 보여줍니다.

개역개정	이방인을 제물로 드리는 것이 성령 안에서 거룩하게 되어 받으실 만하게 하려 하심이라.
새번역	그리하여 이방 사람들로 하여금 성령으로 거룩하게 되게 하여, 하나님께서 기쁨으로 받으실 제물이 되게 하시려는 것입니다.
NRSV	so that the offering of the Gentiles may be acceptable, sanctified by the Holy Spirit.
헬라어	히나 게네타이 헤 프로스포라 톤 에트논 유프로스덱토스, 헤기아스메네 엔 퓨마티 하기오. ἵνα γένηται ἡ προσφορὰ τῶν ἐθνῶν εὐπρόσδεκτος, ἡγιασμένη ἐν πνεύματι ἁγίῳ.

제사장이 거룩한 희생제물을 하나님의 제단에 바치듯이, 바울은 자신이 '이방인들'을 복음으로 개종시켜 하나님께 '제물프로스포라/προσ-φορὰ/offering'로 바치는 제사장이라는 것입니다. 구약의 제사장은 이스라엘을 위해서 도살된 죽은 짐승을 제물로 바쳤지만, 자신은 살아 있는 이방인들을 거룩한 제물로 드리는데, 이들이 하나님이 기뻐 받으실 거룩한 산 제물이 될 수 있는 것은 전적으로 성령의 능력에 의해서입니다. 하지만 희생제물이 죽어야 하듯이, 이방인의 옛 사람이 십자가와 함께 죽을 때에만 온전한 제물로 바쳐질 수 있다는 것도 사실입니다. 결국 이방인이 제물이 됐다는 것은 하나님께 '영광'(15:9)과 '순종'(15:18)으로 산 제사를 드리는 예배자가 됐다는 사실을 뜻합니다.

요약하면 16절에서는 모두 다섯 개의 헬라어가 '제사장'이나 '제물' 이미지와 직결돼 있습니다.

레이투르곤 λειτουργὸν	거룩한 종교 직능을 맡은 일꾼, 곧 제사장
히에루르군타 ἱερουργοῦντα	제사장의 직무로 섬기는
프로스포라 προσφορὰ	하나님께 드리는 희생제물
유프로스덱토스 εὐπρόσδεκτος	하나님이 받음직 하게
하기오 ἁγίῳ	거룩하게 되어

여기에서 바울은 영적 은유법을 씁니다. 자신이 '제사장'이라는 것도, 이방인이 '거룩한 제물'이 된다는 것도 상징적 비유일 뿐입니다. 이방인들은 본래 부정하기에 예루살렘 성전에 들어갈 수 없었습니다. 따라서 거룩한 제물로 하나님께 받아들여지는 것 자체가 불가능했습니다. 하지만 하나님의 은혜로 이방인을 위한 사도가 된 바울이 이방인에게 복음을 전해서 성령의 능력으로 거룩해진 이방인을 하나님께 산 제물로 바칠 수 있게 됐습니다. 이것은 이사야 66장 20절이 성취됐다는 사실을 보여줍니다.

> 나 여호와가 말하노라 이스라엘 자손이 예물을 깨끗한 그릇에 담아 여호와의 집에 드림 같이 그들이 너희 모든 형제를 뭇 나라에서 나의 성산 예루살렘으로 말과 수레와 교자와 노새와 낙타에 태워다가 여호와께 예물로 드릴 것이요.

유대인과 이방인 사이에 도저히 넘지 못할 장벽이 있었지만, 그리스도 예수의 화목케 하는 복음의 능력으로 말미암아 이 장벽이 무너졌습니다. 이제 유대인뿐만 아니라 이방인도 하나님께서 기뻐 받으실 향기로운 '제물Opfergabe'이 될 수 있게 된 것이지요. 복음과 성령의 능력으로 말미암아 이방인도 '하나님이 기뻐하시는 거룩한 산 제물'(12:1)이 될 수 있게 된 것입니다!

'하나님의 복음의 제사장'은 전도해서 얻은 개종자를 하나님이 기뻐 받으실 거룩한 제물로 바치는 거룩한 직분자입니다. 이것을 현대에 적용하면, '전도자'가 전도해서 얻은 결신자를 하나님의 제단에 바치는 거룩한 제사장이 됐다는 뜻입니다.

이제 그리스도 예수의 복음이 도래함으로써 구약의 짐승 희생제사는 자신의 삶 전체를 하나님께 드리는 '순종의 제사'로 대체됐습니다(롬 12:1). 제사장이 희생제물을 바치던 성전은 '예수 그리스도의 몸'과 그리스도의 새로운 몸으로서의 신자들의 공동체인 '교회'와 성도들의 거룩한 '몸'으로 대체됐습니다(요 2:21; 엡 1:23; 고전 6:19; 벧전 2:5). 마침내 '모든 그리스도인'이 '거룩한 제사장'이 됐습니다(벧전 2:5, 9).

그럼에도 여전히 변치 않는 한 가지 진실이 있다면, 우리가 자신을 '하나님이 기뻐하시는 거룩한 산 제물'로 바쳐져야 한다는 사실과 거꾸로 이웃에게 복음을 증거해서 그들을 '하나님이 기뻐하시는 거룩한 산 제물'로 드려야 한다는 것입니다.

그리스도 안에서의 자랑거리

부정하다고 여긴 이방인에게 복음을 전해서 그를 하나님이 기뻐 받으실, 거룩하고 향기로운 산 제물로 바친다는 것은 여간 영광스러운 일이 아닙니다. 바울은 자신이 이 영광스러운 사역에 참여케 된 것이 너무 자랑스러워서 이렇게 외칩니다.

그러므로 내가 그리스도 예수 안에서 하나님의 일에 대하여 자랑하는 것이 있거니와(17절).

바울의 자랑은 육적 자랑이 아니라 영적 자랑이며, 언제나 '그리스도 안에서의 자랑'이라는 사실은 유명합니다.

기록된 바 자랑하는 자는 주 안에서 자랑하라 함과 같게 하려 함이라 (고전 1:31).

내가 복음을 전할지라도 자랑할 것이 없음은 내가 부득불 할 일임이라 만일 복음을 전하지 아니하면 내게 화가 있을 것이로다(고후 9:16).

바울은 이방인을 제물로 바치는 제사장 사역을 감당함으로써 하나님을 섬기게 된 것을 '자랑하는데카우케신/καύχησιν/boasting', 그 자랑은 어디까지나 '그리스도 예수 안에서엔 크리스토 예수/ἐν Χριστῷ Ἰησοῦ/ in Christ Jesus'의 자랑입니다. 자신이 이룬 업적을 자랑하는 것이 아니라, 그리스도께서 자신을 통해서 이루신 일을 자랑하겠다는 다짐은 18절 전반부에서 더욱 분명해집니다.

> 그리스도께서 이방인들을 순종하게 하기 위하여 나를 통하여 역사하
> 신 것 외에는 내가 감히 말하지 아니하노라(18a절).

지금까지의 문맥에서 바울이 자랑하려는 것은 복음의 제사장으로서 이방인을 하나님의 제단에 거룩한 제물로 바치게 된 일입니다. 바울은 이 사역이 '그리스도 예수 안에서' 하나님이 베푸신 은혜로 말미암아 이뤄졌다는 사실을 자랑하되, 다시 한번 그 자랑거리의 본질을 부연 설명합니다.

자신이 자랑할 것은 오로지 "그리스도께서 이방인들을 순종하게 하기 위하여 나[바울]를 통하여 역사하신 것"(what Christ has accomplished through me[Paul] to win obedience from the Gentiles) 뿐이라는 것이지요. 이방인을 위한 사도 바울이 이룬 사역의 핵심은 "이방인들을 순종"케 한 일입니다. 이것은 로마서 1장 5절을 재차 요약한 말씀이기에 바울이 말하는 '순종'은 그냥 순종이 아니라 '믿음의 순종'임에 틀림없습니다.

> 그로 말미암아 우리가 은혜와 사도의 직분을 받아 그의 이름을 위하
> 여 모든 이방인 중에서 믿어 순종하게 하나니(1:5).

'믿음'과 '순종'은 바늘 가는 데 실 가듯이 떨어질 수 없습니다. 이방인이 예수 그리스도를 진정으로 믿게 되면 절로 그리스도께 순종할 수밖에 없습니다. 그리스도를 진정으로 믿는 이는 삶 전체가 새로이 변화돼 그리스도께 순종하는 삶을 살게 됩니다.

중요한 것은 이방인들로 하여금 그리스도를 믿게 해서 그리스도께

순종하는 삶을 살도록 이끈 **주체**가 바울이 아니라는 사실입니다. "**그리스도께서 나(바울)를 통해서**크리스토스 디 에무/Χριστὸς δι᾽ ἐμοῦ/Christ through me" 하신 것입니다. 그러기에 이방인 사역을 이루신 주체는 그리스도이며, 바울은 어디까지나 도구로 사용된 것뿐입니다. 그렇다고 해서 하나님과 바울이 동역자partners/co-workers가 돼서 공동으로 이룬 합작도 아닙니다. 바울의 성공은 언제나 그리스도의 성공에 다름 아닙니다.

이방인 구원은 어떤 방법으로?

그렇다면 복음을 믿어 순종의 삶을 살게 된 이방인의 구원은 어떤 방법으로 이뤄졌을까요?

그 일은 말과 행위로 표적과 기사의 능력으로 성령의 능력으로 이루어졌으며(18b-19a절).

이방인 구원사역은 세 가지 방법으로 시행됐습니다.

① '말'과 '행위'(로고 카이 에르고/λόγῳ καὶ ἔργῳ/word and deed)
② '표적'과 '기사'의 능력(듀나메이 세메이온 카이 테라톤/δυνάμει σημείων καὶ τεράτων/the power of signs and wonders)
③ '성령의 능력'(듀나메이 프뉴마토스/δυνάμει πνεύματος /the power of the Spirit of God)

'말'은 설교를 비롯해서 복음을 입으로 전하는 것이기에, 이방인이 귀로 들어서 그리스도를 믿어 순종케 한 수단입니다. 중요한 것은 입으로 전해서 귀로 듣는 것에 의해서 뿐만 아니라, 바울의 행위, 곧 구체적 삶을 보여줌으로써 복음의 결실이 이뤄졌다는 사실에 있습니다. 이처럼 이방인 구원은 그리스도를 따르는 바울의 삶 전체를 통해서 일궈낸 결과였던 것입니다.

그다음에 '표적'과 '기사'는 모두 하나님이 행하신 초자연적 기적을 일컫는 용어들인데, 좀 더 세분하면 '표적'은 기적의 목적(의미)을, '기사'는 기적의 구체적 속성(실질 능력)을 의미할 것입니다. 바울의 전도 사역에는 종종 표적과 기사가 나타났습니다. 예컨대 바울이 에베소에서 사역할 때 그가 지닌 손수건이나 앞치마를 병자에게 얹기만 해도 질병과 악귀가 떠나갔습니다(행 19:11-20 참조).

그럼에도 기적 때문에 그리스도를 믿는 경우는 드물었고, 외려 기적을 경험한 사람들이 예수님이나 바울을 배척한 경우가 더 많았습니다. 표적과 기사는 이방 술객들이나 거짓 선지자들도 일으킬 수 있기에 그 원천source이 어디에서 오는가가 중요합니다. 진정한 표적과 기사는 '하나님'으로부터 오기에 바울은 '성령의 능력'을 덧붙입니다. 바울은 '성령의 권능'으로 이방인들에게 복음을 전파한 적이 많습니다(고전 2:3-5; 살전 1:5). 결국 '표적과 기사의 능력' 및 '성령의 권능'은 모두 바울이 '말과 행위'로 복음을 전할 때 나타나는 '참 사도'의 전형적 '표식들marks'이라고 할 수 있습니다(고후 12;12).

예루살렘에서 일루리곤까지

이제 바울은 말과 행위, 표적과 기사, 성령의 능력으로 이방인들에게 복음을 전한 **결과**를 압축적으로 보고합니다.

그리하여 내가 예루살렘으로부터 두루 행하여 일루리곤까지 그리스도의 복음을 편만하게 전하였노라(19b절).

바울은 자신이 십수 년 동안 세 차례의 선교여행을 통해서 복음을 전파했다는 사실을 '예루살렘에서 일루리곤까지'라는 지리적 표현으로 요약합니다. '일루리곤'은 바울 당시에 마게도냐의 북서쪽, 즉 아드리아 해를 사이에 두고 이태리 반도 맞은편에 있던 지역입니다. 오늘날의 북알바니아와 유고슬라비아 대부분의 지역에 해당됩니다.

문제는 바울이 일루리곤에 가서 복음을 전했다는 기록이 신약 어디에도 등장하지 않는다는 사실에 있습니다. (학자들 가운데 상당수는 바울이 3차 여행 때 에베소를 떠나 고린도에 내려가기 전 마게도냐에 들린 적이 있는데, 어느 순간 더 북쪽으로 진출해서 일루리곤의 남쪽 경계까지 갔을 가능성이 있다고 추론합니다. 행 20:1-6; 고후 2:13, 7:5 이하 참조.)

하지만 바울이 과연 일루리곤까지 진출해서 복음을 전했는지는 불확실하거니와, 우리가 흔히 알고 있듯이 바울의 이방 선교여행의 출발지는 시리아의 '안디옥'임에도, 바울은 굳이 '예루살렘'에서 출발했다고 말씀합니다. '안디옥'이 아닌 '예루살렘'을 동방선교의 시발점으로 잡은 이유는 복음의 발상지인 예루살렘이 갖는 상징성 때문일 것입니다. 다시 말해 "복음이 예루살렘에서 시작해 온 민족에게 전파돼야 한다는 사실"(눅 24:47; 행 1:8)과 예루살렘에서 예수운동이 시작됐기 때문에 예루살렘을 출발지로 잡았을 것이라는 추정입니다.

더욱이 헬라어 성경에서 간과할 수 없는 표현이 '쿵글로/κύκλῳ/ around'라는 단어입니다. 우리말 성경은 '두루'로 다소 모호하게 번역했지만, 그 본뜻은 원을 그리듯 뼁 둘러 가며 복음을 전했다는 뜻입니다. 실제로 3차에 걸친 바울의 선교여행을 그 당시 지도를 펼쳐놓고 추적해보면 지중해 동쪽으로 원을 그리듯이 궤적이 펼쳐지는 것을 알 수 있습니다. 우리가 펼치는 상상력은 얼마든지 역사적 현실이었을 가능성이 있습니다!

이런 가능성에도 불구하고 바울이 스페인을 중심으로 한 서방선교로 눈을 돌리면서 지중해 동방선교의 결과를 요약 보고할 때, 여행의 출발지를 안디옥이 아닌 '예루살렘'으로, 종착지를 '일루리곤'으로 특정한 것은 동방지역 전체를 아우르려는 비유적 표현일 가능성이 높습니다.

이 점에서 우리는 성경에 등장하는 '단에서 브엘세바까지'(삼하 3:10)라는 구호가 사람이 살 수 있는 최북단 '단'과 최남단 '브엘세바'를 특정함으로써 **지리적으로** 이스라엘 전체를 포괄하려는 비유적 수사라는 사실에 주목해야 합니다. 한반도 전체를 아우르기 위해서 우리가 자주 쓰는 '한라에서 백두까지'라는 상징 구호도 비슷한 경우지요.

따라서 바울이 말하는 '예루살렘에서 일루리곤까지'도 궁극적으로 서방선교와 갈라지는 경계로서의 동방선교의 전 영역을 비유적으로 표현한 것이라고 볼 수 있을 것입니다. 실제로 어떤 학자는 히브리 문학에 "정반대되는 두 단어를 조합함으로써 전체를 드러내는" '메리즘

merism'이라는 비유법이 있다는 사실에 주목합니다(시 139:8-10 참고). 바울이 '예루살렘에서 일루리곤까지'라는 표현을 쓴 것도 동방선교의 시발점으로부터 종착점까지를 언급함으로써 지중해 동방 전역을 일컫는 상징 비유로 쓴 것이라고 해석해도 무난할 것 같습니다.

이것은 예루살렘으로'부터아포/ἀπὸ/from'와 일루리곤'까지메크리/μέ-χρι/unto'라는 표현에서 설득력을 얻습니다. 특히 '메크리/μέχρι'가 '들어갔다'는 의미의 전치사 'into'가 아닌, 어느 지점에 '이르기까지'의 'unto'로 번역되기에, '예루살렘에서 일루리곤까지'는 '단에서 브엘세바까지' 혹은 '한라에서 백두까지'와 같이 지중해 동방지역 전체를 아우르는 지리적 비유로 봐도 무방할 것입니다.

언제나 인구가 밀집된 대도시에 전략교회를 먼저 세운 뒤에 후임 목회자들을 파송해서 교회의 영적 성장과 성숙을 도모했던 바울의 선교전략을 고려할 때, 바울이 14,000마일(22,526킬로미터)이나 되는 거리의 광범위한 지역 곳곳에 교회를 세운 것은 틀림없는 역사적 사실입니다. 그러므로 바울의 강조점은 자신이 이 광대한 영토 **전 지역**에 복음을 **모조리** 전했다는 사실에 있는 것이 아니라, "그리스도의 복음을 **편만하게**페플레로케나이/πεπληρωκέναι/fully/새번역에는 '남김없이' 전했다"는 고백에 있습니다. 다시 말해 바울의 지중해 동방선교는 **이제 완료됐다**는 고백적 선언이 요점입니다.

선교는 복음의 처녀지에서!

20절은 바울의 선교원칙과 선교전략을 보여주는 매우 중요한 구절입니다.

> 또 내가 그리스도의 이름을 부르는 곳에는 복음을 전하지 않기를 힘
> 썼노니 이는 남의 터 위에 건축하지 아니하려 함이라.

이 중요한 고백은 긍정형과 부정형으로 나눠서 분해할 수 있습니다.

긍정형	그리스도의 이름이 전해지지 않은 곳에 가서 복음을 전하겠다.
부정형	남이 닦아 놓은 터 위에 집을 짓지 않겠다.

바울은 복음이 이미 전파된 곳이 아닌 미개척지, 즉 복음의 처녀지
에 가서 복음을 전파하겠다는 자신의 결심을 피력합니다. 그런 뒤 '건
축 비유'를 사용해서 자신의 개척자 정신을 또 한 차례 강조합니다.
남이 닦아 놓은 기초 위에 집을 짓지 않겠다는 것이지요.

이것은 인간적 자존심이나 경쟁심 때문에 한 말이 아닙니다. 바울
이 복음의 처녀지만을 골라서 개척 선교를 하는 이유가 다른 사도들
에 대한 시샘 때문이라는 오해를 원천적으로 불식하고자 "다른 사도들
이 복음 전한 곳에는 가지 않겠다"라고 말하지 않고, "그리스도의 이름
이 전해지지 않은 곳으로 가겠다"는 완곡한 표현을 쓴 것입니다. 때때
로 바울의 필치에 전율을 느끼는 것은 이와 같은 바울 특유의 섬세함
과 신중함 때문입니다!

결국 바울의 이 고백에는 한 시라도 더 빨리 더 많은 곳에서 더 많은
사람들에게 복음전파가 이뤄져야 한다는 바울의 염원과 열정이 스며
있습니다. 가장 경작하기 어려운 불모지에 가서 복음의 씨앗을 뿌리
겠다는 것이지요!

하지만 바울의 이 다짐은 일단 어느 지역에 복음을 전파한 다음에 아예 후속 선교와 후속 목회를 포기하겠다는 뜻이 아닙니다. '심는 이' 와 '물 주는 이'가 각각 다르다고 비유했듯이(고전 3:5-8), 자신의 주임 무는 복음의 처녀지에 가서 복음의 씨앗을 심어 교회를 세우는 일이 며, 양육 은사를 가진 다른 후임 목회자들이 계속해서 세워진 지역교 회를 돌보아 튼실하고 성숙한 공동체로 자라나게 해야 한다는 사실을 바울도 인정합니다.

바울은 이런 '개척자 정신pioneering spirit'을 바울 특유의 성경 인 용으로 확증합니다.

21절	기록된 바 주의 소식을 받지 못한 자들이 볼 것이요, 듣지 못한 자들이 깨달으리라 함과 같으니라.
사 52:15b	이는 그들이 아직 그들에게 전파되지 아니한 것을 볼 것이요, 아직 듣지 못한 것을 깨달을 것임이라.

이방인을 위한 사도로서의 바울의 개척 선교로 말미암아, 아무도 복음을 전해주는 이가 없어서 보지 못하고 듣지 못한 이들에게 복음 전파가 이루어짐으로써 구약의 예언이 성취됐다는 것입니다.

스페인 가는 길목에

On the Way to Spain

롬 15:22-33

예루살렘부터 가야 할 이유는?

바울은 예루살렘에서 일루리곤에 이르는 지중해 동방선교를 완료했다고 선언했습니다. 이와 동시에 그리스도의 이름이 알려지지 않은 처녀지에 가서 복음을 전하겠다는 선교원칙도 천명했습니다. 이제 새로운 처녀지를 쫓아서 다음 선교 행선지와 이에 따른 선교여행 계획을 밝혀야 할 때입니다. 동방선교 이후에 펼쳐질 바울의 서방선교 목적지는 서바나, 즉 스페인입니다. 바울은 자신의 로마 방문계획과 연관시켜 이 새로운 선교지에 대한 포부를 밝힙니다.

로마에는 이미 교회가 서 있고 상당수의 교인들이 있기에 아직 교회와 교인들이 없는 곳에 가서 복음을 전하겠다는 바울의 선교정책으로 볼 때 로마는 갈 필요가 없는 곳입니다. 그럼에도 꼭 로마로 가야 할 이유가 있었습니다. 그것은 로마 교인들과 잠시 교제를 나눈 뒤 스페인 선교를 위한 여러 가지 도움을 받아야 했기 때문입니다. 다시 말해 안디옥을 동방선교의 전초기지로 삼은 것처럼, 로마를 서방선교의 새 기지로 삼아 선교에 필요한 정보나 물자, 선교비, 라틴어 통역자 등등의 협조와 후원을 받아야 했던 것입니다.

이런 점에서 로마는 바울의 후속 선교의 최종 목적지가 아니라 잠시 들러야 할 중간 기착지에 지나지 않습니다. 로마는 이처럼 바울이 스페인 가는 길에 잠시 체류할 경유지임에도 그 상징적 의미는 지대합니다. 제국의 수도라는 점과 향후 바울이 스페인을 중심으로 펼쳐나갈 서방선교의 중심기지라는 점에서 로마교회의 위상은 예루살렘 모교회나 안디옥교회 못지않게 컸던 것입니다.

그러나 궁극적으로 스페인 가는 길에 잠깐 거쳐 가게 될 로마 방문에 앞서 바울이 시급히 해결해야 할 봉사사역이 하나 있습니다. 예루살렘 모교회를 위한 이방계 교인들의 구호금을 전달하는 일입니다. 당장 방문해야 할 예루살렘을 포함할 경우, 고린도에서 로마서를 집필하고 있는 바울이 여행하게 될 루트는 크게 세 곳입니다. '고린도'에서 출발해서 '예루살렘' → '로마' → '스페인'에 이르는 까마득히 먼 길이지요.

여기에서 우리의 관심은 왜 바울이 고린도에서 로마를 직접 방문한 뒤 스페인으로 가는 쉬운 길을 선택하지 않고, 굳이 여러 가지 위험(심지어 죽음까지)이 기다리고 있는 예루살렘을 거쳐서 로마와 스페인에 이르려고 했는지를 알아내는 것입니다.

어떤 학자의 계산에 따르면 바다에서 선박으로 여행을 한다고 가정할 경우, 고린도에서 예루살렘으로 가는 첫 번째 항로는 1,300킬로미터가 되고, 다시 예루살렘에서 로마에 이르는 두 번째 항로는 2,400킬로미터, 로마에서 스페인으로 가는 세 번째 항로는 1,100킬로미터가 됩니다. 도합 4,800킬로미터가 되는 아득히 멀고 험한 장거리 여행입니다.

이와 달리 고린도에서 스페인으로 직접 갈 경우 대략 2,400킬로미터 정도라고 하니, 바울은 두 배나 더 먼 험로를 자발적으로 선택하려고 했던 것입니다. 배로 고대 지중해를 여행하는 것 자체가 목숨을 건 대모험입니다. 바울은 이미 세 번이나 파선한 경험이 있었고, 밤낮 꼬박 하루를 망망대해에서 표류한 적도 있었습니다(고후 11:25; 행 27:13-28:11). 바울은 도대체 왜 고린도에서 스페인으로 직접 가든지, 아니면 고린도에서 로마를 거쳐 스페인으로 가는 쉬운 길을 택하지 않고, 예루살렘부터 먼저 방문해야 했을까요?

그것은 빌립보와 데살로니가 등이 있는 마게도냐(북부 그리스) 지역과 고린도와 아덴 등이 있는 아가야(남부 그리스) 지역의 이방계 교인들이 유대계 예루살렘 모교회를 위해 기꺼이 모은 구호헌금을 바울 자신이 꼭 전달해야만 했기 때문입니다.

이방계 교인들의 헌금을 예루살렘교회에 전달하는 행위는 단순한 물질전달이 아니라 바울이 그토록 숙망해온, 유대인과 이방인이 그리스도 안에서 하나님의 한 가족으로 통합되는 상징 사건입니다. 무엇보다도 복음의 발상지요 구속사의 중심지인 예루살렘 모교회가 바울이 들고 온 구호금을 기꺼이 수납하는 행위야말로 그동안 바울이 이방인을 위한 사도로서 몸과 마음을 다 바쳐 설파해온 '율법으로부터 자유한 이신칭의 신학과 선교활동'을 인정한다는 표시가 될 것이기에 이루 말할 수 없이 중요한 의미를 갖습니다.

로마 방문 목적

본문은 크게 사등분될 수 있습니다. 먼저 앞뒤로 22-24절과 28-29절은 스페인 가는 길에 경유할 로마 방문계획을 설명합니다. 그 중간에 낀 25-27절은 즉시 로마에 갈 수 없는 이유로 예루살렘교회에 구호금을 긴급하게 전해야 하기 때문임을 밝힙니다. 그런 뒤 바울은 30-33절에서 예루살렘 방문을 앞두고 로마 교인들에게 긴급 기도 부탁을 한 뒤 축도로 15장을 끝냅니다.

그러므로 또한 내가 너희에게 가려 하던 것이 여러 번 막혔더니 이제는 이 지방에 일할 곳이 없고 또 여러 해 전부터 언제든지 서바나로 갈 때에 너희에게 가기를 바라고 있었으니 이는 지나가는 길에 너희를 보고 먼저 너희와 사귐으로 얼마간 기쁨을 가진 후에 너희가 그리로 보내주기를 바람이라(22-24절).

'그러므로디오/διò/wherefore'라는 접속사는 예루살렘에서 일루리곤에 이르는 지중해 동방지역을 두루 다니며 복음 전파를 완료했다는 19절 후반부와 직결됩니다. 바울의 로마 방문계획이 여러 차례 좌절된 이유는(1:13 참고) 광대한 동방지역을 여행하며 선교에 매진할 때 갖가지 역경에 부닥쳤기 때문일 것입니다.
'그러나 이제는누니 데/νυνì δè/but now, 23a' 상황이 달라졌습니다.

이제는 동방지역에서 일해야 할 곳이 더 이상 없게 됐다는 것입니다. 이것은 과장이 섞인 주장임에 틀림없습니다. 그 광대한 지역에 복음이 전파되지 않은 곳이 여전히 압도적으로 많았을 것이기에 더 이상 자신이 사역할 곳이 없다는 주장은 지나칩니다. 하지만 이런 과장법에도 불구하고 바울이 말하려는 요점만큼은 선명합니다. 얼추 이 정도면 동방선교의 개척자로서 자신이 해야 할 몫을 다했다는 선언적 고백이 요점입니다.

이미 밝힌 것처럼 바울의 다음 행선지는 스페인입니다. 스페인은 구약에서 '다시스'(사 66:19)로 표현된, 고대의 지리적 세계관으로 볼 때 서방세계의 땅끝입니다. 바울 당시 스페인 지역은 로마제국의 식민지로 편입됐는데, 그리스-로마 시각으로 볼 때 문명어인 그리스어를 쓰지 않는 야만인들이 사는 곳이었습니다. 라틴어를 사용했고, 무엇보다도 유대인 거류민이 거의 없는 복음의 불모지였습니다.

바울은 새 선교지 스페인으로 가는 도중에 여러 해 전부터 방문을 희망했던 로마에 들르고 싶다는 의지를 보입니다. 로마 방문의 목적은 두 가지입니다. 첫째로, 로마에 들러 교인들을 만나보고 잠시 동안이라도 교제를 나누려고 합니다. 둘째로, 로마 교인들이 자신을 스페인에 선교사로 파송해주기를 바랍니다.

24절 후반부의 '보내주기를sent on'의 원어 '프로펨프테나이/προ-πεμφθῆναι'에는 선교사에게 필요한 인적 물적 자원을 지참케 해서 파송한다는 의미가 있습니다. 다시 말해 선교에 필요한 돈과 음식, 옷가지, 여행 장비, 통역자 등을 준비해서 선교사를 보내는 것을 의미하는 전문 용어입니다. 바울은 스페인 가는 길목에 로마 교인들과 교제한 뒤, 서방 선교를 위한 후원을 받을 목적으로 로마를 방문하려고 했던 것입니다.

예루살렘 구호금: '영적 은혜' 빚진 것을 '물질'로 갚기

로마 방문계획과 목적을 피력한 바울은 자신이 당면하고 있는 현안에 대한 추가 정보를 털어놓습니다. 먼저 예루살렘부터 가야 할 긴급성이 있다는 것입니다.

> 그러나 이제는 내가 성도를 섬기는 일로 예루살렘에 가노니 이는 마게도냐와 아가야 사람들이 예루살렘 성도 중 가난한 자들을 위하여 기쁘게 얼마를 연보하였음이라 저희가 기뻐서 하였거니와(25-27a 절)

'성도하기오이스/ἁγίοις/saints'는 말 그대로 '거룩한 무리', 즉 예수 그리스도를 믿어서 거룩함을 입은 모든 그리스도인들을 지칭하는 용어지만(고전 16:1; 고후 8:4), 엄격히 예루살렘 초대교인들에게 적용됩니다. 또한 개역개정이나 새번역이 '성도 중 가난한 자들'로 번역한 '투스 프토쿠스 톤 하기온/τοὺς πτωχοὺς τῶν ἁγίων/the poor of the saints'은 신중한 해석을 요합니다. 물론 예루살렘 교인들 모두가 가난하다고 할 수 없기에 일부가 가난했을 것으로 가정해서 이렇게 번역하는 것도 무리는 아니지만, '투스 프토쿠스/τοὺς πτωχοὺς/가난한 이들'와 '톤 하기온/τῶν ἁγίων/성도들'을 동격으로 해석하는 방법도 있습니다. 다시 말해 '가난한 자들'이 물질적으로 궁핍한 사람들을 의미하는 것이 아니라, 가진 것을 다함께 나눈 예루살렘 원시교회 교인들의 영광스러운 별칭을 의미할 수도 있기에(행 2:44-45, 4: 34-37; 갈 2:10) 예루살렘 성도 전체를 지칭하는 묵시문학적 용어로 해석될 수도 있습니다. 다만 이 경우의 문제는 구호금이 물질적으로 어려운 이들을 돕는다는 경제적 성격과 목적이 있으므로 조화되기 어렵다는 난점이 있습니다. 따라서 우리는 '성도들 가운데 가난한 이들'로 번역하는 것을 선호합니다.

예루살렘교회가 어떤 이유로 경제적 곤궁에 처하게 됐는지 알 수 없지만, 마게도냐와 아가야에서 이방계 헬라 신자들이 모아준 구호금을 전달하는 심부름 사역이 바울에게 시급해진 것만큼은 분명합니다. 여기에서 '연보resources' 혹은 '구제금contribution'은 원어로 공동체의 친밀한 교제를 뜻하는 '코이노니아/κοινωνία'입니다. 따라서 이 기부금에는 주는 자와 받는 자 사이의 끈끈한 공동체적 유대관계의 수립에 그 목적이 있습니다. 기부금이 지향하는 이방계 신자들과 유대계 신자들 사이의 친교와 일치는 바울이 표현한 쌍방의무에 잘 나타납니다.

> 또한 저희는 그들에게 빚진 자니 만일 이방인들이 그들의 영적인 것을 나눠 가졌으면 육적인 것으로 그들을 섬기는 것이 마땅하니라 (27b-28절).

바울은 마게도냐와 아가야의 이방계 신자들이 예루살렘 성도들에게 '빚진 자들오페일레타이/ὀφειλέται/debtors'이라고 주장합니다. 따라서 구호금 전달은 일종의 채무변제의 일환이라는 것이지요. 하지만 이 빚짐은 채권자(유대계)와 채무자(이방계) 사이에 어느 한쪽의 일방적 관계에서 비롯된 법적 문제가 아니라, 영적이고 도덕적인 쌍방의 의무에서 비롯된 것입니다.

이방계 신자들이 유대계 신자들로부터	신령한 복을 나누어 받았으니(have come to share in their spiritual blessings),
유대계 신자들에게 이방계 신자들이	물질적인 것으로 섬기는 것이 마땅하다 (ought to be of service to them in material things).

두말할 필요도 없이 바울이 말씀하는 '영적인 것프뉴마티코이스/πνευματικοῖς'과 '육적인 것사르키코이스/σαρκικοῖς'은 '영적인 것신령한 것'과 '육적인 것세상적인 것'의 신앙적 대조가 아니라, 인생을 살아갈 때 반드시 필요한 두 영역을 의미합니다(고전 9:11). 이방인의 구원은 이스라엘에게 약속된 유대인 메시아 예수님으로부터 왔기에 이방인들은 유대인들에게 영적으로 빚을 졌습니다. 그러므로 그 영적 빚을 갚기 위해서 궁핍한 유대인 신자들에게 물질적인 것으로 보답하는 것은 당연하다는 것이지요.

그렇다면 바울이 들고 갈 돈은 단순한 자선헌금이 아니라, 이방계 신자들과 유대계 신자들이 '가지'와 '뿌리' 관계처럼 뗄 수 없이 영적으로 밀착돼 있음을 보여주는 실천신학적 상징입니다. 다시 말해 예루살렘 성도들이 바울의 구호금을 기꺼이 받아들이는 것은 단지 경제적 거래의 문제가 아니라, 이방계 신자들을 진정한 동료 크리스천들로 용납하는 한편, 이방인을 위한 사도로서의 바울의 동방선교 전 사역을 인정하는 상징 행위입니다.

이제 28-29절은 다시금 로마 방문계획이라는 본론으로 말꼬리를 돌립니다.

그러므로 내가 이 일을 마치고 이 열매를 그들에게 확증한 후에 너희에게 들렀다가 서바나로 가리라 내가 너희에게 나아갈 때에 그리스도의 충만한 복을 가지고 갈 줄을 아노라.

여기에서 흥미로운 표현은 "열매를 그들에게 확증하다"입니다. 헬라어 성경에서 '확증하다'는 '스프라기사메노스/σφραγισάμενος'인데, 그 원뜻은 '봉인하다having sealed'입니다. '열매'는 두말할 필요가 없이 '구호금'입니다. 그렇다면 "구호금을 봉인하다"는 표현은 배달사고를 일으키지 않고 안전하고 확실하게 전달한다는 뜻입니다. 실제로 고대 지중해 세계에서 곡물이 담긴 부대에 표기된 '봉인했음'은 내용물이 한 치의 오차도 없이 정확하다는 사실을 확증해주는 문구라는 사실이 입증됐다고 합니다.

바울은 구호금을 안전하게 전해준 뒤 로마에 들렀다가 스페인으로 가겠다는 뜻을 다시 한번 밝힙니다. 긴요하기 짝이 없는 구호금 전달 심부름을 성공적으로 완수할 경우, 당연히 바울의 어깨는 가벼워질 테고 로마로 가는 길은 한결 수월해질 것이기에 '그리스도의 충만한 복'(the fullness of the blessing of Christ)을 갖고 갈 것이라는 자신감을 내보입니다. 성금전달이 잘 이뤄져 유대인과 이방인 사이의 유대와 결속이 한층 더 공고해질 경우 안도의 한숨을 내쉬게 될 바울이 들뜬 기분으로 그리스도 축복의 충만함을 갖고 로마교회를 방문하겠다는 포부지요.

마지막 중보기도 부탁

이제 30-32절은 예루살렘 방문의 중요성과 긴박성을 그대로 보여주는 바울의 기도부탁입니다.

형제들아 내가 우리 주 예수 그리스도와 성령의 사랑으로 말미암아 너희를 권하노니 너희 기도에 나와 힘을 같이하여 나를 위하여 하나님께 빌어(30절).

바울은 정중하게 기도 부탁을 하고자 로마 교인들을 '형제자매'로 다정하게 호칭합니다. 그런 뒤 기도 부탁의 권위와 근거가 어디에서 오는지를 확실히 합니다. "우리 주 예수 그리스도를 힘입어서"(by our Lord Jesus Christ) 그리고 "성령의 사랑을 힘입어서"(by the love of the Spirit) 기도 부탁을 하겠다는 것입니다. 바울이 기도 부탁을 권할 수 있는 권위는 어디까지나 바울과 로마 교인들이 공동으로 섬기는 예수 그리스도로부터 온다는 것이지요. 또한 바울과 로마 신자들이 서로 사랑할 수 있도록 감화시키는 '성령의 사랑'에 근거해서 기도해 달라고 부탁합니다. 여기에서 중요한 것은 "나와 힘을 같이 하여"라는 표현입니다. 헬라어 '수나고니사스타이/συναγωνίσασθαί/strive with'에는 '싸우다'라는 전투적 의미와 '씨름하다'는 운동경기적 의미가 있습니다. 자신이 예루살렘 방문을 앞두고 목숨을 걸고 싸우고 씨름하듯이 기도하고 있는 일에 동참해달라는 부탁입니다.

그렇다면 이토록 심각하게 목숨을 걸고 싸우듯이 기도하는 바울의 기도 제목은 무엇일까요? 31절을 보면 두 가지입니다.

첫 번째 기도부탁: 불신자들에 대해서	나로 유대에서 순종하지 아니하는 자들로부터 건짐을 받게 하고,
두 번째 기도부탁: 신자들에 대해서	또 예루살렘에 대하여 내가 섬기는 일을 성도들이 받을 만하게 하라.

첫 번째 부탁은 예루살렘 불신자들로부터 당할지도 모르는 위험으로부터 자신의 신변안전을 위해 기도해달라는 것입니다. 바울을 배교자요 유대인들의 공적으로 생각하는 유대인 적대자들이 바울을 죽이려고 한다는 사실은 초대교회에 널리 퍼진 공공연한 비밀이었습니다(행 21:27-36 참조). 그러므로 생명의 위협을 느낀 바울이 예루살렘 불신자들로부터 건짐을 받게 해달라는 기도를 먼저 부탁한 것은 충분히 이해할 수 있습니다.

두 번째 부탁은 자신이 예루살렘 신자들에게 가져가는 구호금이 기쁘게 받아들여지도록 기도해달라는 것입니다. 어쩌면 첫 번째 기도와 두 번째 기도는 긴밀히 연결될 수도 있습니다. 불신자들이 바울이 전하는 구호금을 거부하도록 신자들을 사주하거나 선동할 수도 있기 때문에 그렇습니다.

그러므로 불신자들로부터 자신의 인진을 지키는 것이 신자들이 헌금을 기쁘게 받는 첩경이 될 수도 있습니다. 하지만 바울이 율법과 상관없는 복음을 전한다는 유대인 신자들의 편견과 불신이 상당했기에 불신자들의 사주나 선동과 상관없이 신자들이 독자적으로 바울이 가져온 헌금을 거부할 수도 있습니다.

로마에 "그리스도의 충만한 복을 갖고 갈 수 있는 것"의 여부는 예루살렘 방문의 성공 여부에 달려 있기에, 바울은 불신자들과의 관계와 신자들과의 관계 양 측면에서 염려되는 두 가지 기도 제목을 제시했던 것입니다. 두 기도가 다 응답된다면 바울이 홀가분하게 로마에 입성하는 것은 불문가지입니다.

나로 하나님의 뜻을 따라 기쁨으로 너희에게 나아가 너희와 함께 편히 쉬게 하라(32절).

불신자들로부터 해도 당하지 않고, 유대인 신자들 역시 기쁘게 구호금을 받아준다면 바울의 미션이 완성되기에 이보다 더 좋은 일은 없을 것입니다. 당연히 홀가분하게 기쁨을 가득 안고 로마에 입성하게 될 것입니다.

"함께 편히 쉬다"의 헬라어 '수나나파우소마이/συναναπαύσωμαι'는 신약에서 여기에만 나오는데, '함께 눕다lie down together', '함께 자다 sleep with', 혹은 '함께 새 기운을 차리다'(be refreshed together with)의 의미가 있습니다. 바울의 기도 부탁이 이뤄져 홀가분한 상태로 로마에 들어간다면, 잔뜩 기쁨을 안고 교인들과 편히 쉬게 될 것이라는 기대가 섞인 표현입니다.

하지만 여기에서 간과해서 안 될 아주 중요한 단서가 있습니다. '하나님의 뜻에 따라디아 텔레마토스 테우/διὰ θελήματος θεοῦ/by God's will'입니다. 기도 부탁을 했지만 이 기도가 하나님의 뜻과 상관없는 자신의 인간적 뜻일 수도 있기에 바울은 이 중요한 조건을 덧붙인 것입니다. 만에 하나라도 자신이 예루살렘에 들어가 불신자들로부터 봉변을 당하고 심지어 목숨까지 잃는 한이 있더라도, 더욱이 예루살렘 성도들이 매정하게 구호금을 거절하는 한이 있더라도, 그것이 하나님의 뜻이라면 기꺼이 수용하겠다는 속 깊은 마음이 서려 있는 표현입니다. 하나님의 뜻을 자신의 뜻에 묶는 것이 아니라, 예수께서 겟세마네 기도에서 친히 본을 보이신 것처럼(마 26:36-46) 자신의 뜻을 하나님의 뜻에 일치시키겠다는 다짐이지요.

나중에 된 일을 고려할 때, 바울의 두 번째 기도제목은 응답된 것 같습니다. 대부분의 유대인 신자들이 바울의 구호금을 기쁘게 받아들였을 것으로 추정됩니다(행 21:17, 23-26). 하지만 첫 번째 기도는 반반입니다. 예루살렘에 들어간 바울은 유대인 불신자들로부터 간신히 목숨은 건졌지만 어이없는 봉변을 당했고, 급기야 예루살렘에서 붙잡혀 가이사랴에 2년 동안 구금됐다가 마침내 영어의 몸이 된 채 로마로 들어가 이태 동안 연금 상태로 있게 됩니다(행 21:27-28:31).

예루살렘 불신자들로부터의 신변안전에 대한 기도는 목숨을 건졌기에 이뤄졌다고 할 수 있겠지만, 인간적으로 볼 때 쓰라린 상처를 동반한 채로 그렇게 됐고 기쁨을 안고 로마에 입성해 교인들과 함께 편히 쉬기 원한 기도는 뜻대로 되지 않았습니다. 그럼에도 그것이 "하나님의 뜻을 따라" 진행된 일이라면, 바울에게는 모든 것이 기도응답이라는 것도 진실일 것입니다.

로마서 15장의 결문(15:14-32)은 로마인들에게 평화를 기원하는 축도로 그 절정에 이릅니다.

평강의 하나님께서 너희 모든 사람과 함께 계실지어다 아멘(32절).

로마교회 엿보기
Peeping into the Church of Rome

롬 16:1-16

로마서 배달자 '뵈뵈'

16장이야말로 로마서 대단원의 막을 내리는 결문 중의 결문입니다. 이 결문에서 바울은 먼저 고린도 근처의 외항 겐그레아 교회의 여성 지도자 뵈뵈를 로마교회에 추천한 뒤(1-2절), 자신이 직간접적으로 알고 있던 로마 교인들에게 일일이 안부 인사를 전합니다(3-16절). 그런 뒤 마지막 권고라고 할 수 있는 바, 이단사설을 퍼뜨리거나 교회일치를 파괴하려는 세력들을 경계할 것을 당부합니다(17-20절). 그다음에 로마서를 쓰고 있는 고린도에서 바울 곁에 머무르던 동역자들이 로마 교인들에게 보내는 안부 인사를 전한 뒤(21-23절), 마침내 장중한 어조의 종결 찬송으로 로마서는 끝납니다.

우리에게 생소하기 짝이 없는 지루한 외국 이름들이 나열돼 있는 인사 부분은 설교자나 회중을 막론하고 언제나 건너뛰기 십상입니다. 그럼에도 자그마치 26명의 실명을 차례로 거명하는 이 인사 부분이야 말로 그 바쁜 와중에도 한 사람 한 사람을 자상하게 챙기는 바울의 다 정다감한 면모와 더불어 초대교회의 다양한 실상들, 예컨대 인종이나 성, 출신 성분, 사회계급, 경제 지위 등등을 들여다볼 수 있는 매우 중요한 창이 됩니다.

여기에서 우리는 바울이 장차 로마교회를 스페인을 중심으로 한 서방 선교의 전초기지로 삼으려는 의도 때문에 할 수 있으면 모든 교인들에게 자신의 친밀감을 조금이라도 더 드러내려고 애쓰는 인간적 모습을 읽을 수 있습니다.

1-2절은 틀림없이 로마서를 로마교회에 전달하는 중요한 역할을 맡았을 뵈뵈에 대한 추천서입니다. 고대 지중해 세계에는 개인을 위한 우편물 송달체제가 없었기 때문에 개인 우편물을 여행자의 인편으로 전달하는 경우가 다반사였습니다. 이런 이유로 바울이 신뢰한 뵈뵈에게 로마 가는 길에 서신배달이라는 중요한 과제를 맡기면서 로마교회에 그녀를 소개합니다.

> 내가 겐그레아 교회의 일꾼으로 있는 우리 자매 뵈뵈를 너희에게 추천하노니 너희는 주 안에서 성도들의 합당한 예절로 그를 영접하고 무엇이든지 그에게 소용되는 바를 도와 줄지니 이는 그가 여러 사람과 나의 보호자가 되었음이라(1-2절).

먼저 '뵈뵈포이베/Φοίβη/Phoebe'는 그리스 신화에 나오는 이름이기에 유대인이 아니었을 것입니다. '우리의 자매'로 지칭하기에 여성이 틀림없는 이 헬라계 여성 지도자에 대해서 바울은 세 가지 중요한 정보를 제공합니다.

① 겐그레아 교회의 일꾼
② 우리의 자매
③ 여러 사람과 바울의 보호자(후원자)

뵈뵈는 첫째로, '겐그레아 교회의 일꾼'입니다. 겐그레아는 고린도에서 남동쪽으로 11킬로미터쯤 떨어진 외항이었습니다. 고린도 만과 사로니코스 만을 이어줌으로써 아드리아해와 에게해를 연결해주는 '고린도 운하'(1881~1893년에 건설)가 생겨나기 전 까마득히 먼 시대였기에, 지중해 동쪽으로 가는 선박은 모두 겐그레아 항에서 출발했습니다. 입출입이 잦은 여행객들로 북적거린 겐그레아에는 고린도교회의 지교회가 있었던 것 같습니다.

바울은 나실인의 서원이 끝나자 겐그레아에서 머리를 깎은 적이 있습니다(행 18:18). 한때 아굴라와 브리스길라 부부와 함께 18개월 동안 사역했던 곳도 고린도였는데(행 18:1-18 특히 11절 참조), 현재 로마서를 집필하고 있는 장소 역시 고린도임을 강력히 시사해주는 것도 다름 아닌 겐그레아의 뵈뵈를 로마 교인들에게 추천하는 구절입니다(행 20:3 참조).

뵈뵈는 신약에서 오직 여기에만 등장하는, 바울이 매우 신임하는 여성 지도자로서 겐그레아교회의 '디아코노스/διάκονος', 즉 '일꾼'이었습니다. 아직 '집사 목사deaconess'와 같은 성직이 자리 잡았다고 말하기 어려운 시대였기에, '디아코노스'는 교회에서 봉사하는 '일꾼

servant'이라는 일반적 의미로 해석하는 것이 좋을 듯싶습니다. 그럼에도 뵈뵈가 유력한 지도자였기에 주로 남성에게 적용된 '디아코노스'라는 용어를 아무 거리낌 없이 여성에게도 썼을 것입니다.

둘째로, '우리 자매텐 아델펜 헤몬/τὴν ἀδελφὴν ἡμῶν/our sister'라는 표현은 그리스도 예수 안에서 친근한 한 가족이 됐다는 말입니다.

셋째로, 뵈뵈는 바울과 많은 사람들을 도와준 '보호자'였습니다. 헬라어 '프로스타티스/προστάτις'는 신약에서 오직 이곳에만 나오는 매우 희귀한 단어로서, '후원자benefactor' 혹은 '조력자helper'라는 뜻입니다. 고대 세계에서 '프로스타티스'는 단순히 물질 후원만 하는 사람이 아니라, 사회적 보호자와 법률 변호인 역할도 겸해서 했습니다. 수많은 여행객들로 붐비는 겐그레아 항에서 교회를 중심으로 뵈뵈가 바울을 비롯해서 수많은 사람들을 도와준 '후견인'이었다는 사실은 그녀가 유력한 여류 기업가요 지식이나 능력이 출중했음을 암시합니다. 어쩌면 자신의 저택을 예배처소로 제공했을 것이며, 교인들이나 여행객들을 대상으로 법률문제 등등에도 조언을 아끼지 않았을 것입니다.

바울은 당시 추천서에 사용되던 '수니스테미/συνίστημι/commend'라는 동사를 써서 고린도 지역의 독지가로서 재력이나 지도력을 두루 갖춘 뵈뵈를 로마 교인들에게 소개하면서 성도다운 합당한 예절과 품위로 그녀를 환대해주고, 필요한 모든 일을 도와달라고 부탁합니다. 오늘날처럼 교통이나 숙박시설이 발달하지 않은 고대 세계에서 추천서는 매우 중요한 역할을 했습니다. 누군가 자신의 지인이나 친척에게 생면부지의 여행객을 추천할 경우 숙식을 비롯한 많은 일에 도움을 얻을 수 있었습니다. 바울 역시 뵈뵈를 로마 교인들에게 적극 추천하면서 따뜻하게 환대해줄 것과 어떤 도움을 원하든지 도와줄 것을 당부합니다.

영어 성경 NRSV가 번역한 "help her in whatever she may re-quire from you"(뵈뵈가 여러분에게 요구하는 것은 무엇이든지 도와주라)는 뵈뵈가 장차 바울이 펼쳐나갈 스페인 선교를 준비하기 위해 미리 파견된 사자messenger일 것이라는 인상을 풍깁니다. 도대체 어떤 이유로 뵈뵈가 로마에 가게 됐는지는 알 수 없습니다. 사업상의 목적으로, 혹은 법률소송 문제로, 그도 아니면 단순히 개인용무 때문에 로마를 방문할 수도 있었습니다.

주 방문 목적이 어떠했든지 간에 바울이 손가락으로 바윗돌을 뚫는 심정으로 심혈을 기울여 쓴, 최후 유언서와 같이 중요한 로마서의 전달을 하필이면 뵈뵈에게 부탁했다는 사실에서 뵈뵈가 바울의 스페인 선교를 위해 모종의 중요한 준비작업 혹은 정지작업을 위해 특별히 파견된 특사emissary로 볼 수도 있을 것입니다. 어쩌면 로마 교인들이 다 함께 모인 자리에서 뵈뵈는 로마서를 직접 낭독하고 난해한 부분은 해석해주는 역할까지 떠맡았을 것이라는 추측도 결코 황당한 것만은 아닙니다.

초대교회 실상이 내장된 황금광맥

이제 3-16절은 바울이 직간접적으로 알게 된 로마 교인들에게 차례로 안부 인사를 전하는 내용입니다. 만일 뵈뵈가 교인들 앞에서 바울이 안부를 전하는 이들의 이름을 일일이 낭독했을 것이라고 가정한다면, 이처럼 호명된 사람들이야말로 바울의 스페인 선교를 실질적으로 돕게 될 잠재적 후원자들이라고 할 수 있습니다.

3-16절은 바울 서신 전체에서 유래가 없을 정도로 많은 인물들이 등장한다는 점에서 학자들의 비상한 관심을 모으는 부분입니다. 바울이 쓴 서신들이 대개 말미에 가서 회중 전체나 아주 친밀한 관계를 맺은 몇몇 인사들에게 개인 안부를 전하는 경우는 많지만, 자신이 세우지 않았고 한 번도 방문한 적도 없는 교회의 교인들의 실명까지 밝혀가면서 이토록 자상하게 안부를 전한다는 사실은 매우 이례적입니다.

무엇보다도 28명(26명은 직접 실명을 밝혀가면서)이나 되는 많은 교인들에게 안부를 전한다는 사실에서 이 명단이 본래 로마교회가 아닌, 에베소교회에 보낸 부분인데 로마서에 잘못 삽입됐다고 의심하는 학자들이 있습니다. 이런 의심은 바울이 로마교회에 한 번도 방문한 적이 없는 데 반하여, 에베소교회에서는 무려 3년 가량 사역했고, 무엇보다도 인사말 첫머리에 등장하는 브리스가와 아굴라 부부가 에베소에서 함께 체류한 적이 있다는 사실 때문에 그럴듯해 보입니다(행 18:26; 20:31 참조).

하지만 만일 에베소 교인들의 실명을 밝혀가면서 한 사람도 빼놓지 않고 안부를 전했다면 이보다 훨씬 더 많은 수를 언급했어야만 할 것입니다. 그러기에 교인들의 이름을 상대적으로 많이 거명한다고 해서 로마교회에 보낸 인사가 아니라고 속단하는 것은 무리입니다. 고대 세계는 우리가 상상하는 것 이상으로 교통이 원활했고 국제교류도 활발했기에 바울이 갖가지 인맥과 정보망을 총동원해서 적지 않은 수의 로마 교인들을 알게 된 것은 충분히 가능합니다. "모든 길은 로마로 통한다" 혹은 "로마가 가는 곳에 평화가 있다"(Pax Romana)와 같은 구호들이 보여주듯이 로마는 제국의 심장부였기에, 바울과 같은 국제

인물이 로마교회의 내부사정에 어두웠을 것이라고 지레 짐작하는 것은 잘못입니다.

또한 브리스가와 아굴라 부부의 이름이 인사목록 맨 처음에 언급됐다는 점에서 이 부부가 바울과 함께 에베소에서 사역한 적이 있기 때문에 로마서를 집필하는 현재에도 여전히 에베소에 체류하고 있을 것이라고 가정하는 것도 썩 확신이 들지 않습니다.

흑해 남부 해안 지역의 소아시아 북부 본도Pontus의 유대인 출신 아굴라와 아내 브리스가는 49년 글라우디오 황제의 유대인 추방 때 로마에서 고린도로 갔다가 다시 에베소로 옮겨 사역하다가(행 18:1-3, 18:24-26; 고전 16:19; 딤후 4:19 참조), 54년경 글라우디오가 죽은 후 추방령의 효력이 끝났을 때 다수의 유대계 신자들과 더불어 로마교회로 되돌아왔을 가능성이 농후합니다.

바울이 수많은 교인들의 이름을 부르며 이토록 섬세하게 안부를 건네는 것 자체가 고도의 '외교적 책략diplomatic tactics'이라는 생각도 할 수 있습니다. 다 함께 모인 예배시간에 뵈뵈나 혹은 아굴라 혹은 어떤 지도자가 로마서를 대독하면서 자신의 이름을 불러줄 때마다 대사도 바울이 자신을 기억하고 애정을 표한다는 사실에 한없이 흐뭇하고 영광스러웠을 것입니다. 그러므로 바울의 상세한 안부 인명록은 차후 전개될 스페인 선교를 위해 충실한 후원자들을 얻기 위한 나름의 전략적 방편으로 해석될 수 있을 것입니다.

어쨌거나 로마서 16장 3-16절은 초대교회의 실상을 사회경제사적으로 접근하려는 학자들에게 이루 말할 수 없이 중요한 정보를 제공하는 금광맥입니다. 다시 말해 주후 50년 중반 경 유력한 원시교회들 중에 하나인 로마교회를 구성하고 있는 교인들의 인종, 성, 사회계급, 경제지위 등등을 살필 수 있는 중요한 자료입니다.

'다양성 속에 통일성'을 지향하는 로마교회의 면면

브리스가와 아굴라 부부

바울의 인사목록에 첫 번째로 등장하는 인물은 '브리스가Prisca'와 '아굴라Aquila' 부부입니다.

> 너희는 그리스도 예수 안에서 나의 동역자들인 브리스가와 아굴라에
> 게 문안하라 그들은 내 목숨을 위하여 자기들의 목까지도 내놓았나니
> 나뿐 아니라 이방인의 모든 교회도 그들에게 감사하느니라 또 저의
> 집에 있는 교회에도 문안하라(3-5a절).

브리스가와 아굴라 부부에게 전하는 안부가 제일 깁니다. 그만큼 바울에게 중요한 동역자들('그리스도 예수 안에서 나의 동역자들')이었고, 장차 시작해야 할 스페인 선교를 위해서도 로마교회 안에서 지도적 역할을 감당해야 했기 때문일 것입니다. 아굴라는 유대인이 확실하지만(행 18:2), 브리스가는 남편과 같은 유대인일 수도 있지만, 로마의 상류층 가문에 '브리스가'라는 이름이 있었기에 비유대인일 수도 있습니다.

'브리스가'는 '브리스길라Priscilla'의 약칭 혹은 지소어指小語/diminutive 인데, 남편과 함께 신약에 모두 여섯 차례 등장합니다(행 18:2, 18:18,

18:26; 롬 16:3; 고전 16:19; 딤후 4:19). 그런데 로마서를 비롯한 네 군데에서 아내 이름이 남편보다 먼저 나옵니다. 이것은 브리스가의 지도력이 아굴라를 능가했음을 시사해줍니다. 글라우디오의 추방령 때문에 고린도로 쫓겨 갔다가 바울을 만나 동역한 이 부부는 에베소에서도 바울과 함께 사역했는데, 아마 그때 바울의 목숨을 건져줬던 것 같습니다(행 19:23-41; 고후 1:8-11 참조). 바울은 이 사실을 상기시키면서 자기뿐만 아니라 이방계 교회 모두가 감사하고 있다는 것을 강조합니다.

사업을 재개하기 위해 로마로 돌아왔는지, 아니면 바울의 스페인 선교를 준비하는 차원에서 로마로 귀환했는지 알 수 없지만, 아굴라 부부는 로마교회의 핵심 지도자였기에 바울이 가장 먼저 이들에게 안부를 묻는 것은 당연할 것입니다.

로마교회에서 차지하는 아굴라 부부의 위상을 단적으로 입증해주는 구절이 5절 전반부입니다. 원시교회는 유력한 가정집에서 모임을 가졌는데, '저의 집에 있는 교회'(the church in their house)라는 표현은 아굴라의 집이 교인들이 모이는 교회였음을 보여줍니다. 바울은 브리스가 부부를 세 번씩이나 연거푸 언급한 뒤에 이 부부의 집에서 모이는 교회, 즉 교인들 전체에 대해서 안부를 물은 것입니다.

에배네도

내가 사랑하는 에배네도에게 문안하라 그는 아시아에서 그리스도께 처음 맺은 열매니라(5b절).

아마도 에배네도는 아굴라 집에서 모이는 교인들 중에 가장 주목할 만한 사람인 것 같습니다. 바울은 '에배네도Epaenetus'를 '아시아에서 그리스도를 믿은 첫 열매'로 지칭하면서 인사를 전합니다. 바울이 이름을 부르는 교인들 앞에는 대개 애정 어린 수식어가 붙는데, 에배네도에게는 '나의 사랑하는my beloved'이라는 형용구가 붙었습니다.

에배네도가 아시아(오늘날의 터키 서쪽 지역으로서 당시에는 로마에 속함)에서 개종한 첫 번째 그리스도인이라는 사실도 밝힙니다.

50~70여 명의 교인들이 한꺼번에 회집하려면 상당한 규모의 대저택을 소유했을 것이기 때문에 아굴라 부부는 천막제조업이나 해상무역으로 상당한 부를 축적한 재력가로 보입니다. 이런 까닭에 이 부부의 집이 로마의 **중심적인** 가정교회로 쓰인 것 같습니다. (고린도전서도 에베소의 아굴라 부부의 집에서 쓴 것으로 추정됩니다. 고전 16:19.)

마리아

6절에서 바울은 당시 유대인 여성들에게 흔히 발견되는 이름 '마리아Mary'에게도 안부를 전합니다. 바울은 마리아를 말할 때 "여러분을 위하여 수고를 많이 했다"는 덕담을 아끼지 않습니다. '수고를 많이 했다폴라 에코피아센/πολλὰ ἐκοπίασεν/worked very hard'라는 표현은 노예가 노역을 하듯이 매우 고달프게 일했다는 뜻이기에 복음전파와 선교사역에 진력했다는 뜻입니다.

안드로니고와 유니아 부부

> 내 친척이요 나와 함께 갇혔던 안드로니고와 유니아에게 문안하라 그
> 들은 사도들에게 존중히 여겨지고 또한 나보다 먼저 그리스도 안에
> 있는 자라.

'안드로니고Andronicus'와 '유니아Junia' 부부에 대해서 바울은 네
가지 정보를 흘립니다. 첫째, 안드로니고는 바울의 '친척'이라고 했는
데, 원어 '숭게네이스/συγγενεῖς'는 사촌이나 육촌과 같은 혈육을 의미
하기보다는 동료 유대인, 즉 '동포Stammversandte/kinsfolk'를 지칭한
다고 볼 수 있습니다. '안드로니고'가 아주 흔한 헬라 이름이었기에,
그는 헬라화된 유대인이었을 것입니다.

둘째, 안드로니고는 바울과 함께 갇힌 적이 있었습니다. 아마도 에
베소 소동이 일어났을 때 바울과 함께 수감됐던 것 같습니다(행 16:24
-34; 고전 15:32; 고후 11:23 참조). 하지만 반드시 바울과 함께 동일한
장소에서 수감됐다고 해석하기보다는, 바울처럼 이 부부도 복음을 전
하다가 옥살이를 한 적이 있다고 폭넓게 해석하는 편이 더 좋을 듯싶
습니다.

셋째, 안드로니고와 유니아 부부는 "사도들에게 좋은 평을 받고 있
다"고 했습니다. 하지만 헬라어 원문에는 '에피세모이 엔 토이스 아포
스톨로이스/ἐπίσημοι ἐν τοῖς ἀποστόλοις", 즉 "사도들 가운데 특출했
다"(prominent among apostles)로 돼 있습니다. 우리말 개역개정이
"사도들에게 존중히 여겨졌다"라고 번역한 이유는 여성인 유니아는
물론이고 안드로니고도 엄격한 의미에서의 사도가 될 수 없다는 편견

때문일 것입니다. 예수님이 직접 선택하셨고 부활을 목격한 12제자
나 바울과 같은 사람들만 '사도'로 엄격히 제한하는 관습으로 볼 때,
안드로니고 부부를 '뛰어난 사도들'이라고 칭송한 것은 굉장히 파격적
입니다. 더군다나 여성인 '유니아'까지 걸출한 사도로 칭찬했다면, 이
것은 더더욱 논쟁거리가 될 수밖에 없습니다. 하지만 '사도'를 '선교사
로 보냄을 받은 자'(commissioned missionary or emissary)를 의미
하는 광범위한 용례로 쓴다면(고전 15:7; 고후 8:23, 11:5, 12:11; 갈
1:19; 빌 2:25), 안드로니고 부부가 순회 전도자이자 개척 선교사로서
출중한 업적을 쌓았기에 걸출한 사도라는 평판을 얻었다고 해석할 수
있습니다. 초대교회에서 여성조차도 '사도'로 명명됐다는 사실에 놀
라게 됩니다.

넷째, 안드로니고 부부는 바울보다 먼저 그리스도를 믿은 사람들
이었습니다. 이들은 아주 초기 예루살렘교회의 헬라어를 말하는 유대
계 신자들이었던 것 같습니다(행 6:1 참조).

암블리아, 우르바노, 스다구, 아벨레

또 주 안에서 내 사랑하는 암블리아에게 문안하라 그리스도 안에서
우리의 동역자인 우르바노와 나의 사랑하는 스다구에게 문안하라 그
리스도 안에서 인정함을 받은 아벨레에게 문안하라(8-10a절).

먼저 세 사람에게 바울이 붙이는 수식어는 간단합니다. 먼저 '암블
리아Ampliatus'에게는 '주 안에서 내 사랑하는'(my beloved in the
Lord)이라는 친근한 형용구를 붙입니다. 암블리아는 로마의 고대 비

문에 자주 등장하는 남성 노예 혹은 자유민freedman, 노예로 있다가 풀려난 사람의 이름인데, 특히 로마 황실과 연관된 이름이라고 합니다.

그다음에 '우르바노Urbanus'에게는 '그리스도 안에서 우리의 동역자'(our co-worker in Christ)로 수식합니다. '우르바노'의 뜻은 '도시에 축복을'(blessing to the urbs or city)인데, 역시 로마 비문에 자주 등장하는 노예나 자유민의 이름이며 로마 황실과 연관된 이름입니다. 우르바노를 바울의 동역자권 안에 포함시킨다는 점이 이채롭습니다.

'스다구Stachys'에게는 간단히 '나의 사랑하는my beloved'이라는 상투적 수식어만 붙입니다. 스다구라는 이름도 황실과 연관된 고대 로마의 흔한 이름이었다고 합니다.

바울은 '아벨레Apelles'에 대해서는 조금 더 자세하게 '그리스도 안에서 인정을 받는'(approved in Christ) 사람이라고 칭송합니다. 아벨레는 로마에 거주하는 유대인 이름인 것 같은데, 아마도 바울이 간접적으로 알게 된 사람 같습니다. 하지만 그에 대한 세간의 평판은 대단했습니다. 환난과 핍박의 시기에 신실한 믿음을 검증받은 사람이었기 때문입니다.

아리스도불로의 권속

아리스도불로의 권속에게 문안하라(10b절).

'아리스도불로Aristobulus'는 헤롯 대제의 손자이자 헤롯 아그립바 1세의 맞수 형이요, 글라우디오 황제의 친구 이름으로 유명합니다. 그가 48~49년 사이에 죽었기에 아리스도불이 교인일 리는 만무하고, 그의 가문에 속한 권속household이 기독교 신자가 됐던 것 같습니다.

명문세족 아리스도불로 가문에 속한 노예들이나 자유민들이 교인들이 됐기에 바울은 그 가문에 속한 신자들에게 무더기로 인사를 전하는 것 같습니다.

헤로디온

다음에 등장하는 '헤로디온Herodion'도 헤롯 왕가와 연관된 저명인사로 추정됩니다.

내 친척 헤로디온에게 문안하라(11a절).

친척이라는 표현도 유대인 동족으로 보는 것이 타당합니다. 아리스도불로 가문이 헤롯왕과 연관됐다면, 곧바로 '헤롯'에서 유래된 헤로디온을 거명하는 것은 자연스러운데 그는 로마 황실에 팔린 헤롯 왕가의 노예였으나 나중에 자유민이 된 사람으로 추정됩니다.

나깃수의 가족

나깃수의 가족 중 주 안에 있는 자들에게 문안하라(11b절).

'나깃수Narcissus' 가문도 나름 로마의 명문가였습니다. 나깃수는 1세기 중엽 로마의 입지전적 자유민의 이름입니다. 글라우디오 때 명성을 얻었으나 황제가 죽은 뒤 네로 치하에 경쟁자들의 질시를 이기지 못해 자살한 비극적 인물입니다. 이때 그의 전 재산은 몰수됐을 것이고, 모든 노예는 로마 황실에 편입됐을 것이기에 '나깃수의 가족 중에 주 안에 있는 자들'(those in the Lord who belong to the family of Narcissus)은 직계 가족들이거나 그에게 속한 노예들이나 자유민들일 가능성이 있습니다. 바울이 로마서를 썼을 당시에 나깃수는 이미 죽었지만, 그의 가문에 속한 이들이 예수를 믿은 것으로 추정됩니다.

드루배나와 드루보사 자매, 버시

주 안에서 수고한 드루배나와 드루보사에게 문안하라 주 안에서 많이 수고하고 사랑하는 버시에게 문안하라(12절).

정도의 차이는 있지만 '드루배나Tryphaena'와 '드루보사Tryphosa' 그리고 '버시Persis'에게 바울은 "주님 안에서 수고 했다"고 칭찬합니다. 버시에게는 '사랑하는'이라는 수식어와 함께 "주 안에서 많이 수고했다"(worked hard)며 좀 더 세게 칭찬하는 차이가 있습니다.

세 사람은 모두 여성인데, 헌신적 수고로 알려진 사람들입니다. 드루배나와 드루보사는 '드루트루/τρυ'라는 어근이 같기 때문에 고대 로마 사회에서 자매에게 같은 어근의 이름을 지어주는 관습으로 볼 때, 자매(쌍둥이 가능성 포함)일 가능성이 있습니다. 로마 황가의 노예들 가운데 이 두 이름이 등장하는 것으로 봐서 노예나 자유민 신분으로 추정됩니다.

버시는 '페르시아 여성'이라는 뜻인데, 로마의 헬라어나 라틴어 비문에 자주 등장하는 노예나 자유민의 이름이라고 합니다. 흥미롭게도 바울은 네 여성들, 즉 마리아와 드루배나와 드루보사, 버시에게 "수고를 많이 했다"는 칭송을 아끼지 않습니다.

구레네 사람 시몬의 아들 루포와 루포의 어머니

가장 주목할 만한 이름은 예수님의 십자가를 대신 진 '구레네 사람 시몬'의 아내와 아들로 추정되는 인물들입니다.

> 주 안에서 택하심을 입은 루포와 그의 어머니에게 문안하라 그의 어머니는 곧 내 어머니니라(13절).

'루포Rufus'는 '빨간red' 혹은 '빨강머리red-haired'라는 뜻인데, 로마와 이탈리아에서 흔한 이름이었다고 합니다. 루포라는 이름은 마가복음 15장 21절에 등장합니다.

> 마침 알렉산더와 루포의 아버지인 구레네 사람 시몬이 시골로부터 와서 지나가는데 그들이 그를 억지로 같이 가게 하여 예수의 십자가를 지우고.

마가복음이 로마를 배경으로 기록됐다고 할 때, 루포는 예수님의 십자가 사건이 있은 지 30여 년 후에 로마교회의 중심인물이 됐을 가능성이 높습니다. 루포가 '시몬의 아들'이라는 상징적 위상 때문에 바

울은 그의 이름 앞에 '주 안에서 택하심을 받은'(chosen in the Lord)
이라는 특별한 수식어를 붙입니다. 더군다나 실명을 밝히지 않지만
루포의 어머니는 바울에게 친어머니와 같은 존재였습니다. 물론 "곧
내 어머니"라는 말은 비유겠지만, 기독교로 개종한 바울이 집안에서
쫓겨난 이래 루포의 어머니가 친어머니와 같은 역할을 했을 가능성도
배제할 수 없습니다.

간접적으로 알게 된 사람들과 가정교회들

바울은 3-13절까지 자신이 개인적으로 잘 아는 사람들에게 안부
를 전한 것 같습니다. 그 이유는 여기에서 언급한 사람들의 이름 앞에
매우 친밀한 어조의 수식어를 붙여서 호감을 표했기 때문입니다. 하
지만 14-15절에서 언급되는 다수의 사람들 앞에는 별다른 수식어를
붙이지 않은 채 한꺼번에 인사를 전한다는 특징이 있습니다. 그렇다
면 여기에서 등장하는 인물들은 바울이 우연히 알게 됐거나 명성을
듣고 간접적으로 알게 된 사람들로 추정할 수 있습니다.

> 아순그리도와 블레곤과 허메와 바드로바와 허마와 및 그들과 함께 있
> 는 형제들에게 문안하라 빌롤로고와 율리아와 또 네레오와 그의 자매
> 와 올름바와 그들과 함께 있는 모든 성도에게 문안하라(14-15절).

'아순그리도Asyncritus'와 '블레곤Phlegon', '허메Hermes', '바드로바
Patorbas', '허마Hermas' 다섯 사람 중에 허메가 아주 흔한 노예 이름이
었다는 사실과 바드로바가 네로 시대에 매우 부유한 자유민이었기에

혹시 그 가문의 노예나 자유민이었을 것이라는 사실 정도만 알 수 있습니다. 중요한 것은 이들과 함께 또 하나의 가정교회를 구성했을 가능성을 암시하는 '그들과 함께 있는 형제자매'(the brothers and sisters who are with them)라는 표현입니다.

또 다시 등장하는 다섯 사람, 즉 '빌롤로고Philologus', '율리아Julia', '네레오Nereus'와 실명을 생략한 '네레오의 자매', '올름바Olympas' 역시 '그들과 함께 있는 모든 성도'(all the saints with them)라는 표현으로 볼 때 또 다른 가정교회의 가능성을 보여줍니다.

먼저 빌롤로고와 율리아는 부부지간이나 남매지간일 가능성이 있는데 로마 황실과 연관된 이름들이라고 합니다. 네레오와 그의 자매가 남매지간이라면 혹시 빌롤로고와 율리아 부부의 자녀들이었을지도 모릅니다. '올름피오도로스Olympiodorus'의 약어인 올름바는 노예나 자유민의 흔한 이름이었다고 합니다. 그렇다면 올름바는 혹시 빌롤로고와 율리아 집안의 노예였을 가능성도 있습니다.

거룩한 입맞춤

바울은 로마교회의 모든 신자들과 가정교회에 안부를 전한 뒤 마지막으로 포괄적 인사를 전합니다.

너희가 거룩하게 입맞춤으로 서로 문안하라 그리스도의 모든 교회가 다 너희에게 문안하느니라(16절).

'입맞춤'이 가족 간의 사랑과 친밀감의 표현이라고 한다면, 입맞춤으로 인사하는 것은 오늘날까지 서방세계에서 지속되고 있는 관습입니다. 고대 서방세계 인사의 일반 형식은 입맞춤을 포함했는데, 특히 2세기부터는 평화의 입맞춤이 기독교 예절의 표준적 특징으로 자리 잡게 됐습니다. 아굴라 부부의 대저택에 다함께 모인 모든 신자들 앞에서 로마서를 낭독한 후 이렇게 입맞춤으로 평화의 인사를 나누게 했을 것입니다.

　행여나 입맞춤이 '성적으로erotically' 흐를 가능성이 있기에 바울은 '거룩한 입맞춤a holy kiss'이라는 단서를 답니다. 그리스도의 모든 교회가 로마 교인들에게 안부를 전한다고 할 때 온 세상 교회 전체를 의미하는 교회의 보편성 개념은 아닐 것입니다. 바울이 그동안 예루살렘에서부터 일루리곤까지 복음을 전파해 세워진 지중해 동방교회 전체를 통칭하는 말일 것입니다. 이렇게 교회 전체의 이름으로 안부 인사를 전한다는 것은 로마교회조차 그리스도의 보편적 영향하에서 연대와 평등으로 결합된 자매교회라는 사실을 보여주기에 충분합니다.

로마교회의 교인 구성

　이제 바울이 일일이 인사를 전한 개인들과 그룹들을 도표로 작성하면 다양성 속에서 통일성을 이루는 로마교회의 실상을 한눈에 조망할 수 있을 것입니다.

추정되는 로마교회의 교인 구성		
남성 교인	17(19)	아굴라, 에배네도, 안드로니고, 암블리아, 우르바노, 스다구, 아벨레, 헤로디온, 루포, 아순그리도, 블레곤, 허메, 바드로바, 허마, 빌롤로고, 네레오, 올름바, (아리스도불로와 나깃수는 제외), 총 65%
여성 교인	9	브리스가, 마리아, 유니아, 드루배나, 드루보사, 버시, 루포의 어머니, 율리아, 네레오의 자매, 총 35%
유대인	8	아굴라, 브리스가, 마리아, 안드로니고, 유니아, 헤로디온, 루포, 루포의 어머니, 총 28%
이방인	20	**헬라계 이름**: 에배네도, 스다구, 아벨레, 아리스도불로, 나깃수, 드루배나, 드루보사, 버시, 아순그리도, 블레곤, 허메, 바드로바, 허마, 빌롤로고, 네레오와 그의 자매, 올름바 **라틴계 이름**: 암블리아, 율리아, 우르바노 헬라계 + 라틴계 = 총 72%
노예/자유민	5	암블리아, 우르바노, 허메, 빌롤로고, 유니아
명문가	2	아리스도불로의 권속, 나깃수의 권속
부부	3	브리스가와 아굴라, 안드로니고와 유니아, 빌롤로고와 율리아
자매, 남매	2	드루배나와 드루보사, 네레오와 그의 자매
가정교회	5	아굴라와 브리스가의 집에 있는 교회, 아리스도불로의 권속, 나깃수의 권속, 아순그리도 일가와 함께 있는 형제자매들, 빌롤로고와 율리아와 네레오와 그의 자매와 올름바와 그들과 함께 있는 모든 성도

이상의 도표로 보건대 로마교회는 다인종 다문화 다계층 교회였던 것 같습니다. 먼저 인종적으로 유대인과 이방인이 뒤섞여 있습니다. 이른바 '약자'로 불린 유대계 신자들이 소수의 비주류였다는 사실은 위 도표에서 유대계 신자의 수가 28% 정도였다는 사실에서 입증됩니다. 이방계 신자들이 70% 이상의 압도적 다수를 차지했습니다. 그러므로 물론 정확치는 않지만, 이 통계만으로도 약자인 유대계 신자들이 강자인 이방계 신자들에게 여러 각도에서 눌려 지낼 수 있다

는 사실이 드러납니다.

그런가 하면 사회경제적으로 신분이 높은 사람들도 다수였지만, 상당수가 노예였거나 노예로 있다가 풀려난 자유민이었을 것으로 보입니다. 로마교회는 로마 황가와 연결된 명문 귀족들도 더러 있었고, 자신의 저택을 예배처소로 제공할 만큼 부유층 교인들도 몇몇 있었지만, 대대수가 수공업과 같은 생산직에 종사하는 '저중산층lower middle class'이었을 것으로 추정됩니다.

무엇보다도 로마교회에서 돋보이는 특징은 여성들의 활발한 지도력입니다. 언급된 28명 가운데 무려 9명이 여성들입니다. 바울은 이여성들 가운데 네 명(마리아, 드루배나, 드루보사, 버시)에 대해서 "수고를 많이 했다"고 칭찬합니다. 적어도 로마서 하나만 고려한다면 바울이 여성 지도력에 편견을 가지거나 어떤 식의 제한을 가했다는 주장(딤전 2:8-15 참조)은 성립될 수 없습니다. 그 중요한 로마서를 여성지도자인 뵈뵈에게 전달하도록 부탁한 것만 보더라도 파격적인데, 교회 안에서 여성의 지도력을 극찬하는 것은 바울이 친여성적인 사상가요 목회자였다는 사실을 여실히 입증하고도 남습니다.

로마교회는 성과 인종과 언어와 문화와 사회계급과 경제 지위가 다르다고 따로따로 모이지 않고 다함께 모인 '포용적 교회embracing church'였습니다. 다양성 속에 통일성을 이룬 교회였습니다. 바울이 그토록 목소리 높여 주장한 그리스도 안에서의 화해와 일치가 로마교회에서 구현됐던 것입니다.

너희는 유대인이나 헬라인이나 종이나 자유인이나 남자나 여자나 다 그리스도 예수 안에서 하나이니라(갈 3:28).

믿음으로 순종하게 하시려고
To bring about the obedience of faith

롬 16:17-27

왜 거짓 교사들에 대한 경계를?

바울은 16장 3-16절에서 한 사람씩 로마 교인들의 이름을 불러가며 친근한 안부 인사를 전했습니다. 21-23절에서는 바울이 로마서를 집필하고 있는 고린도에서 함께 체류하는 동역자들의 안부를 또 전합니다. 전자는 바울 일개인이 로마 교인들을 한 사람씩 알뜰하게 챙기는 장면이고, 후자는 고린도의 동역자들이 로마 회중 전체에게 안부를 전하는 장면입니다.

문제는 두 가지 안부 인사 중간에 약간 이해하기 어려운 경계 권고가 삽입돼 있다는 점입니다. 문맥의 자연스러운 흐름으로 본다면 바울의 인사 다음에 바울 주변인들이 전하는 인사가 따라붙어야 합니다. 그런데 그 한 가운데 문장의 흐름을 방해라도 하는 듯, 거짓 교사들을 조심하라는 권고가 뜬금없이 나옵니다. 바울은 지금까지 로마서에서 한 번도 거짓 교사에 대한 말을 발설한 적이 없기에 굉장히 의아한 일이 아닐 수 없습니다.

그러기에 진보 진영의 신학자들 가운데 적지 않은 수가 본래 에베소서에 있어야 할 부분이 후대에 로마서에 '삽입interpolation/加筆'됐다는 가설을 내세웁니다. 하지만 바울이 기록한 최초의 로마서 사본에 본래부터 내재했다는 보수적 입장하에 이 구절을 해석해도 큰 무리는 없을 것 같습니다.

바로 앞에서 바울이 거명한 로마 교인들의 실명만 26명 이상입니다. 우리는 이들의 신원을 확실히 알지 못하고 추리만 할 뿐이지만 바울은 자신이 안부를 물은 신자들의 성과 인종, 계급, 경제력 등등의 신상을 잘 알고 있었을 것입니다. 안부를 묻는 가운데 바울은 로마교회가 다양성 속에 통일성을 지닌 모범적 교회라는 사실을 새삼 확인하고 흐뭇한 느낌을 감출 수 없었을 것입니다.

그동안 자신이 목소리 높여 끈질기게 주장해온 비전도 그리스도 안에서 인류의 대통합, 즉 약자나 강자, 유대인이나 이방인, 종이나 자유인, 남자나 여자가 다 그리스도 안에서 한 가족이 되는 일이었습니다. 구성원 분포가 워낙 다양함에도 불구하고 로마교회가 그리스도 안에서 화해와 일치를 구현한 이상적 교회라는 자부심을 느낄 찰나에 바울은 문득 이 화해와 일치를 흔들어 놓을 수도 있는 위험세력을 떠올렸을 것입니다. 지중해 동방선교를 해오면서 맞닥뜨린 수많은 적수들, 즉 '영지주의적 방종주의자들反율법주의자들'과 '율법주의적 유대주의자들' 등등이 떠올랐겠지요.

그렇다면 참으로 어렵게 일궈놓은 로마교회의 일치와 평화를 이런 종류의 거짓 교사들이 헤집고 들어와 교인들을 선동하고 교란시킨다면 그것은 참으로 통탄할만한 일입니다. 그러기에 장차 출몰할지도 모를 거짓 교사들에 대한 경계심을 일깨우고자 인사말 중간에 다소 생뚱맞은 주제를 불쑥 꺼낸다고 볼 수 있습니다.

이런 시각으로 본다면 17-20절에서 말하는 거짓 교사들에 대한 경계는 미래에 대한 예방 차원에서의 일반 권고라고 할 수 있습니다. 16장에 이르기까지 한 번도 거짓 교사에 대한 문제를 거론하지 않은 이유도 이런 맥락에서 이해될 수 있고, 그러기 때문에 바울의 주관심도 로마교회를 어지럽히게 될 거짓 교사들의 '신원정체'을 밝히는 것보다는 거짓 교사들의 전형적인 특징을 기술하는 것에 초점을 집중합니다.

살피고 떠나라

형제들아 내가 너희를 권하노니 너희가 배운 교훈을 거슬러 분쟁을 일으키거나 거치게 하는 자들을 살피고 그들에게서 떠나라(17절).

바울은 주제전환을 하고자 "형제자매들아"라고 부르며 호흡을 가다듬은 뒤 중요한 것을 당부합니다. 우리말 성경에 '권하다'로 번역한 헬라어 '파라칼로/παρακαλῶ/urge'에는 상명하달식의 일방적 성격의 권고가 아닌, 아버지가 아들을 자상하게 타이르는 것과 같은 당부의 성격이 있습니다. ('위로'라는 명사 '파라칼레시스/παράκλησις'도 '파라칼레로/παρακαλῶ'라는 동사에서 왔습니다.)

바울의 당부는 두 가지입니다. "살피라"(keep an eye on, 개역개정 혹은 "경계하라watch out, 새번역"는 것과 "떠나라keep away from, 개역개정" 혹은 "멀리하라avoid, 새번역"는 것입니다. 그렇다면 로마 교인들이 경계하고 멀리해야 할 대상은 누구일까요?

이들은 '거짓 교사들false teachers'인데, 크게 두 가지 못된 짓을 합니다. '분쟁디코스타시아스/διχοστασίας/dissensions'을 일으키고, '거치게스칸달라/σκάνδαλα/stumbling blocks' 합니다. 거짓 교사들은 교회의 일치와 평화를 깨뜨려 '분열'을 조장하고, '올무'를 놓아 사람들을 걸려 넘어지게 한다는 것이지요. 중요한 것은 거짓 교사들이 로마 교인들이 "배운 교훈을 거슬려"(in opposition to the teaching) 분쟁을 일삼고 걸려 넘어지게 한다는 것입니다.

로마 교인들이 배운 교훈은 두말할 필요도 없이 예수 그리스도의 복음에 대한 교리 및 윤리 표준입니다. 다시 말해 그리스도 복음에 충실한 '정통교리orthodoxy'와 '정통체험orthopathy'과 '정통실천orthopraxis'입니다. 거짓 교사들은 신앙과 실천의 표준이 되는 정통교리와 정통윤리에 어긋나는 가르침을 퍼뜨려 교회를 분쟁과 올무에 빠뜨린다는 것입니다. 바울은 로마 교인들이 배운 것과 '다른 복음'(고후 11:4; 갈 1:6-9), 혹은 '다른 예수'(고후 11:4)를 가르치는 자들의 특징을 재차 설명해줍니다.

이같은 자들은 우리 주 그리스도를 섬기지 아니하고 다만 자기들의 배만 섬기나니 교활한 말과 아첨하는 말로 순진한 자들의 마음을 미혹하느니라(18절).

거짓 교사들의 특징은 두 가지입니다. 첫째로, 먼저 섬기는 대상이 로마 교인들이 배운 진리와 다릅니다. 우리 주 그리스도를 섬겨야 함에도 '자신의 배테이 헤아우톤/τῇ ἑαυτῶν/their own belly'를 섬깁니다. "자기 배를 섬긴다"(빌 3:19)는 말은 음식과 관련해서 폭식주의자라는 뜻이라기보다는 오로지 육적이고 세상적인 일에만 관심을 두는 '자기중심적egocentric' 사람이라는 뜻입니다.

둘째로, '교활한 말', 즉 '그럴듯한 말smooth talk'과 '아첨하는 말flattery'로 '순진한 자들의 마음'(the minds of naive people)을 미혹합니다. 온갖 감언이설로 순박한 사람들을 속인다는 것이지요! 여기에서 잠시 초점을 '순진한 자들the simple-minded/the naive'에게 모아봅니다. '순진한 사람들' 혹은 '순박한 사람들'의 제일가는 특징은 순종을 잘 한다는 것입니다. 귀가 얇아서 거짓 교사들이 퍼뜨리는 말을 쉽게 받아들인다는 것이지요. '순진'과 '순종'과 관련해서 바울은 갑자기 로마 교인들을 칭찬합니다.

> 너희의 순종함이 모든 사람에게 들리는지라 그러므로 내가 너희로 말미암아 기뻐하노니(19a절).

순진한 사람들이 순종을 잘 한다는 사실에 착안해서 바울은 로마 교인들을 돌아본 것이지요. 로마 교인들이 순종 잘 하는 교인들이라는 소문을 듣고서 바울도 기쁘다는 속내를 감추지 않습니다. 믿음은 언제나 순종으로 이어지기에 순종 잘 하는 교인이 참된 교인이요, 성숙한 교인인 것은 틀림없습니다. 그럼에도 바울은 "선과 악을 분별하지 못하는 순진성 때문에 맹목적으로 순종하는 것"과 "선과 악을 잘 분별해서 지혜롭게 순종하는 것"이 다르다는 사실을 강조합니다.

> 너희가 선한 데 지혜롭고 악한 데 미련하기를 원하노라(19b절).

로마 교인들이 순종을 잘 한다는 사실을 칭찬한 뒤에 그 순종이 어디까지나 선악에 대한 지혜로운 분별력에 기초한 순종이어야만 한다는 점을 확실히 한 것입니다. 순진한 것은 그 나름대로 좋은 것이지만, 부주의한 나머지 거짓 교사들에게 속아 넘어갈 수 있다는 데 문제가 있습니다. 그러므로 이단 세력에 휘둘려 이용당하지 않으려면 진리와 거짓, 선과 악에 대한 날카로운 분별력이 필요합니다.

예수님도 제자들에게 "뱀 같이 지혜롭고 비둘기같이 순결하라"(마 10:16)고 당부하신 적이 있습니다. "선한 데 지혜롭고, 악한 데 미련하라"(wise about what is good, and innocent about what is evil)는 경구를 다른 말로 바꾼다면, "선에는 프로가 되고, 악에는 아마추어가 되라" 혹은 "선에는 전문가가 되고, 악에는 초보자가 되라"는 말도 될 것입니다. 선한 일에는 적극적으로 그 선을 인식하고, 사랑하고, 추구하라는 뜻입니다. 악한 일에는 그 악에 발을 들여놓아서 물들지 말고 과감히 떠나라는 뜻입니다. 바울은 로마 교인들의 순종이 맹목적 순종이 아니라 분별력 있는 순종이 돼야만 한다는 취지에서 이 말씀을 덧붙였을 것입니다.

어쨌거나 서신 말미에서, 로마교회에 어렵사리 이뤄진 화해와 일치가 혹시라도 이단 세력에 의해 깨질까봐 염려하면서, 교인들에게 일체의 거짓 교설, 즉 '非복음non-gospel'과 '半복음half-gospel', '反복음anti-gospel'을 경계하고, 멀리 하라고 타이르는 바울의 노파심이 눈에 선하게 잡힙니다. 거짓 교사들에 대한 잠깐의 일탈과도 같이 어색한 경계권고는 선과 진리의 최후 승리에 대한 확신과 '은혜간구 기도 grace-wish prayer'로 끝납니다.

> 평강의 하나님께서 속히 사탄을 너희 발 아래에서 상하게 하시리라 우리 주 예수의 은혜가 너희에게 있을지어다(20절).

창세기 3장 15절에서 "여자의 후손이 네 머리를 상하게 할 것"이라는 하나님께서 뱀에게 주신 약속이 연상됩니다. 사탄의 영향하에 움직이는 거짓 교사들이 궁극적으로 패배할 것이라는 확신이지요. 하지만 '평강의 하나님'과 '사탄을 짓밟는 것'이 일면 부조화를 이루는 것처럼 보입니다. 그럼에도 하나님이 주시는 진정한 평화는 궁극적으로 사탄과 악의 세력이 패퇴할 때에만 온전히 달성될 수 있기에 사탄의 최후 패배를 강조할 때 굳이 '평강의 하나님'을 짝으로 맞춰서 고른 것 같습니다.

바울 주변인들의 안부 인사

이제 21-23절은 다시 안부 인사로 돌아와 고린도에서 바울과 함께 있는 8명의 인사말을 전합니다. 바울에게 가장 중요한 동역자 디모데를 필두로 같은 유대인 동포 사역자 세 사람의 안부를 전한 뒤, 로마서의 대필자 더디오 그리고 고린도의 저명인사 3인의 인사도 함께 전합니다.

나의 동역자 디모데와 나의 친척 누기오와 야손과 소시바더가 너희에게 문안하느니라 이 편지를 기록하는 나 더디오도 주 안에서 너희에게 문안하노라 나와 온 교회를 돌보아 주는 가이오도 너희에게 문안하고 이 성의 재무관 에라스도와 형제 구아도도 너희에게 문안하느니라(21-23절).

'디모데Timothy'는 바울의 2차 선교여행 때 손수 뽑은 최측근 동역자입니다(행 16:1-3). 루스드라 출신의 디모데는 아버지가 헬라인, 어머니가 유대인으로서 바울이 낳은 영적 아들입니다(딤전 1:2). 바울과 디모데가 얼마나 막역한 사이였던지 바울이 기록한 6개의 서신에 디모데가 공동 발신자로 등장합니다(고후, 살전, 살후, 빌, 골, 몬).

그런데 대개 서신 첫머리에 등장하는 디모데의 이름이 어찌된 일인지 로마서에서는 끄트머리에 와서야 나옵니다. 디모데는 바울의 3차 여행 때 그리스에 석 달 간 함께 머문 적이 있는데(행 20:2-4), 로마서를 쓰고 있는 지금도 바울과 함께 고린도에 있습니다. 어쩌면 디모데야말로 바울과 함께 구호헌금을 전달하기 위해 예루살렘으로 동행할 가능성이 가장 높은 최측근이었을 것입니다(행 20:4).

디모데 다음으로 소개하는 바울의 유대인 동포 셋은 '루기오Lucius'와 '야손Jason'과 '소시바더Sosipater'입니다. '루기오'라는 이름이 '누가Luke'의 변종이기에 누가복음과 사도행전의 저자인 의사 누가와 동일시하는 학자들이 있지만, 누가는 유대인이 아니기에 타당성이 떨어집니다. 또 한 사람 '구레네 사람 루기오'도 있는데(행 13:1), 이 사람이 바울이 말하는 루기오와 동일인물인지는 확실치 않습니다. '야손Jason'은 바울이 데살로니가에 처음 들어갔을 때 바울을 도와줬고 함께 봉변을 치른 야손일 가능성이 높습니다(행 17:1-9). '소시바더Sosipater'는 베뢰아 출신의 '소바더Sopater'일 가능성이 높습니다(행 20:4).

중요한 것은 바울이 안부를 전하는 측근들의 명단에 왜 네 명의 유대인들을 맨 처음으로 언급했느냐는 사실입니다. 그것은 바울이 이방인을 위한 사도였기에 그 주변에는 언제나 이방인들만 포진하고 있을 것이라는 막연한 편견을 불식시키는 효과를 기대했기 때문일 것입니다. 자신의 최측근에는 디모데를 비롯한 유대인들이 네 명씩이나 있다는 사실을 로마의 유대계 신자들에게 보여줌으로써 바울이 지속하고 있는 유대교적 연대성의 끈끈함을 과시하는 효과가 있다는 뜻이지요.

로마서의 대필자amanuensis로 등장하는 '더디오Tertius'라는 인물도 한껏 궁금증을 자아냅니다. 바울이 이따금씩 편지를 대필시킨 적은 있지만(고전 16:21; 갈 6:11; 살후 3:17; 골 4:18), 이렇게 대필자의 이름을 직접 밝힌 경우는 여기가 처음입니다. 더욱이 더디오라는 이름 자체도 신약에서 이곳에만 나옵니다.

'더디오'는 라틴어로 '셋째'라는 뜻이며, 주로 노예들이 쓴 이름이라고 합니다. 아마도 셋째 아들이었기에 '더디오'라는 이름이 주어진 것 같은데, 가장 궁금한 것은 로마서와 같이 난해하고 심오한 대작을 어떻게 노예 출신의 더디오가 대필할 수 있었을까 하는 점입니다. 상당히 숙련된 속기사가 아니면 이런 대작을 기록하기 어려웠을 텐데 그의 진정한 신분이 무엇이었는지가 못내 궁금합니다. 아마도 16장까지 대필하느라고 고생을 많이 한 더디오에게 바울이 인사할 기회를 줬기에 카메오처럼 반짝 등장해서 "이 편지를 기록하는 나 더디오도

주 안에서 너희에게 문안하노라"라고 인사를 건네는 것 같습니다.

바울이 소개하는 나머지 셋은 고린도의 저명인사들입니다. 먼저 '가이오Gaius'는 로마 시대에 아주 흔한 이름이었는데, 신약에 네 사람의 각각 다른 가이오가 출현합니다. '마게도냐의 가이오'(행 19:29)와 '더베의 가이오'(행 20:4), 요한3서의 수신자로서 소아시아의 지도자 '가이오'(요삼 1:1)가 있고, 바울이 고린도에서 세례를 준 '가이오'(고전 1:14)가 있습니다. 로마서의 가이오는 고린도에서 세례를 받은 가이오와 동일인물임이 확실합니다. 가이오의 전체 이름은 '가이오 디도 유스도Gaius Titus Justus, 행 18:7'였을 것입니다. 가이오는 고린도에서 상당한 재력가였기에 현재 바울이 그의 집에 유숙하고 있을 뿐 아니라, 아가야 지역의 많은 교인들까지 돌봐주기에 바울은 그를 "나와 온 교회를 돌보아 주는 가이오"로 소개합니다.

고린도의 재무관(city treasurer) '에라스도'(Erastus)도 중요한 인물입니다. 바울이 3차 여행 때 에베소에서 마게도냐로 파송했던 에라스도(행 19:21-22; 딤후 4:20)와 이 에라스도는 같은 사람인 것 같습니다.

우리의 흥미를 끄는 것은 단연 1929년에 옛 고린도에서 발굴된 네로 황제 시대의 비문에 등장하는 '에라스도'라는 이름입니다. (비문 내용: "Erastus, commissioner[aedilis] for public works, laid this pavement at his own expenses." "공공사업 행정관 에라스도가 자비를 들여서 이 도로포장을 했다.") 비문의 주인공 에라스도는 'aedilis영어 'aedile'/조영관[造營官]'로 등장합니다.

로마 시대의 조영관은 임기가 1년이었으며 도시의 공공건물, 도로, 시장, 특정 재정 업무 등을 총괄하는 고위 관료였습니다. 하지만 바울이 지칭한 에라스도의 직책 '재무관'의 '오이코노모스/οἰκονόμος' 가 라틴어 'aedilis'와 정확히 일치하는지에 대한 많은 논란이 있기에 비문의 에라스도와 바울의 에라스도가 동일인인지는 썩 확신이 가지 않습니다. 다만 로마서의 에라스도가 고린도에서 재정을 맡은 고위관리인 것만큼은 확실한 것 같습니다.

'구아도Quartus'는 라틴어로 '넷째'라는 뜻인데, 아주 흔한 노예명이었다고 합니다. 더디오가 셋째라는 이름 뜻과 함께 노예명이었다면, 혹시 구아도가 더디오의 바로 아래 동생이 아니었을까 추측할 수도 있습니다. 이것은 특히 구아도 앞에 붙은 수식어 '형제아델포스/ἄδελφός /brother'가 대필자인 더디오가 자신의 형제라는 의미에서 덧붙인 것은 아닐까라는 추측에서 흥미를 자아냅니다.

중요한 것은 로마 교인들만큼이나 이들에게 안부를 전하는 바울의 측근들까지도 다양한 계층이 조화와 일치를 이루고 있다는 사실입니다. 특히 유대인과 이방인이라는 인종적 다양성과 사회계급과 경제 지위의 다양성이 눈에 띕니다. 로마교회뿐만 아니라 복음을 전하는 바울의 동역자들조차도 다양성 속에 통일성을 이루고 있었던 것이지요!

놀랍게도 로마서의 가장 오래된 사본들은 일제히 24절을 결락하고 있습니다. 따라서 우리말 성경을 비롯한 대부분의 외국어 성경도 24절을 생략합니다. 하지만 일부 후기 사본들은 20절 후반부의 은혜 소원 기도를 24절에다가 옮겨 놓기도 합니다.

일부 학자들이 제기하는 것처럼, 본래 24절에는 로마서가 친서라는 사실을 입증하고자 바울이 자신의 이름을 직접 쓴 서명official seal 이 있었을 것이라는 추정도 흥미롭습니다(살후 3:17-18 참조). 본래

24절에는 바울의 친필 서명이 있었는데, 나중에 베껴 쓴 사본에 서명까지 넣을 수 없었기에 계속해서 24절이 결락부로 남게 됐을 것이라는 추측이지요.

한 분 지혜로우신 하나님께 영광을!

로마서는 마침내 '종결 송영closing benediction'으로 대단원의 막을 내립니다. 바울 서신들 가운데 가장 긴 송영으로 유명합니다. 이 송영은 로마서 서문(1:1-17)에 상응합니다. 일생을 이방인을 위한 사도로 살아온 바울의 신학과 목회를 고스란히 대변하듯이 송영의 핵심 주제는 '이방인에게 계시된 그리스도 복음'입니다. 원문이 워낙 난삽하고 우리말 개역개정도 번역상의 오류가 있기에, 적어도 이 부분만큼은 새번역을 주본문으로 삼습니다. 바울은 먼저 복음이 하는 일부터 칭송합니다.

> 하나님께서는 내가 전하는 복음 곧 예수 그리스도에 관한 선포로 여러분을 능히 튼튼히 세워주십니다(25a절).

바울이 전한 복음은 예수 그리스도에 대한 선포에 다름 아닙니다. 그렇다면 '복음선포'는 복음을 직접 전파하는 '행위'(증언이나 설교/witnessing or preaching)일 수도 있고, 선포된 '내용'일 수도 있습니다. 따라서 복음은 예수 그리스도에 관한 복된 소식인 동시에 예수 그리스도 그 자체이기도 합니다. 바울이 선포한 복음 전파 행위나 복음의 내용이신 그리스도께서 하신 일은 먼저 로마 교인들을 "튼튼히 세워준 것"입니다. 복음을 통한 하나님의 능력으로 말미암아 로마 교인들과 모든 그리스도인들을 진리와 구원 안에서 튼실하게 세워진다는 것이지요.

그는 오랜 세월 동안 감추어 두셨던 비밀을 계시해 주셨습니다. 그 비밀이 지금은 예언자들의 글로 환히 공개되고, 영원하신 하나님의 명을 따라 모든 이방 사람들에게 알려져서, 그들이 믿고 순종하게 되었습니다(25b-26절).

바울은 이 그리스도 복음을 '비밀의 계시아포칼뤼신 뮈스테리우/ἀπο-κάλυψιν μυστηρίου/revelation of the mystery/신비의 계시'로 풀이합니다. 비밀스럽고 신비스럽게 은폐됐던 그리스도 복음이 계시, 즉 드러났다는 것이지요. 그런데 이 그리스도 비밀은, 첫째로 "오랜 세월 동안 감추어졌습니다"(kept secret for long ages). 그리스도를 통한 구원 계시의 목적과 계획이 이방인들은 물론이고 유대인들에게조차도 오랫동안 감춰져 사람들이 깨닫지 못했다는 것이지요. 둘째로, 그 비밀이 이제 "드러났고disclosed", "이방인들에게 알려졌습니다"(made known to all the Gentiles).

중요한 것은 이 비밀이 드러나고 알려진 **수단**입니다. 그것은 "예언자들의 글을 통해서 영원하신 하나님의 명령에 따라"(through the prophetical writings according to the command of the eternal God) 드러났고 알려졌습니다. 예언자의 글은 메시아의 오심을 예언하고 약속한 구약을 말할 것이고, 비밀스러운 계시의 해제와 공개는 유한한 피조물의 영역이 아니라 영원하신 하나님의 뜻과 계획하에 이루어지기 때문에 하나님의 명령 없이는 불가능합니다.

그렇다면 비밀 계시의 해제와 공개의 **목적**은 무엇일까요? "이방인들이 믿고 순종하게 하기 위함입니다." 바울이 사도의 직분을 받아 그리스도의 이름을 전하는 목적이 "모든 민족이 믿고 순종하게 하려는 것"(1:5)에 있다고 주장한 서문과 정확히 일치합니다.

그다음에 계시의 알려짐이 미치는 **대상**은 '모든 민족판타 타 에트네/παντα τα εθνη/all nations'입니다. 예수 그리스도의 복음은 온 민족에게 차별 없이 보편적으로 적용된다는 것이지요.

마침내 로마서는 오직 하나님께 영광을 돌리며 막을 내립니다.

오직 한 분이신 지혜로우신 하나님께, 예수 그리스도로 말미암아 영광이 영원무궁 하도록 있기를 빕니다. 아멘(27절).

까딱 잘못 해석하면 유대인들이 이해하지 못한 그리스도 비밀 계시를 이방인들이 이해했기 때문에 하나님께 영광을 돌리는 것이 될 수 있습니다. 하나님의 은혜와 구원의 신비가 언제나 동족 유대인들에게 먼저 주어졌다고 확신하는 바울이기에 유대인들을 배제할 이유가 전혀 없습니다. 외려 강조점은 하나님의 구원하시는 은총 바깥에 있는 것으로 여겨진 이방인들에게까지 구원의 영역이 확대됐기에 그런 구원의 지혜를 지니신 하나님께 영광을 돌린다고 해석해야 옳습니다.

결국 그리스도 복음선포를 통해서 모든 교인들을 튼튼히 세워주시는 하나님의 능력과 숨겨진 그리스도 신비를 이방인들에게까지 확대시켜서 알려지게 하심으로써 모든 민족이 그리스도를 믿고 순종하게 된 것은 오직 한 분이신 하나님의 지혜에서부터 비롯된 것이기에 그 하나님께 영광을 돌리는 것은 지극히 당연합니다.

로마서는 '영광독사/δόξα/Glory/Herrlichkeit'에서 시작해서 영광으로 끝나는 책입니다. 첫 사람 아담의 타락으로 말미암아 잃어버린 영광에서 시작해서 둘째 사람 그리스도로 말미암아 되찾은 영광으로 끝납니다. 무엇보다도 로마서가 '아멘'으로 종결된다는 점에서 오직 홀로 지혜로우신 하나님께 온 성도들이 아멘으로 응답해야 마땅합니다.

모노 소포 테오, 디아 예수 크리스투, 호 헤 독사 에이스 투스 아이오나스, 아멘. μόνῳ σοφῷ θεῷ, διὰ Ἰησοῦ Χριστοῦ, ᾧ ἡ δόξα εἰς τοὺς αἰῶνας, ἀμήν.(To the only wise God, through Jesus Christ, to whom be the glory forever! Amen./Dem allein weisen Gott, durch Jesus Christus, ihm die Herrlichkeit in Ewigkeit! Amen.) Soli Deo Gloria!(오직 하나님께 영광을!)

참고문헌

김도현. 『나의 사랑하는 책 로마서』. 서울: 성서 유니온, 2014.

김영남. 『로마서』. 성서와 함께 총서 신약 4. 서울: 성서와 함께, 2014.

롱네커, 브루스 W. & 토드 D. 스틸/ 박규태 역. 『바울』. 서울: 성서 유니온, 2019.

박영식 역주. 『로마서』. 한국 천주교회 200주년 신약성서 6a. 경북: 분도출판사, 1996.

버드, 마이클/ 백지윤 역. 『손에 잡히는 바울』. 서울: IVP, 2008.

보아, 케네스 & 윌리엄 크루이드니어/ 김현회 역. 『Main Idea로 푸는 로마서』. 서울: 디모
데, 2004.

브레이, 제럴드/ 장인산· 한동일 역. 『로마서』. 교부들의 성경주해 신약 VIII. 경북: 분도출
판사, 2016.

스프로울, R. C./ 정중은 역. 『하나님의 예정과 선택』. 서울: 생명의 말씀사, 2014.

에드워즈, 조나단/ 김귀탁 역. 『로마서 주석』. 서울: 복 있는 사람, 2014.

오스본, 그랜트 편/ 박대영 역. 『로마서: LAB 주석 시리즈』. 서울: 한국성서유니온선교회,
2002.

유상현. 『바울의 마지막 여행』. 서울: 동연, 2014.

이영헌. 『로마서 강해』. 서울: 바오로딸, 2016.

존스, D. M. 로이드/ 서문강 역. 『로마서 강해(1~14): 속죄와 칭의』. 서울: 기독교문서선교
회, 1976.

최순애 편. 『로마서: 베스라 성경 김정원 신부 강의록』. 서울: 가톨릭출판사, 2006.

칼빈, 존/ 민소란 역. 『로마서』. 규장 칼빈 주석시리즈 신약 8. 서울: 규장, 2013.

파이퍼, 존/ 이선숙· 주지현 역. 『로마서 강해 1~7』. 서울: 좋은씨앗, 2014.

Althaus, Paul. *Der Brief an die Römer*. Göttingen: Vandenhoeck & Ruprecht, 1978.

Barth, Karl. *The Epistle to the Romans*. Translated by Edwyn C. Hoskyns. New York: Oxford
University Press, 1968.

Bird, Michael F. *Romans: The Story of God Bible Commentary*. Grand Rapids, Michigan:
Zondervan, 2016.

Bruce, F. F. *The Epistle of Paul to the Romans*. Mansfield Centre, CT: Martino Publishing, 2011.

Chrysostom, St. John. *Homilies of St. John Chrysostom on the Epistle of St. Paul to the Romans*. Translated by Rev. J. B. Morris M. A. and Rev. W. H. Simcox. Middletown, D. E: Veritas Splendor Publications, 2012.

Cobb, John B. Jr. and David J. Lull. *Romans*. St. Louis, Missouri: Chalice Press, 2005.

Fitzmyer, J. A. *Romans: The Anchor Bible*. New York: Doubleday, 1993.

Grieb, Katherine. *The Story of Romans: A Narrative Defense of God's Righteousness*. Louisville, Kentucky: Westminster John Knox Press, 2002.

Hughes, R. K. *Romans: Righteousness from Heaven*. Wheaton, Illinois: Crossway, 1991.

Kasemann, Ernst. *Commentary on Romans*. Translated by Geoffrey W. Bromiley. Grand Rapids, Michigan: William B. Eerdmans Publishing Company, 1980.

Keller, Timothy. *Romans 8-16 For You*. USA: The Good Book Company, 2015.

Klaiber, Walter. *Der Römerbrief*. Neukirchen-Vluyn: Neukirchener Theologie, 2012.

Lancaster, Sarah H. *Romans: A Theological Commentary On The Bible*. Louisville, Kentucky: Westminster John Know Press, 2015.

Luther, Martin. *Commentary on Romans*. Translated by J. Theodore Mueller. Grand Rapids: Kregel, 1976.

Maier, Gerhard. ed. *Edition C Bibelkommentar, Neues Testament, Gesamtausgabe im Schuber. Band 3. Apostelgeschichte, Römer, Korinther*. Witten: SCM R. Brockhaus, 2013.

Marshall, Alfred. *Interlinear NRSV-NIV Parallel New Testament in Greek and English*. Grand Rapids, Michigan: Zondervan, 1994.

Moo, Douglas J. *The Epistle to the Romans*. Grand Rapids, Michigan: William B. Eerdmans Publishing Company, 1996.

Paul, J. A. *Romans*. Interpretation. A Bible Commentary for Teaching and Preaching. Atlanta: John Knox Press, 1985.

Sanders, E. P. *Paul: The Apostle's Life, Letters, and Thought*. Minneapolis: Fortress Press, 2015.

Schlatter, Adolf. *Gottes Gerechtigkeit: Ein Kommentar zum Römerbrief*. Nordlingen:

Calwer Vereinsbuchhandlung Stuttgart, 1935.

Soderlund, Sven K. & N. T. Wright. eds. *Romans & the People of God*. Grand Rapids, Michigan: William B. Eerdmans Publishing Company, 1999.

Sproul. R. C. *Romans*. Wheaton, Illinois: Crossway, 2009.

Stott, John R. W. *The Message of Romans: God's Good News for the World*. Downers Grove, IL: Inter Varsity Press, 2001.

Stuhlmacher, Peter. *Der Brief an die Römer*. Göttingen und Zürich: Vandenhoeck & Ruprecht, 1998.

Wiersbe, Warren W. *Be Right: NT Commentary Romans*. Colorado Springs: David C Cook, 1977.

Wilckens, Ulrich. *Der Brief an die Römer*. Neukirchen-Vluyn: Patmos Verlag, 2014.

Wright, Tom. *Paul for Everyone. Romans, Part Two*. Louisville, Kentucky: Westminster John Knox Press, 2004.

로마서에 나타난 바울의 윤리
– '그리스도 안에서' 서로 받으라!

이광훈 목사

(버지니아 워싱턴 대학교 교수/콜로니얼비치 연합감리교회 담임목사)

로마서에 나타난 바울의 윤리는 한 마디로, '사랑의 윤리'입니다. 여기에서 사랑은 예수 그리스도의 십자가에서 계시된 하나님의 사랑을 가리킵니다. 하나님의 사랑의 계시는 바울이 즐겨 사용하는 "그리스도 안에서in Christ"라는 문구의 빛에서 좀 더 정확히 이해할 수 있습니다. 이 문구에 대한 신약학자들의 해석은 무척 다양합니다만, "삼위일체 하나님의 사랑에의 참여"(our participation in the love of Triune God)라는 뜻으로 풀이해봅니다. 달리 표현한다면, "예수 그리스도의 십자가에서 계시된 하나님의 사랑 안에서"라고 할 수 있습니다. 이것은 하나님께서 우리를 먼저 사랑하셨다는 것을 전제로 합니다. 하나님의 사랑은 예수 그리스도의 십자가에서 가장 극명하게 표현됐습니다. 우리는 단지 십자가에 못 박히시고 부활하신 예수 그리스도를 믿음으로써 우리를 향한 하나님의 사랑에 참여participation한 것뿐입니다.

사실 하나님의 사랑은 이미 우리 곁에 와 있었지만, 나중에 예수님을 믿은 후에야 그 사랑을 깨닫게 된 것입니다. 아울러 하나님의 사랑을 깨달아 알게 하시는 분이 성령님이십니다. 이런 점에서 사랑은 성부. 성자. 성령, 삼위일체 하나님의 역사work와 직결돼 있습니다. 즉, 성부 하나님은 예수 그리스도를 통해서 사랑을 선언하셨고, 성자 예수님은 십자가에서의 죽음과 부활로 사랑을 가능케 하셨으며, 성령님은 실제적으로 그리스도인의 삶 속에서 사랑의 열매를 맺게 하셨습니다. 아울러 하나님의 사랑에 참여하여 사랑을 깨닫고 그것에 온전히 응답하며 사는 생활은 유아기에 우리가 미처 알지 못했던 부모님의 사랑을 나중에 성인이 되어 깨달아 알게 된 것과 유사합니다. 부모님의 사랑을 깨닫는 일은 어떤 의미에서 그 사랑에 참여하는 일입니다. 그렇게 함으로써, 비로소 부모님의 사랑에 부합한 삶을 사는 것입니다.

　　그러므로 바울의 사랑의 윤리는 그리스도인들이 하나님의 사랑에 참여한 사람들로서 어떻게 살아야 할 것인지에 대한 문제입니다. 우리가 진정 "그리스도 안에서" 살아간다면, 당연히 하나님의 사랑에 참여한 자녀답게 살아야 합니다. 그리스도인의 삶은 생각과 말과 행동양식 등 모든 것이 하나님의 사랑을 기초로 해서 드러나야만 합니다. 이런 이유에서 믿음과 행위는 결코 별개의 문제가 아닙니다. 그리스도인들의 삶에 "믿음 따로, 행위 따로"는 성립할 수 없습니다. 믿음과 행위를 나눠 생각하는 '이분법적 오류the error of dichotomy'로 인해 바울의 윤리를 곡해해서는 안 됩니다. 우리는 '오직 믿음으로sola fide!'라는 개신교 원리에 지나치게 몰입된 나머지 "믿음이면 전부"라고 하는, 이른바 '믿음 만능주의'에 빠져 알게 모르게 일상생활에서의 선하고 거룩한 행실을 등한시한 것은 아닌지 반성해야 합니다(오늘날 한국의 개신교회가 비판의 대상이 된 주요 이유가 바로 믿음을 일상에서 살아내지 못하는 모습, 곧 믿음과 행위의 분리에 있다고 봅니다.)

바울이 율법에 대해 부정적 견해를 피력한 것은 사람을 구속하고 억압하는 율법의 권세와 관련된 것입니다. 바울은 결코 율법 그 자체를 부정하지 않았습니다(참고. 롬 7장 12절, "… 율법은 거룩하고 계명도 거룩하고 의로우며 선하도다"). 물론 바울은 "사람은 행위가 아니라 믿음으로 의롭다함을 받는다"고 주장했습니다. 그렇다고 해서 행위를 부정해서는 안 됩니다. 바울의 주장대로, 아브라함은 믿음으로 의롭다함을 얻었습니다. 하지만 그는 하나님의 약속을 단지 마음으로 믿는 것으로 끝나지 않았습니다. 믿고 순종했습니다. 즉, 자신의 믿음을 실행에 옮겼습니다. 따라서 믿음과 행위는 동전의 양면과 같은 것입니다. 그리고 한 옷감에서 나온 두 개의 천 조각과 같은 것입니다. 바울은 결코 믿음과 행위를 분리한 적이 없습니다. 신학적 교리(직설법/indicative)와 윤리적 실천(명령법/imperative)을 분리한 적이 없습니다. 믿음으로 의롭다 여기시는 '의인義認의 은혜justifying grace'와 성령 안에서 거룩한 삶을 살게 하시는 '성화聖化의 은혜sanctifying grace'를 분리해서 생각한 적이 없습니다.

로마서는 바울의 신학과 윤리의 '종합서신a synthetic letter'이라고 할 수 있습니다. 물론 그의 신학적 교리 진술과 윤리적 실천명령은 로마교회의 특수한 상황에서 비롯된 문제들로부터 나온 것입니다. 로마서의 기록목적에 대한 학자들의 의견이 분분하지만, 로마서는 제1세기 로마교회가 당면한 문제, 즉 로마교회 구성원들 사이의 갈등에 대한 해결책으로 기록됐다고 보는 것이 타당합니다. 당시 로마교회는 다수의 이방인 기독교인들과 소수의 유대인 기독교인들로 구성돼 있었습니다. 바울은 이방인 기독교인들을 가리켜 '믿음이 강한 자들'로, 유대인 기독교인들을 가리켜 '믿음이 약한 자들'로 부르고 있습니다. 특별히 로마서 9장 1절부터 11장 10절까지는 '믿음이 약한 자들'에게 초점을 두고 있고, 로마서 11장 11절부터 36절까지는 '믿음이 강한 자들'에게 초점을 두고 있습니다.

그런데 더 정확히 말하면, 로마교회는 이 두 부류의 교인들만 있었던 것이 아닙니다(Paul Minear 는 교회 내부에 적어도 다섯 개의 그룹들이 있었다고 주장 합니다: ① 믿음의 강한 자들을 비판하는 믿음이 약한 자들, ② 믿음이 약한 자들을 업신여기는 믿음이 강한 자들, ③ 의심하는 자들, ④ 믿음이 강한 자들을 비판하지 않는 믿음이 약한 자들, ⑤ 믿음이 약한 자들을 업신여기지 않는 믿음이 강한 자들. 참고. Paul Minear, *The Obedience of Faith: The Purposes of Paul in the Epistle to the Romans* [Oregon: Eugen, Wipf and Stock Publishers, 2003]).

김홍규 목사의 강해에서 로마교회의 '강자'와 '약자'에 대한 해석이 특히 돋보입니다. 저자는 로마교회의 상황에서 바울이 양자를 가리켜 각각 '성숙한 신자'와 '미숙한 신자' 혹은 '계몽된 신자'와 '계몽되지 못한 신자'로 부르지 않고 굳이 '강자'와 '약자'라는 표현을 쓰는 이유가 약자들은 글자 그대로 "강자들이 배려하고 존중해주지 않을 경우 쓰러질 수 있는 취약 그룹"이기 때문이라는 것입니다. '그리스도 안에서' 양자 간에 진정한 일치와 화목을 위해서는 상대적으로 위력을 쉽게 행사할 수 있는 다수의 강자가 그렇지 못한 약자를 우선적으로 배려하고 존중하는 자세를 취해야 할 것입니다.

어쨌든, 유대인들과 이방인들이 아무리 한 교회 안에서 동일한 믿음을 갖고 생활한다고 해도 예수님을 믿기 전에 그들이 신봉했던 것을 하루아침에 내버리기란 결코 쉽지 않았을 것입니다. 유대인들은 철저히 율법을 지키며 살았던 사람들이고, 이방인들은 우상 문화에 물들어 방종하며 살았던 사람들입니다. 따라서 유대인 교인들 눈에는 율법 없이 살았던 이방인 교인들의 행동이 무분별하고 무모하게 보였을 것입니다. 율법에서 금기하는 음식들을 아무런 거리낌 없이 먹고, 마땅히 지켜야 할 절기들을 지키지 않는 모습들을 보면서 화가 났을지도 모릅니다. 한편, 이방인 교인들 눈에는 예수님을 믿으면서도 여전히 율법 계명들에 집착하는 유대인 교인들이 매우 편협하고 고집스럽게 보였을 것입니다. 그리스도께서 오심으로써 율법은 이미 그 효력을 잃어버렸음에도, 예수님을 믿는다고 하면서도 충분히 자유를 누리지 못하고 여전히 율법에 얽매여 있는 모습들을 보면서 답답했을지도 모릅니다.

바울은 로마서에서 크게 이 두 부류 교인들의 행태를 비판했습니다. 로마서 1장부터 11장까지는 신학적 교리 진술로써 그리고 로마서 12장부터 16장(정확하게 15장 13절)까지는 일종의 윤리적 실천명령으로써, 로마교회 모든 교인들에게 적절한 교훈과 지도, 권고와 명령을 내렸습니다. 바울의 신학적 교리 진술의 핵심은 '의인화'와 관련돼 있고, 윤리적 실천명령의 핵심은 '성화'와 연관돼 있습니다. 그런데 이 둘은 별개의 문제가 아니라는 점에 유의해야 합니다.

자세히 살피면, 로마서 1장부터 11장까지의 신학적 교리 진술 안에서도 윤리적 실천명령이 나오고 있습니다. 실례로, "그러나 이제는 너희가 죄로부터 해방되었다"(롬 6:22)는 교리 진술과 더불어 "너희는 죄가 너희 죽을 몸을 지배하지 못하게 하여 몸의 사역에 순종하지 말라"(롬 6:12)는 실천명령이 나옵니다. 마찬가지로 로마서 12장부터

16장까지의 윤리적 실천명령 안에서도 신학적 교리 진술이 나오고 있습니다. 실례로, "사랑은 율법의 완성이라"(롬 13:10)는 교리 진술과 더불어 "피차 사랑의 빚 외에는 아무에게든지 아무 빚도 지지 말라"(롬 13:8)는 실천명령이 나옵니다. 바울에게 있어서 신학과 윤리는 별개의 문제가 아닙니다. 신학이 곧 윤리이고, 윤리가 곧 신학이라고 말할 수 있습니다. 아니면, 바울의 윤리를 '신학적 윤리theological ethics'로, 또한 바울의 신학을 '윤리적 신학ethical theology'으로 칭할 수 있습니다.

바울의 신학적 교리 진술의 핵심 주제인 '의화'와 관련해서 '주요 단어keyword'는 바로 '믿음'입니다. 바울이 반복해서 강조하는 대로, 사람은 오직 '믿음으로' 의롭다 함을 얻습니다. 믿음 없이 의인은 없습니다. 그런데 그 믿음조차도 하나님의 선물입니다. 믿음이 하나님의 은혜(선물)에 대한 응답이라면, 그것은 믿는 자의 마음에 내재해 있는 어떤 고유한 '특질a quality'이 아닙니다. 단지 하나님의 약속과 복음 안에서 그리스도의 부르심을 귀담아 들음으로써 발생되는 하나님께 대한 '신뢰a trust'입니다(참고. 롬 4:18-21; 10:17). 바울의 윤리적 실천명령의 핵심 주제인 '성화'와 관련해서 주요 단어는 '행위'입니다. 믿음으로 의롭다 함을 얻은 사람들은 반드시 거룩한 삶을 살아야 합니다. 그 생각과 말과 행실이 성결해야 합니다. 성화의 삶은 존 웨슬리John Wesley의 표현대로, '그리스도인의 완전Christian perfection'을 향해 끊임없이 나아가는 삶과 연결돼 있습니다. 그런데 이런 성화의 삶도 인간의 노력만으로는 불가능합니다. 성령께서 개입하셔야 합니다. 이것이 바로 명령법을 준행하는 일이 율법을 지키는 일과 별다를 것이 없다는 의문을 불식시키는 논제입니다. 성령이 선물로 주어진 것처럼,

성령께서 인도하시는 거룩한 삶도 당연히 하나님의 선물입니다. 바울에게 있어서 윤리는 단순히 거룩함의 열매를 맺게 하시는 하나님께 대한 인간의 적극적 반응이 아닙니다. 하나님의 은혜 없는 거룩한 삶은 불가능합니다. 따라서 그리스도인의 삶은 철저히 하나님의 은혜에 기초해 있습니다. 이 주장은 '그리스도 안에서'라는 문구 속에 함의含意돼있는 '참여적 기독론a participatory Christology'에 근거한 것입니다 ('참여적 기독론'에 대해서는 잠시 뒤에 언급할 것입니다). 반복해서 기술하지만, '의인'은 신학 교리(직설법/indicative)와 연결돼 있고, '성화'는 윤리 실천(명령법/imperative)과 연결되어 있습니다. 그런데 의인과 성화, 이 두 용어는 분리해서 생각할 수 없습니다. 그것은 의인(직설법)과 성화(명령법)는 상호 연관된 주제이기 때문입니다. '믿음 따로, 행위 따로'가 아니듯이 '의인 따로, 성화 따로'가 아닙니다. 그리고 순차적으로 이해해서, 의인이 먼저 있고 성화가 나중에 따라오는 것도 아닙니다. 의인과 성화는 마치 '쌍두마차'와 같습니다. 이 둘은 '이항대립binary opposition'의 이분법적인 개념이 아닙니다. 도리어 '상호수용적인mutually inclusive' 개념입니다. 의인 없는 성화는 성립할 수 없고, 성화 없는 의인도 성립할 수 없습니다. 종교개혁가 장 칼뱅John Calvin은 의인과 성화의 두 은혜를 '햇빛sunlight'에 비유했습니다. 태양 '광brightness'을 태양 '열heat'과 분리할 수 없듯이, 의인의 은혜와 성화의 은혜도 상호 분리할 수 없다는 것입니다.

의미심장하게도, '과제task'와 '숙제homework'를 뜻하는 독일어 'Aufgabe' 속에 '은혜grace', 또는 '선물gift'을 뜻하는 'Gabe'라는 단어가 들어가 있습니다. 선물과 과제는 별개가 아닙니다. 선물을 받은 사람은 기본적으로 과제를 수행해야 할 의무가 있습니다. (에덴동산의 선물을 받은 아담과 이브가 동시에 "선악과를 먹지 말라"는 과제를 부여받은 것이 이에 대한 아주 좋은 실례입니다.) 바울에게 있어서 하나님의 명령(과제)은 하나님의 은혜(선물)를 구성합니다. 바울이 붙잡고 있는 은혜(믿음)의 개념 역시 바울이 붙잡고 있는 순종(행위)의 개념을 내포하고 있습니다. 이런 이유에서 우리는 명령법이 직설법에 근거해 있다든지, 아니면 명령법은 직설법으로부터 나온다고 주장할 수 없습니다. 명령법은 직설법으로부터 결과한 것이 아니라 처음부터 이 둘은 통합돼 있는 것입니다.

따라서 의인의 선물을 받은 그리스도인들은 반드시 성화의 과제를 수행해야 합니다. 하나님의 은혜는 '책임적 은혜a responsive grace'입니다. 그렇다고 우리 어깨에 도저히 감당할 수 없는 무슨 엄청난 책무가 지워진 것으로 생각할 필요는 없습니다. 그리스도인의 모든 섬김의 행위는 본래 그 성격이 '강제적인compulsive' 것이 아니라 '자발적인voluntary' 것입니다. 구원의 증거는 자연스럽게 선행으로 드러나기 마련입니다. 예수 그리스도를 믿고 죄를 회개함으로 의인의 은혜를 받은 사람의 생활 속에는 회개에 합당한 열매들이 저절로 맺힙니다. (바울은 이 열매를 가리켜 '성령의 열매'[the fruit of the Spirit]라 일컫고 있습니다. 참고. 갈 5:22-23.) 이런 점에서 은혜의 행위는 근원적으로 율법의 행위와 다른 것입니다.

결론적으로, 바울의 직설법(신학, 믿음/의인)과 명령법(윤리, 행위/성화)은 '그리스도 안에' 통합돼 있고 융화돼 있습니다. 따라서 그의 직설법과 명령법은 기독론의 관점에서, 보다 엄밀한 의미에서, '참여적 기독론a participating Christology'의 관점에서 바르게 이해될 수 있습니다. 여기에서 '참여적 기독론'이란 그리스도인들이 예수 그리스도의 십자가에서 계시된 하나님의 사랑에 참여하는 것을 가리킵니다. '그리스도 안에' 공동으로 참여하는 것을 보여주는 가장 생생한 이미지는 바로 '그리스도로 옷 입는 일'입니다(참고. 롬 13:14, "오직 주 예수 그리스도로 옷 입고 정욕을 위하여 육신의 일을 도모하지 말라"). 저자는 이 구절을 그리스도인의 정체성identity과 연관 짓고 있습니다. ("우리가 그리스도의 인격과 사역을 본받아 세상 사람들과 다른 그리스도인다운 정체성을 온 세상에 보여줄 때, 그것이 바로 빛의 갑옷과 예수 그리스도로 옷 입는 삶에 다름 아닐 것입니다.")

따라서 그리스도로 옷 입는 일에서 찾을 수 있는 그리스도인의 정체성은 바로 그리스도와 신자들의 '연합union'에 있습니다. 그런데 이 일은 오직 믿음으로만 가능합니다. 아울러 믿음으로 하나님의 사랑에 참여하고, 결과적으로 그리스도와 연합한 사람들은 반드시 새로운 삶을 살아야 할 의무가 있습니다. 다시 말해, 예수 그리스도는 선물도 주시고 과제도 주십니다. 과제가 주어지지 않는다면, 선물은 아무 의미가 없습니다. 여기에서 바울의 직설법과 명령법은 그리스도인의 삶이 두 가지 요소로 형성되고 있음을 알려줍니다. 하나는, 객관적 요소로서 하나님께서 '우리를 위해서for us' 행하신 일, 전혀 우리의 행실과는 독립적으로extra nos 행하신 일입니다. 그것은 곧 의인의 은혜를 구성하는, 예수 그리스도의 죽음에서 드러난 하나님의 구원행동입니다. 다른 하나는, 주관적 요소로서 하나님께서 '우리 안에서in us' 행하신 일, 그것은 곧 성화의 은혜를 구성하는, 성령을 우리에게 주신 일입니다. 이 두 가지 요소는 분리돼 있지 않습니다. 그러므로 그리스도인은 믿음으로 의롭다 함을 얻음으로 하나님의 사랑에 참여하게 됐으며, 동시에 성령의 은사를 통해 하나님의 자녀로 거룩한 삶을 살게 됐습니다. 우리는 이것을 '성화된 의화sanctified justification'로, 동시에 '의화된 성화justified sanctification'로 지칭할 수 있습니다. 그 이유는 의롭다 함을 얻은 즉시 성령의 임재하심으로 거룩함의 능력을 부여받았기 때문이며('성화된 의화'), 아울러 성화의 능력은 믿음으로 의롭다 함을 얻은 일과 통합돼 있기 때문입니다('의화된 성화'). 이것이 바로 '그리스도 안에서'라는 문구가 시사하는 '참여적 기독론'의 요지입니다.

바울의 윤리는 '그리스도 안에서' 이뤄진 '사랑의 윤리'입니다. 누구든지 예수 그리스도를 믿는 사람들은 예수 그리스도의 십자가에서 계시된 삼위일체 하나님의 사랑에 참여하게 됩니다. 이것을 토대로 바울의 위대한 '비전', 곧 유대인과 이방인을 포괄하는 하나님의 우주적 구원계획의 비전이 세워집니다. 그 비전은 우선적으로 그리스도의 몸인, 교회 공동체 안에서의 삶으로 실현됐습니다. '그리스도 안에서 한 몸the one body in Christ'으로서의 교회는 모든 인종(유대인과 이방인)과 성(남자와 여자)과 계급(자유인과 노예)을 초월하여 성립됩니다(참고. 롬 12:4-5; 고전 12장). 그러므로 로마교회의 상황에서, 비록 다양한 부류의 사람들이 모여 있지만, 그들 모두 '그리스도 안에서' 일치와 연합을 이뤄야만 합니다. 보다 정확히 말하면, 이미 하나님의 사랑에 참여함으로 '그리스도 안에서' 연합된 사람들은 그리스도인의 '자기정체성self-identity'을 수시로 점검하고 확인해야만 합니다.

여기에서 예수 그리스도는 모든 사람들을 '하나로 묶는 힘the uni-fying force'의 원천이시라는 것을 알아야 합니다. 이런 점에서, 김홍규 목사가 "바울이 좁게는 '약자'와 '강자', 넓게는 '유대인'과 '이방인'의 연합과 일치에 대한 비전을 제시할 때에 그 근거를 정치 사회적 현실이 아닌 '그리스도 예수'와 '성경'(구약)에서 찾는다는 사실이 중요합니다"라고 언급한 것은 아주 정확한 지적입니다. 그는 계속해서 말합니다. "예수님은 최고의 강자이심에도 약자인 우리를 기쁘시게 하고자 십자가의 희생제물이 되심으로써 온 인류가 하나로 연합될 수 있는 길을 열어 주셨습니다." 그렇습니다. 오직 예수 그리스도 한 분만이 일치와 연합과 통합의 원천이 되십니다!

이처럼 '그리스도 안에서' 한 몸으로 연합된 그리스도인들은 서로 사랑해야 합니다. 바울은 교회 공동체의 생활 속에서 사랑의 계명이 무엇을 의미하는지 로마서 12장 9절부터 15장 13절까지 탐구하고 있는데, 특별히 로마서 12장 9절부터 13절 10절까지 집중적으로 다루고 있습니다. 그런데 여기에서 주목해야 할 표현이 있습니다. 그것은 로마서 14장 1절(믿음이 연약한 자를 너희가 받되 그의 의견을 비판하지 말라)과 로마서 15장 7절(그러므로 그리스도께서 우리를 받아 하나님께 영광을 돌리심과 같이 너희도 서로 받으라)에 나오는 '받는다', '용납한다', 혹은 '환영한다receive, accept, or welcome; proslambanein'라는 단어입니다. 비록 교인들 간에 관습과 문화의 차이로 인해 서로 의견이 다르다고 해도, 무조건적으로 모든 죄인들을 받으신 그리스도의 사랑 안에서 서로 받아야 합니다. 그리스도 안에서 받지 못할 사람은 하나도 없습니다. 그러므로 사랑은, 그야말로 묻지도 따지지도 않고, 무조건 '서로 받는 것'입니다.

여기에서 우리는 바울의 신학과 윤리의 핵심을 구성하고 있는 의인과 성화의 은혜가 개인적 경험(즉, 개인의 은사 체험) 차원에 머물러 있지 않고 언제나 그리스도의 몸인 교회 공동체의 차원에서 실행돼야 한다는 사실을 명심해야 합니다. 따라서 성령의 모든 은사들은 반드시 공동체 안에서 형제. 자매들을 향한 사랑의 실천으로 점검돼야만 합니다. (김홍규 목사는 로마서 12장 6-8절에 나오는 일곱 가지 은사 목록과 관련해서, "요점은 받은 은사를 그리스도의 몸과 이 몸을 이루는 지체들의 '공동선common good'을 위해서 적극적으로 활용하는 것"이라고 말합니다.) 바로 이런 이유에서, 바울은 로마서 13장 10절에서 "사랑은 율법의 완성이라"고 말했으며(여기에서 저자는 "사랑과 율법은 서로 밀어내는 배타적 관계가 아니라, 상호보완적 관계"라고 주장하면서, 이 구절은 "사랑이 다른 모든 계명들을 대체한다는 뜻이 아니라, 우리가 일상생활에서 만나는 모든 이웃과의 관계에서 지켜야 할 모든 계명들은 한 문장, 레위기 19장 18절 말씀, "네 이웃 사랑하기를 네 자신과 같이 사랑하라"로 요약된다는 것을 뜻한다"고 말하고 있습니다.), 또한 고린도전서 13장 13절에서 "믿음, 소망, 사랑, 이 세 가지는 항상 있을 것인데 그 중의 제일은 사랑이라"고 설파했습니다.

사실 바울은 다메섹 도상에서 부활하신 예수 그리스도를 만난 후, 누구보다 하나님의 사랑에 깊이 참여하게 됐습니다. 그 후로, 예수 그리스도의 자기희생적 죽음에 나타난 하나님의 사랑에 입각해서 사랑이 무엇인지 새로운 이해를 갖게 됐고, 그것이 평생 그의 인격과 사상과 사역을 지배했습니다. 다시 말해서, '그리스도 안에서' 바울은 하나님의 사랑의 창조하시고 구속하시는 그 능력에 붙들려 완전히 새로운 삶을 살게 됐습니다. 또한 '그리스도 안에서' 바울은 구원은 단순히 과거에 그가 종살이했던 죄의 세력으로부터from/aus '건짐 받은 것'일 뿐만 아니라, 하나님께 더욱 기쁨으로 순종하기 위해for/auf 얻은 '자유'라는 것을 깨달았습니다.

따라서 바울에게 있어서 순종은 새로운 삶을 위한 하나의 조건으로 사전에 준비해야 할 어떤 것이거나 또는 그것의 결과로 나타나는 부차적인 것이 아닙니다. 순종은 그 자체로 새로운 삶을 구성하는 요소입니다. 그리고 의심의 여지없이, 이 순종의 행위는 '사랑의 환대the hospitable love'로 확증됩니다(참고. 롬 12:13, "성도들의 쓸 것을 공급하며 손 대접하기를 힘쓰라."[Share with God's people who are in need. Practice hospitality], NIV). 이로써 '그리스도 안에서' 세워진 교회 공동체는 예수 그리스도께서 십자가에서 보여주신 사랑의 환대를 본받아 그것을 실행해야 한다는 점에서 본래적으로 '선교적missional' 특성을 갖고 있음을 보여줍니다. (Joshua Jipp은 "바울이 약자에게 반드시 보여주도록 요청하는 이 환대는 모든 사람들이 그리스도로부터 받은 것이라는 점에서 기독론적으로 근거돼 있다"고 주장합니다. 의미심장하게도 그의 저서 제목은 『믿음과 환대로 받는 구원』입니다. 참고. Joshua W. Jipp, *Saved By Faith And Hospitality* [Michigan: William B. Eerdmans Publishing Company, 2017, 64].)

적대감으로 가득한 당시의 사회적 환경 안에서 로마교회가 직면한 대립과 갈등 문제를 해결하는 데 있어서 바울은 모든 사람들이 수긍할만한 무슨 '사랑의 공공 윤리the public ethic of love'를 개발하지도 않았고, 또한 당시 그리스 세계의 이상이라고 할 수 있는 '인류애philanthropia/philanthropy'를 채택하지도 않았습니다. 도리어 바울은 도저히 용납할 수 없는 죄인을 받으신 예수 그리스도의 자기희생적 사랑agape을 토대로 "서로 받으라"고 명령합니다. '그리스도 안에서' 사는 삶은 언제나 사랑의 '서로 받음'을 요청합니다. 이것은 '그리스도 안에서' 한 가족이 된 그리스도인들 사이에 '평등한 상호관계the egalitarian reciprocity'를 지향합니다. 단지 '믿음' 뿐만이 아니라 사랑의 '행위'로써 유대인들과 이방인들은 서로 동등한 위치에서 양자 사이에 모든 차이를 극복할 수 있게 됩니다(참고. 갈 5:6, "그리스도 예수 안에서는 할례나 무할례나 효력이 없으되 사랑으로써 역사하는 믿음뿐이니라").

이렇게 사랑으로 서로 받는 것이 곧 '그리스도 안에서' 형성된 사랑의 공동체의 특징을 구성하는데, 그것은 다음 두 가지 요소를 담고 있습니다. 하나는, '일체화identification'입니다. 믿음의 형제. 자매들이 실제 한 가족과 같이 서로 공감하고 연대하는 것입니다. 그리하여 다양성 안에 일치를 이루게 됩니다. 다른 하나는, '대리화substitution'입니다. 믿음의 형제자매들이 서로의 무거운 짐을 대신 지는 것입니다. 그래서 한 주님을 모시고 섬김으로 서로 종노릇함으로써 사랑의 법을 성취하게 됩니다. 이와 같이, '일체화'와 '대리화'로 특징지어지는 사랑의 '서로 받음'을 통해서 그리스도인들은 모든 인종과 성과 계급을 초월하여 하나님의 환대하시는 그 사랑을 몸소 실천해야 합니다.